拉美研究译丛——左翼领袖系列

JEFAZO
Retrato íntimo de Evo Morales

第一位印第安总统
——埃沃·莫拉莱斯传

［阿根廷］马丁·西瓦克 著
芦思姮 译

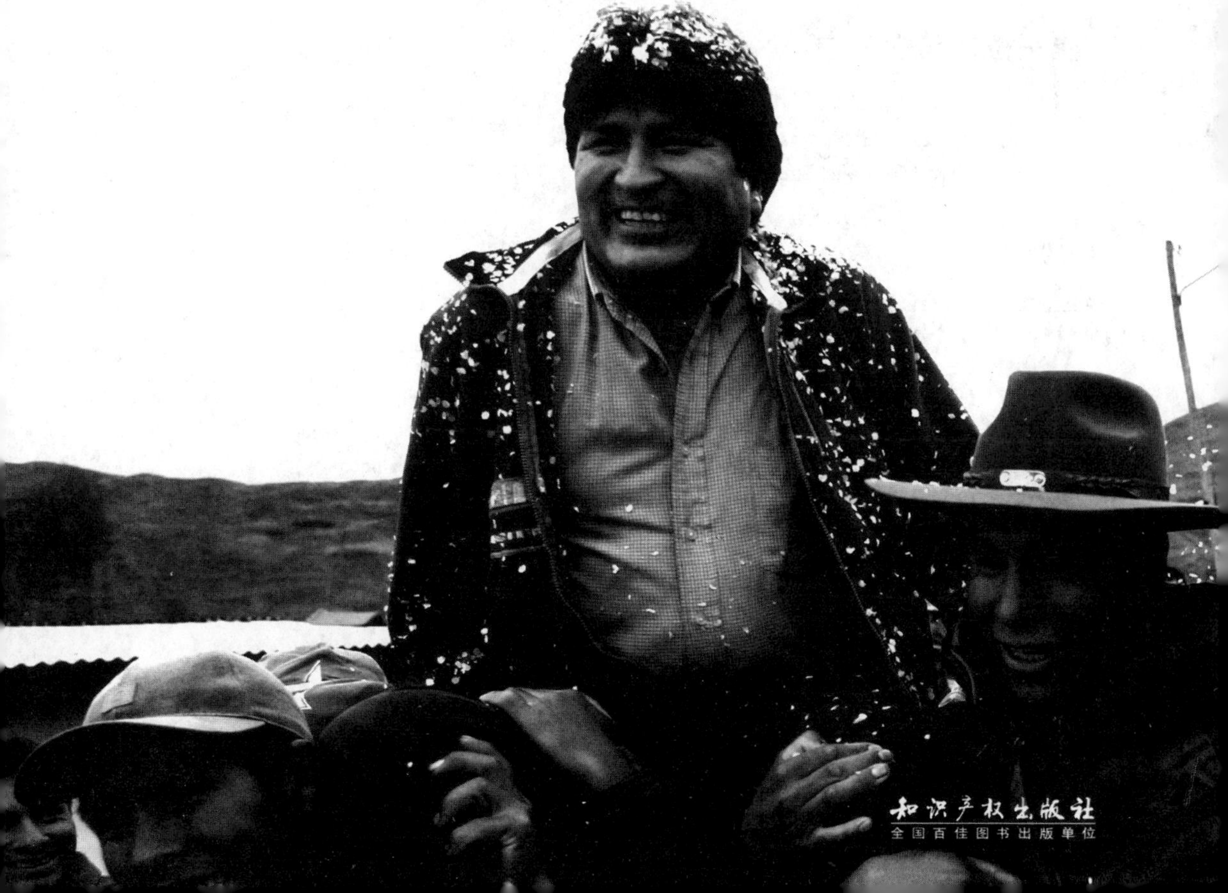

知识产权出版社
全国百佳图书出版单位

责任编辑：刘　睿　刘　江　　责任校对：韩秀天
特约编辑：李　娇　　　　　　责任出版：卢运霞

图书在版编目（CIP）数据

第一位印第安总统：埃沃·莫拉莱斯传/（阿根廷）西瓦克著；芦思姮译. —北京：知识产权出版社，2013.4
书名原文：Jefazo: Retrato íntimo de Evo Morales
ISBN 978-7-5130-1992-7

Ⅰ.①第… Ⅱ.①西… ②芦… Ⅲ.①莫拉莱斯，E－传记 Ⅳ.①K837.797=6
中国版本图书馆CIP数据核字（2013）第068303号

Jefazo: Retrato íntimo de Evo Morales
Copyright © 2008, Martín Sivak
All rights reserved

第一位印第安总统
—— 埃沃·莫拉莱斯传

Diyiwei Yindi'an Zongtong
—— Aiwo Molalaisi Zhuan

[阿根廷]马丁·西瓦克　著
芦思姮　译

出版发行：	知识产权出版社			
社　　址：	北京市海淀区马甸南村1号		邮　编：	100088
网　　址：	http://www.ipph.cn		邮　箱：	bjb@cnipr.com
发行电话：	010-82000860转8101		传　真：	010-82005070/82000893
责编电话：	010-82000860转8113		责编邮箱：	liurui@cnipr.com
印　　刷：	保定市中画美凯印刷有限公司		经　销：	新华书店及相关销售网点
开　　本：	787mm×1092mm　1/16		印　张：	15.75
版　　次：	2013年5月第一版		印　次：	2013年5月第一次印刷
字　　数：	227千字		定　价：	45.00元
ISBN 978-7-5130-1992-7				
京权图字：01-2013-3207				

出版权专有　　侵权必究
如有印装质量问题，本社负责调换。

序　言

"拉美研究译丛——左翼领袖系列"为中国社会科学院拉丁美洲研究所主持的翻译项目,以逐批翻译和出版拉美左翼代表人物的传记、著作或言论集等形式,向中国读者展现带有拉丁美洲独特魅力的左翼领袖风采,生动而直观地了解和认识拉美当代社会主义思潮,并且顺应中拉关系迅速发展的实际需求,介绍拉美相关国家的政策导向与近期发展前景。这个翻译项目,是在中国社会科学院"马克思主义理论研究和建设工程"的框架下完成的,同时,也是目前正在实施的创新工程的重要内容之一。

在世界范围内,拉丁美洲是马克思主义思想传播最早的地区之一,而拉美左翼则是世界社会主义运动的重要组成部分。20世纪早期,拉美主要国家出现了十分活跃的社会主义和共产主义思想和活动。第二次大战结束以后,拉美左翼力量更向世人呈现了丰富而多样的理论和实践,菲德尔·卡斯特罗领导的古巴革命、萨尔瓦多·阿连德领导的智利改革运动以及桑地诺民族解放阵线领导的尼加拉瓜革命成为这一时期拉美政治发展史上的重要里程碑,在整个地区,甚至世界范围内产生了深远的影响。

"冷战"结束以后,拉美一批中左翼力量积极把握时代机遇,开始打出"推动社会公平和公正"的政治口号,通过选举等民主政治方式来实现政治诉求,主张经济和社会政策向中低收入阶层民众倾斜。拉美左翼党派、运动和组织包括委内瑞拉第五共和国运动以及在此基础上组建的委内瑞拉统一社会主义党、玻利维亚争取社会主义运动、巴西劳工党、阿根廷胜利阵线、乌拉圭广泛阵线、厄瓜多尔祖国主权联盟运动、尼加拉瓜桑地诺民族解放阵线、萨尔瓦多法拉本多·马蒂民族解放阵线、巴拉圭变革爱国联盟、秘鲁民族主义党,等等。拉美地区这一政治版图的变化趋势引起了全世界的广泛关注。

尤为值得一提的是，在崛起的拉美左派阵营中，一批极具传奇色彩的左翼领袖脱颖而出，他们多以选举中的绝对优势赢得执政地位，通过修改宪法或其他立法形式推动制度变革，提出了"21世纪社会主义""社群社会主义""劳工社会主义"等代表性思想，更是推出了资源国有化等新政策，深刻地塑造着当代拉美的政治、经济和社会生活，并对世界经济和政治发展产生着深远影响。这些代表人物表现出各具特色的执政理念、领导能力和个人风格，在其国内和世界舞台上均拥有众多的拥戴者和反对派，他们不仅是影响和决定国家发展方向的重要力量，也不仅是学术研究领域中常见常新的重要课题，而且成为大众文化和媒体传播中的一道亮丽风景。

我们相信，拉美所特设的"左翼领袖系列"翻译项目，将向国人提供一个了解上述动态的独特角度。

中国社会科学院拉丁美洲研究所所长　郑秉文
中国社会科学院马克思主义研究学部主任　程恩富

2013年3月9日

总统序言

这本书讲述了玻利维亚。在这片土地上，我国人民展现了坚定的意志力与具有悠久传统的动员力，坚守着捍卫国家自然资源的承诺，凭借在新宪法的制定中表现出的创新力量，实施了一系列变革。新宪法承认了许多重要的新权利，以期使人民在一个更加公平、体面的主权国家里安居乐业。

这本书讲述了一个人。但他诉说的并不仅仅是这个人，而是整个民族及其所缔造的新时代。

我坚信，本书中文版的问世定会深化玻利维亚与中国的关系，这是一个应当不断发展壮大的强有力的新型联盟。我们应该从中国身上学到很多。我希望通过这些篇章，中国人民可以了解玻利维亚发生的事情。优势互补、同舟共济及一体化是我们玻利维亚多民族国家对外政策的中心要素。

我在出访中国时受到好客的中国人民那么热情的款待和尊重，至今令我难以忘怀，即使那是在我还未成为总统之时。

在这里向你们致以兄弟般的问候。

玻利维亚多民族国家总统
埃沃·莫拉莱斯·艾玛

PRESENTACIÓN JEFAZO

Este libro habla de Bolivia y de los cambios que mi pueblo ha sido capaz de implementar gracias a su firmeza, a su histórica capacidad de movilización, su compromiso con la defensa de los recursos naturales del país y su fuerza transformadora expresada en una Nueva Constitución Política. Esta constitución reconoce nuevos e importantes derechos así como la posibilidad de vivir en un país más justo, digno y soberano.

Es un libro que habla de una persona, excede al protagonista y habla de todo un pueblo y de un nuevo tiempo.

Asimismo, estoy seguro que la publicación de "Jefazo" en chino mandarín contribuirá a profundizar las relaciones entre Bolivia y China, una alianza nueva y fuerte que debe crecer y expandirse. Tenemos mucho que aprender de China. Ojalá que a través de estas páginas el pueblo chino se pueda asomar a lo que sucede en Bolivia. Lacomplementariedad, la solidaridad y la integración son elementos centrales de la política exterior del Estado Plurinacional de Bolivia.

Vayan mis recuerdos al pueblo chino que me recibió con mucho afecto y respeto aun cuando no había asumido la presidencia. Con un abrazo fraternal.

Presidente del Estado Plurinacional de Bolivia
Evo Morales Ayma

目 录

第一章　走遍玻利维亚　（2006年6月）………………………………1
第二章　从高原到热带　（1959～1995年）……………………………35
第三章　三大洲之行　（2006年11～12月）……………………………57
第四章　古柯农岁月　（1995～2003年）………………………………87
第五章　总统府里那些事　（2007年4～5月）…………………………119
第六章　从现在做起　（2003～2006年）………………………………147
第七章　在美国的日子　（2007年9月）…………………………………175
第八章　身为总统　（2006～2007年）……………………………………205
新版后记………………………………………………………………………231
译者后记………………………………………………………………………241

第一章 走遍玻利维亚
（2006年6月）

11日，星期一

历任玻利维亚总统都坐镇总统府火烧宫，在那里运筹帷幄、指点江山。

1875年，玻利维亚总统托马斯·弗里亚斯的反对者们从邻近的教堂向总统府投掷火把，引发了一场严重的火灾。然而，这场骚乱并没有使他们夺取总统宝座。被大火烧得面目全非的总统府后得以重建。经过这一事件，"火烧宫"成为玻利维亚总统府的代名词，同时它也似乎向世人昭示，自1825年建国以来，玻利维亚便一直烽火连绵、政变频仍、局势动荡不安。在其83届政府中，有36届在位时间不足1年，37届是通过政变上台的。直至现在，仍没有一位历史学家能够说得清楚到底玻利维亚共发生过多少起政变与军事叛乱。

埃沃·莫拉莱斯·艾玛，这位玻利维亚艾玛拉族的原住民，在其国内掀起了21世纪第一场轰轰烈烈的民主革命，并由此登上总统宝座，入主"火烧宫"，并执起了国家的最高权杖。有意思的是，这一变革并没有体现在火烧宫的建筑构造以及内部装潢上。在埃沃·莫拉莱斯成为其新主人后，总统府陈设依旧，并没有使那里的新"居民们"感到不安，无论是为了随时更改总统议事日程从清晨5点到午夜12点一直忙前跑后的礼仪小姐，还是那些穿着圈裙[1]、戴着宽边帽在走廊里穿行的女士，再或者是踩在昂贵地毯或是实木地板上的老农。

装点着水晶灯的大厅分成两部分，一部分是玫瑰色的，另一部分是金黄色的。那里陈列着一架已多年无人问津的黑色钢琴和一面镶着金框的镜子，很多

---

[1] 南美洲妇女穿的一种传统的绣花裙。——译者注

人从那里经过时都喜欢在镜子跟前欣赏一下自己的倩影。此外，一块红色的波斯地毯、大理石的石凳、悬挂绒球的灰色窗帘都成为大厅的点缀。值得一提的是，一个20世纪90年代使用的电热炉仍继续"工作"着，因为中央供暖设施"罢工"了。

总统办公室的前厅用来接待宾客。我们的故事就由此拉开序幕。那天晚上，从前厅烟色朦胧的玻璃窗里依稀望见办公室里那个踱步的身影。待总统的随从从办公室出来后，埃沃也"现身"了。

"你好啊，老大！"见到我，他脱口而出。

在他的字典里，"老大"是个饱含亲切意味的词，是一种尊敬的表现，尽管真正的老大是他自己。

他向我打了一个玻利维亚式的招呼：紧握双手致意，之后，微微欠身轻轻拥抱我。

"对你为我所做的一切都十分感谢。我能有今日都是因为以前你给予了我很多支持，谢谢，兄弟。"

我猜想，这句话他自从当了总统一定不知重复过多少次了。

其实，我们早在1995年8月就在布宜诺斯艾利斯相识了，那时他是玻利维亚全国家喻户晓的古柯农组织领袖。之后的11年，我因为为各大报社媒体撰写新闻报道以及拍摄纪录片等而采访过他多次。因此，他对我发表的关于乌戈·班塞尔以及关于胡安·何塞·托雷斯谋杀案等报道的内容很信服，也对我们之前的采访谈话给予十分的肯定。

那天晚上，他穿着一双锃亮的黑皮鞋、一条深色西裤以及一件红蓝白相间的、玻利维亚特有的圆领毛衣。他当年当选总统的时候就是穿着这件毛衣走访了世界各国，成为全球关注的焦点人物。这件毛衣成了他不修边幅的象征，因为这件朴素老气的毛衣从毛色到质地都与他作为总统的高贵身份那么不搭调。而到现在6月，毛衣的领子已经破损了，他依旧穿着它。

一进入他的办公室，他便说道："请坐这儿，这是当时我让美国大使坐过的地方。因为这在切·格瓦拉❶肖像的正下方，只是当时那位大使没发现。"与这张格瓦拉肖像正对着的是一幅埃沃的肖像：这两张画都是用古柯叶做的，互相呼应。其实在整个办公室中绿色并不突出，而那张蓝色的扶手椅却十分显眼。

"现在玻利维亚与美国关系怎么样？"我问道。

"很严峻啊。他们将海军陆战队的士兵假扮成学生混进我国。幸好我们有秘密的情报系统。这个我待会儿告诉你。"

这时，他的发言人亚历克斯·孔特勒拉进来告诉我们有十几个摄影师要进来拍照，因此让我们摆个拥抱的姿势。

"就像当年我们在阿根廷博姆博内拉球场❷那样。"他回忆着，并提议下次去布宜诺斯艾利斯的时候到博卡的主场搞个活动。

"我要写本关于你的书，所以我需要用很长时间对你进行采访，就像1995年那次一样。"

"我接下来要走访全国，你就和我一起到全国各地看看吧，这样我们可以在会议、活动之余抽空聊聊。现在你来参观一下我的足球队——我们队马上要与矿工们组织的球队进行一场对抗赛。"

半小时后，他穿着一身天蓝色的球衣，显得格外醒目，上面印着16。身着一身蓝色球衣的总统足球队好像蓝精灵一样。

他甩甩手臂做准备活动，并且向队员们下达了一些指令。在水泥看台上，约一百来人在观看，表情各异。他的体形显不出什么腰身，却踢得出奇得好，甚至有时踢得很有攻击性。那天晚上，他们只让对方进了两个球，最终以7∶2大胜。而他们的对手，矿工队，似乎也并不看重比赛的结果，好像更在意赛前的吻手礼，因此落得惨败的结局。

半夜时分，埃沃有些累，第二天他4点半就要起床赶往基多，以总统身份

---

❶ 1928年6月14日出生于阿根廷罗萨里奥，极富传奇色彩的拉丁美洲马克思主义革命家。他曾参加菲德尔·卡斯特罗领导的古巴革命，推翻了亲美的巴蒂斯塔独裁政权。在古巴革命政府担任了一系列要职之后，格瓦拉于1965年离开古巴，到刚果（金）、玻利维亚等国试图发动共产主义革命。1967年10月8日，因内奸泄密，格瓦拉及游击队小分队在丛林中遭玻利维亚政府军伏击，格瓦拉受伤被捕。次日，格瓦拉被杀害。死后，他一直被视为国际共产主义运动的英雄和左翼人士的象征。——译者注

❷ 阿根廷著名足球俱乐部博卡青年队的主场。——译者注

参加安第斯共同体的会议。在那个会上，他跟秘鲁总统亚历杭德罗·托莱多（Alejandro Toledo Manrique）吵了一架。

"埃沃，安第斯共同体不是你们那里的工会，你不要给我讲你的那套所谓的经济学。"当莫拉莱斯大谈社会排斥和贫困化问题时，托莱多对他如是说。

"那你呢，是不是就只能给我们显摆显摆世界银行教给你的那套了呀？"埃沃讽刺地回击道。

"你怎么这么说？"托莱多似乎显得更加生气。

"对啊，你这不是要去世界银行工作了嘛。"埃沃继续唇枪舌剑。

会议就此结束。

周二到周三，埃沃都睡得很好，每到平原和热带地区他就睡得好。

13日，星期三

清晨5点3分，各部部长、副部长大队人马涌入火烧宫那并不宽敞的大厅。按照计划，他们要和总统会晤。正当他们竭尽全力使自己从无止境的睡意中保持清醒时，却被告知莫拉莱斯由于大雾还没能从秘鲁的伊基托斯赶回来。"内阁会议将照常开，所以请各位稍等。"一位梳着红色卷发的女警官对部长们说。不过，部长们因此得空聊聊天儿来赶走瞌睡虫，比如怎么才能4点半起床啊。一位副部长给一位部长传授经验：为了保持清醒，他开着电视睡觉并且在闹钟铃声响前先打个盹。他们打着哈欠，同时活动着腿脚让身体发热：体温上升了两度。这时大约15名护卫兵，身着红白制服，挎着军刀，迈着铿锵有力的步伐踏入中央大厅。

我去了趟三楼的卫生间，那里摆放着一些与这届玻利维亚政府理念毫无关系的物品，比如一张画着美国和玻利维亚国旗象征玻美友好"团结一致进行扫毒"的宣传画，当然还有一些是与莫拉莱斯政府有关的，比如执政党——争取社会主义运动党的旗帜以及狂欢节的面具等。

总统办公厅主任塔蒂阿娜对我说，过会儿在莫拉莱斯前往比亚蒙特斯❶的

---

❶ 玻利维亚南方城市，位于塔里哈省。——译者注

飞机上会给我留个位子，但是在飞往拉伊格拉[1]的直升机里就无法安排了。

"但我们会尽量协调一下的。"塔蒂阿娜补充了一句。

"我们会协调"这样的话是指"我们会试着安排"。但这句话应该再补充一个前提——"尽管很难"。一般来说，最后结果都是无法协调的，但是那些想要给予协调的好意与心愿是玻利维亚人民性格的一大特点。

当指针显示为还差一刻钟6点时，副总统阿尔瓦洛·加西亚·利内拉进入塔蒂阿娜的办公室。他身着黑色西装，没打领带，套着一件灰色大衣。一绺泛白的碎发垂在额前，那是他成熟稳健气质的象征。

塔蒂阿娜将电话听筒递给他，对方是那位仍旧没能在伊基托斯坐上飞机的莫拉莱斯老兄。

"老大好啊。"副总统听到话筒另一方传来了总统一贯的熟悉问候。

"好啊，兄弟！"利内拉也"不甘示弱"地回应道，"媒体方面已经准备就绪了，可以对你走访全国的整个旅程进行全程报道……嗯，那两伙矿工发生了激烈的冲突，我们该做的是从中调解。好，好，伙计，就这样，再见。"

挂了电话，副总统利内拉传达莫拉莱斯的两道旨意：为他即将开始的旅程准备好牛仔裤和运动鞋；希望我坐他的飞机跟他走访全国。

在走廊里，利内拉问塔蒂阿娜应该签署什么法案了。那时我感叹国事处理得如此简单，那100平方米的总统府更像是一家邮局或者足球俱乐部，丝毫不觉得是作出国家重大决定的场所。

不过，没过多久，传出消息——飞机乘坐方案更改了：埃沃坐01号（总统专机中最大的一架），而我没能登上那架飞机。副总统和其他部长们坐03号飞机。而我被安排与其他60人一起乘坐"大力神"号飞机。

在前往机场的路上，一位少校警官告诉我"大力神"号很安全，尽管也有例外："十年前那架'大力神'起飞不久就掉进了河里，当时机上的一位海军上将幸运地浮出水面，但他马上又潜下水去打捞他的皮夹。也许他坐这趟飞机是要去做什么买卖，他钱夹里有很多钱，多到给了我们赶来救援的每人200美

---

[1] 玻利维亚一个小城镇，位于东部的圣克鲁斯省，切·格瓦拉当年被处决的地方。——译者注

元。"但这则轶闻没能打消我对"大力神"飞机安全的疑虑。

这架飞机属于玻利维亚航空运输飞行队。飞机上有一个值得注意的细节：尾翼和前翼用金属线连起来，飞机里面好像一家小型金属工厂，人站在里面够不到窗户，三排椅子罩有红色的网，那是为紧急时跳伞准备的。里面的温度很低，像冰窖一样冷。乘客们（包括部长、将军、上校、情报机构人员、一名护士以及几名记者）都裹着毯子直到发动机运作起来将机舱烘热，不过等到那时候整个机舱又像个烤炉。

这时，几名保镖抬来冷却机。

"机长，这也是武器装备的一部分？"我问副总统的安保负责人。

"不，我们从塔里哈省回来时会带上些鱼，这是为冷藏鱼准备的冷却机，那里的鱼可真是美味极了。"

两小时后，"大力神"在第一站比亚蒙特斯着陆。在这个城市的活动即将开始：大街小巷聚集了很多民众，穿着蓝白相间制服的学生、军人和警察，那些争取社会主义运动党的拥护者高举旗帜，向总统高喊："谢谢您让我们获得了尊严！"他们还为总统献上花环，并奉上水果、鱼肉、宽边帽、花束、照片甚至证件。在举行活动的主席台上，身为观众的军官和部长们无聊地不知给谁发着短信，一位部长看起来已经昏昏欲睡了，还有一位不断踱着步为了赶走瞌睡虫。这也难怪，他们清晨4点半就被迫起床，而现在正午炽热的太阳对原本昏昏沉沉的他们来说又是一轮严峻的考验。旁边站着一名穿栗色T恤的保镖，外面套着一件醒目的防弹背心，他正为总统洗着杯子，再续上水。

这时主持人讲道："这是一场市民活动"，其实埃沃并不喜欢"市民"这个说法，因为他认为这个词带有地域的褊狭性。活动从头至尾都保持肃穆的气氛，而这个国家的决策却以不拘礼节著称。但在像比亚蒙特斯的这种官方集会上，人们会齐唱国歌，每一位上台的演讲者都会向主席台的领导们致敬；也会有正式的主持人、专业的音乐团体、正式的活动日程，并被政府赋予一种特定的意义。

但活动现场人们感受到的可并不那么庄重：不止一次出现了设备故障、断电等情况。原定的日程没有达成，甚至总统阁下的着装也在跟着添乱：一件短袖T恤，一条屁兜开了线的牛仔裤及一双蓝色运动鞋。

在莫拉莱斯的讲话中，提到了关于1932~1935年那场著名的查科战争❶。在那场战争中，玻利维亚有5.2万人死亡，其中就包括埃沃的叔叔路易斯·莫拉莱斯。那时国家西部省份的大部分家庭都因为那场战争承受着亲人离世的悲痛，同时这也激发了民众的民族意识与爱国情绪。埃沃的讲话一向是包罗万象的，他还指出，所有国家公务员都应该学习瓜拉尼语、克丘亚语或者艾玛拉语。❷此外，他向所有孩子承诺让他们在学校里用上电脑。

在会上，莫拉莱斯向国家革命武装部队致意。他讲到刚入主火烧宫时，他对那里的士官们还心有余悸，但现在已经给予了充分的信任："感谢革命武装部队在国家石油工业国有化进程中的参与和支持。"

最后他高呼："革命武装部队万岁！"

这一年5月1日，当石油工业国有化法案出台时，总统提出要让革命武装部队占领石油采掘井以及所有外国公司在玻利维亚的石油天然气工厂。他希望军队可以成为国有化进程强有力的一部分，与他一同对抗强大的敌人——外国跨国企业。

伴随着这最后一声高呼，军队检阅仪式拉开了序幕，其中包括战术性潜水员演练，以及在43℃的高温下丛林步兵伪装演习。活动结束时，场面显得有些混乱，副总统加西亚·利内拉成为关注的焦点：比亚蒙特斯市15岁以下的少女们争相和他合影。"我觉得他很帅，我妈妈更这么觉得。"一个还在上小学的当地小女孩这样告诉我。总统代表团乘车经过一片简陋的居民住宅区，尽管当地居民区地底下便蕴藏着富饶的天然气，这些能源却没能通往他们的厨房：这里每100户人家只有3户拥有天然气管道。

最后，我们回到比亚蒙特斯机场，准备前往下一站。而这次，也只有这次，莫拉莱斯对于飞机乘坐方案显得有些犹豫不决："7个人不能全上03号飞机吗？"他问负责航班的上校。

---
❶ 1932~1935年，玻利维亚和巴拉圭两国为争夺格兰查科地区北部而进行的战争。——译者注
❷ 以上三种语言均为玻利维亚土著语种。——译者注

"总统阁下，只能载6个人。"上校答道。

因此得有一人不得不先待在下面，"我，还有阿尔瓦洛（副总统）、胡安·拉蒙（总统府部长）、亚历克斯（发言人），还有卫生部长（妮拉·埃雷迪亚，她必须前往下一个目的地参加一所医院的落成典礼）上飞机，剩下的是助手珍妮特和马丁（我），只能有一个上，怎么办？"

"来掷硬币吧。"副总统建议道。

他从兜里掏出一枚50分的硬币。一面是数字和文字——"团结就是力量"，另一面是玻利维亚国徽。抛出的硬币落在了手里。幸运的是，我偷瞄了一眼，看到硬币落在了数字的一面，心中窃喜：去拉伊格拉的是我！

埃沃经常作决定。在他当总统的6个月里（也就是说，从正式就职到这次旅行期间）颁布了石油工业国有化法案，拟定了土地改革法草案，开始在这个对美国依赖半个多世纪的国度里掀起"去美化"进程；他还与古巴领导人菲德尔·卡斯特罗和委内瑞拉总统乌戈·查韦斯建立了长期的同盟关系，并进行了制宪大会议员的选举，以重建国家。

03号机有四张相对的米黄色人造革座椅，还有一把座椅是靠窗户的，最后一个座——准确地说是半个，位于飞行员座位之间，总统坐在了那里。飞机起飞时，他戴上了汤姆·克鲁斯在电影《壮志凌云》中佩戴的那副炫目的雷朋眼镜，但遗憾的是，总统不让拍照。

为了在飞机上消遣一下，他让驾驶员表演一些飞行特技，结果他这边倒是兴奋地咯咯直乐，却把其他人吓出了一身冷汗。

"我们吃饭吧？"他问大家。

"有吃的，但没盘子。"发言人亚历克斯·孔特勒拉报告道。

"那我们就用手抓着吃吧。"埃沃提议道。

孔特勒拉从一个塑料袋里取出了木薯和土豆，还有一瓶两公升的可乐，一盒尚温的兔肉块、鸡肉块和羔羊肉块。当我们准备吃的时候，飞行员突然想起来飞机上存放着一些咖啡杯托盘。于是我们避免了"手抓午餐"的尴尬。因为埃沃的座位没有小桌子，总统府部长就在一个金属托盘里给他切了几块羔羊肉，并放了些土豆和木薯送过去，而副总统还在上面撒了些胡椒面儿。

不一会儿，他们聊起了今天那场活动。

"我觉得最后那个士兵的演讲很让人印象深刻啊！"副总统阿尔瓦洛回忆着。

"国有化时代到来了，我们必须在学校里传授关于民族主义的知识。"埃沃主张，"书本上教授了孩子们有关哥伦布和他三支船队的故事，却丝毫没有讲关于我们祖国的知识。不能再这样下去了。你们看见那些小姑娘们是如何动情地演唱《祖国》这首歌的了吗？我们把它刻成盘吧。"

他告诉我，当天有人会交给他一些关于玻利维亚天然气运输公司暗中资助圣克鲁斯精英集团[1]（圣克鲁斯省是全国最大、最富的省份）组织的一些大型的反政府活动的证据，这些小动作目的性很强，就是索要更多的权利。"圣克鲁斯精英寡头们一直是暗中蓄谋的"。他视该地区为政府最强大的反对派。

飞机前往格瓦拉曾经留下足迹的拉伊格拉。从厚厚的云层中遥望不到当年格瓦拉游击战争的中心路线，但是我们的总统阁下萌生了将这里变成大规模旅游胜地的想法。暂且放下政治的沉重主题，他谈起了一个有趣的话题：婚姻状况。

"我们这是一个由单身汉组成的政府班子，"他打趣道，"每次我出访回来都担心阿尔瓦洛擅自制定法案来强加一个第一夫人给我。"

"我刚认识你的时候，你说准备结婚了。现在怎么样了？"我问埃沃。

"是啊，那是我唯一一次离结婚如此之近。但是戴维同志（玻利维亚外长乔盖万卡）说服了我，要我不要结婚。所以我至今未婚，今后也不会再结婚了。而且，我已经和整个玻利维亚结婚了。有时我对自己说：有这么多人喜欢我，却没有一个女人爱我。这是90年代的事了，我当时想要结婚，但有人对我说，'不行啊，现在有人要杀你，要不然就是想让你坐牢。'"

"这些都是谁跟你说的？"

"一些中产阶级的女伴们。我的一些女友也对我说过：'我想与你结婚，但

---

[1] 圣克鲁斯精英集团是玻利维亚国内东部省份右翼寡头集团，意欲破坏埃沃·莫拉莱斯所领导的民选政府。——译者注

我要随时随地陪着你。'可是你想这很难，我早上5点就得离开，留她一个人独守空房。"

发言人亚历克斯递给埃沃一根牙线。总统剪了一截，开始在齿间旋绕。我们都用牙线将口中的残留物剔除干净，除了副总统先生——他已经刷过牙了。

"阿尔瓦洛，这样和总统飞来飞去不危险吗？"我向副总统发问。

"如果有人想要暗杀我们，那就来吧。"他回答得大义凛然。

在大河谷地区，古巴大使拉斐尔·道萨和委内瑞拉大使胡里奥·蒙特斯为了洽谈本国与玻利维亚的合作项目，特地等候总统一行的到来。这个项目包括古巴帮助玻利维亚援建医院和眼科诊所，并协助玻利维亚开展医疗卫生和扫盲工作，此外，每年为玻利维亚5 000名学生提供奖学金，资助他们到古巴学习。而委内瑞拉方面宣布，将会向玻利维亚石油工业部门投资15亿美元，并通过购买玻利维亚国债、提供贷款等方式促进古柯种植业现代化进程，此外，委内瑞拉向玻利维亚赠送两架直升机和几架供总统出访用的专机。两国在情报安全等方面也有合作。

除了大使们，还有约5 000人在机场迎接总统一行的到来。一些老太太在莫拉莱斯经过她们身旁时甚至激动得潸然泪下。一位拥护执政党的女性紧紧盯着加西亚·利内拉，还不时地暗送秋波。埃沃领导的革命是令人欢欣鼓舞的。

在拉伊格拉的活动现场，用木头和布料搭建的讲台占了主要街道的一部分。在演讲后，听到有人高呼："直到永远！"总统一行人到达一家在古巴援建下刚刚落成的医院。我们将卫生部长留在那里参加医院落成典礼，便马不停蹄地回到我们的直升机准备赴拉伊格拉下一个地方——已经比预定晚了两个小时了。

从天空俯瞰大地，可以看到当年格瓦拉所走过的错综复杂的地域全景。玻利维亚就是这样：无论是霸权国家还是独裁总统，都无法征服这片土地。但由于缺少资金和资源，道路和桥梁等基础设施建设的不完善使这个本就已经支离破碎的国家显得更加"分崩离析"。

在拉伊格拉的一个大院里，当天第三个讲话的播音员庄重地要求："让我们热情地齐唱我们以及我们兄弟国家的国歌。"首先应该唱古巴国歌，但总统阁下却秀了一把好似古巴民歌手希尔维奥·罗德里格斯嘹亮的嗓音。在古巴和委内瑞拉国旗下，古巴医生们和委内瑞拉的年轻人高唱着，而一旁我们伟大的革命家切·格瓦拉同志的儿子——留着长发，梳着小辫的卡米洛·格瓦拉也庄重地哼唱着。

副总统加西亚·利内拉曾是公立大学的教授，他在活动现场奉献了一堂意义深远的历史教育课，以纪念格瓦拉诞辰78周年。"切·格瓦拉代表着一种精神，一种在20世纪不断追求革命的热情。"他说，"如今，格瓦拉的战斗正通过不同的方式得以延续。"说着，他看向埃沃，坦言道："总统阁下，没有格瓦拉的话，您今天也就不会在这儿了。"

拉伊格拉地区没有电。集会组织者拿来了一个插着78支蜡烛的大蛋糕。在昏暗的烛光里，所有人为切唱了生日歌。

在为切庆祝诞辰的一片掌声中，总统身旁的保镖、总统足球队的一名队员对我说，他想占用直升机里我的座位，凭直觉我想他这是想准时赶上晚上的足球赛。我以一个不太充足的理由婉言拒绝了："我们两个一起进去再说。"我一直有一个信念：总统这一趟全国之行我不能错过直升机里发生的任何故事。

显然，机舱里没有多余的座儿，我不得不上另一架飞机。巧合的是，副总统也收到安全部门负责人的请求，出于安全等的理由，希望他上另一架飞机。

"不去，我就留在这架飞机上。"面对邀请，刚在空地上方便完的副总统拒绝道。

埃沃建议我们加快速度赶往飞机所在地以便准时到达下一个目的地，我们踩着泥沼，越过杂草丛，穿过灌木堆和小树林，终于找到另一架直升机。在机舱里，一位消息灵通的古巴人提醒说这样飞行可能会有危险。

"为什么？"我问道。

"晚上直升机在山区飞行，视野不好。"

我们到圣克鲁斯的维鲁维鲁机场转机，等了45分钟后，两架小飞机又载着总统一行人前往奥尔托机场，从那里飞机会把我们直接送到拉巴斯体育场。这一次，埃沃他们的比赛对手是一支名叫"清晨"的由电视节目工作人员组成的球队。

埃沃让我担任这场比赛的裁判，我拿到一个哨子，却几乎没机会用：起初球员们都是单打独斗，从边路出击，然后犯规。有人伸手示意，但我没看见，不一会儿，一个胖子收到莫拉莱斯的示意，把我这个不称职的裁判换下去了。

当上半场结束的时候，总统的"蓝精灵"队已经以5：0大比分领先电视台的记者队。休息时分，内政部副部长拉斐尔·普恩特向莫拉莱斯通报：得到消息之前逃亡的前总统桑切斯·德洛萨达（1993～1997年和2002～2003年任玻利维亚总统）的亲信卡洛斯·桑切斯·贝尔赛因已秘密潜入境内。比赛下半场，双方力量的悬殊使比赛变得越发没劲。但是这时对方队伍一名摄影师的加入使观众觉得有意思起来，因为他对埃沃犯了好几次规。对此，埃沃没有抱怨过：身为军人，就是挨踢挨踹长大的。

在更衣室里洗完澡后，埃沃披着一头稍显凌乱湿漉漉的头发就出来了，他穿着一件玻利维亚国家队绿色队服。他好像已经筋疲力尽：在15个小时内走访了三个省，大部分时间在飞机和直升机上度过，并且作了4场主题演讲。

"你上车吧。"他对我说。

车上，他摇下了玻璃。他的主要顾问兼通信部门负责人沃特·查韦斯给他看了之前竞选总统时准备的宣传海报。离立宪大会议员选举（他们将修改宪法）以及地区自治公投——圣克鲁斯省的主要政治诉求还有两周时间。这个执政近六个月的政府将就这两件事进行公民投票。

"把它收好了，老大。"埃沃对他的顾问嘱咐道，并让司机送他回家。

深色玻璃的宝马750停靠在"10月20日大街"上的一栋楼房门前，他有时候在这里的住所睡。

"从你入主火烧宫后，什么事让你觉得最为意外？"我问他。

"官僚体系吧——我在官僚体系的枷锁下生活着。我最担心的就是与人民大众失去联系，特别是在拉巴斯。因为融入人民内部，才更容易开展活动。另外一个担心的就是安全问题（笑），不过渐渐地我也习惯了。"

"像你这样一个在行政部门没有过任何经验的人，国家决策的机制是怎么设定的？"

"有时候列出方案一、二、三，我作出最后决定。当我十分肯定的时候，我就自己决定了。"

"什么决定是你自己做的？"

"比如，当决定我作为总统需要拥有军队最高指挥权的时候。还有，在一些官员提名指派方面。有些部长对此并不满意，还有些人总是担惊受怕。"

"今天我看你总是处于顾问、保镖之中，当你一个人的时候会怎样？"

"一个人的时候我会产生灵感，特别是在晚上。我睡觉的时间差不多就两个小时，每十分钟或十五分钟醒一次，不开灯，我就一直想啊想，这时灵感就来了。"

"有一次你告诉我当你晚上醒的时候，就向你的父母祈祷。你还这么做吗？"

"当面临很大困难的时候，我先休息一会儿，之后大概在凌晨一点左右，我便向我的父母祈祷，我想念我的父母，我想回到我的故乡。"

差几分钟一点的时候，他下了宝马车，准备睡觉和祈祷。

15日，星期四

拉巴斯，在国家法定假日里，这座城市如同她的名字一样安静[1]：听不到汽车的喇叭声，也听不到在小面包车里小孩叫喊终点站名的拉客声。

到了中午，总统先生要了碗汤，却没来得及喝，就迅速上了飞机前往奥尔托市[2]的军用机场。01号飞机里铺着很有品位的绣花地毯，以及米黄色的革制座椅，可容纳6人，但它有一个缺陷：没有卫生间。起飞前，工作人员为了缓解饥饿提供了橘子、可乐。在航行途中，莫拉莱斯一直睡着，直到飞机降落在位于查帕雷州奇摩雷农村地区的军事巡逻队的驻地。当地人以种植古柯[3]为生。埃沃就曾是古柯农组织的领袖。而这里是他的故乡。

---

[1] 拉巴斯的西班牙语"La Paz"，是"和平、和睦"的意思。——译者注
[2] 位于首都所在的拉巴斯省，临近拉巴斯市。——译者注
[3] 古柯：西班牙语为coca，是生长于南美洲安第斯山区的古柯科植物的叶子。可以入药，具有补肾助阳、镇痛的疗效；也可以用于提取咖啡因，作为麻醉剂，也可做毒品。

埃沃从驻地出来去了一家小餐馆，那里的厨娘们纷纷出来和他拥抱。他坐在一张塑料的白色桌子旁，桌上铺着红色桌布。他为我们点了鱼汤、烤鱼、木薯和土豆。

他告诉我今天早上经体育部副部长推荐，他已经任命米尔顿·梅尔加（玻利维亚国家队前足球运动员，曾效力阿根廷河床队、博卡青年队）接替一位因涉嫌贪污腐败而被免职的副部长的职务。

"那他会在你的球队中踢球吗？"我立刻想到了这个问题。

"当然，如果他愿意，周一新官上任，周三就来踢球：我们有一场艰苦的比赛。"

莫拉莱斯告诉我，玻利维亚南方电视台频道将直播查帕雷州中学举行的"中学运动会"。

"上个礼拜几个卖馅饼的小年青问我关于运动会的事，而不是关于政府的事。对我来说，体育是团结人民的最好方式，而在玻利维亚这样一个贫穷国家，更是如此。一些中学抱怨说参加这次中学运动会的学生年龄严格超标——甚至有22岁的。但是我觉得如果运动能使这些孩子重新回到学校，那不是更好吗？现在这算是一个数学加减法问题了。"

埃沃一边用勺子挖木薯，一边又叫了一碗鱼汤。负责协调军民关系的戴尔芬·奥利维拉向他汇报工作说正在建立一个新的工会。"你私下安排一场会晤，我想见见工会那些人。"埃沃要求道。奥利维拉坦言要让农民完全信任军队不是那么容易的事。

埃沃突然怀念起早年在查帕雷的闲散时光。"那时划划船、打个盹的生活多美好啊！"在得知他必须立刻赶往圣克鲁斯省的亚帕卡尼时无奈地发出了感叹。

"你喜欢坐直升机吗？"飞机起飞时我问他。

"不喜欢，但这是我的责任。"

直升机的门一直是开着的，总统先生的头发俨然被风吹成了朋克头。不一会儿，从空中鸟瞰亚帕卡尼——乌泱泱一片身着深深浅浅的不同绿色衣服的拥

护者。❶

"你准备好演讲稿了吗？"

"我要谈谈我的肺腑之言。"他这样回答，当俯瞰到自己支持者的数量时，不禁惊叹了一番。

莫拉莱斯认为，政治就是群众游行或他称之为集会中所展现的那种力量。它体现在总统任期的长短及其势力的大小。"如果你是孤军奋战，那些霸权国家或是国际机构就会阻碍你的政权。"

离圣克鲁斯还有120千米，总统阁下想要给圣克鲁斯精英们证明一下会有多少人站在他一边。直升机降落在一片不太规则的田野上，40名士兵拉起的警戒线仍旧很难挡住来势汹汹的总统支持者们。

保卫圣克鲁斯委员会❷对当地大部分居民有着很大的影响力，在总统来之前，他们做好充分的准备，呼吁人民要求自治，反对中央政府的政策。莫拉莱斯对这一诉求这样回答："诸位想要自治，那难道以后西部的奥鲁罗省的人民想要前往圣克鲁斯就要办签证和护照了？"关于地区自治问题，他表示，尽管这也许与他执政前几个月所主张的相悖，但是对于自治要求他要投反对票。

演讲时，他草草地看了一眼草稿上所列出的四点：争取社会主义运动党的历史、国有化、团结、立宪大会。但是他演讲时更侧重谈了即将到来的斗争：为土地而战。尽管1952年革命时期就开始了土地改革，当时的独裁者乌戈·班塞尔却只将3 000万公顷土地交给了东部圣克鲁斯省和贝尼省的一小部分人，因此在玻利维亚形成了新型大庄园制，直至今日。

圣克鲁斯精英们试图通过保卫圣克鲁斯委员会来操控政府，从而分配那一小部分未被开垦的土地。与此同时，莫拉莱斯承诺他的国民政府将进行土改。

整个活动结束后，那些到了平原地区依然穿着高原裙子的女士争相为总统阁下献上古柯叶编成的花环，并为他戴上皮帽，汗珠从他的额头上滚落下来。而几个农民不堪太阳的暴晒中暑昏迷了。

---

❶ 反对派的拥护者身着绿衣。——译者注
❷ 玻利维亚圣克鲁斯大区最具影响力的右翼势力政治社会组织，体现圣克鲁斯精英们的政治诉求，主张进行地区自治。——译者注

在直升机上，他发现在匆忙混乱中竟然把卫生部长落下了，因为在这次访问活动中，成千上万的人争相一睹总统的风采，总统一行人慌忙逃出"包围圈"，当时场面极其狼狈。

拉巴斯机场贵宾区的负责人迎接他时，报告道："一切正常"。这是玻利维亚总统最常听到的话。进入总统府、检阅军队、上飞机都会听到这句话。

"我们去哪儿，总统先生？"总统专属的宝马车上，随员问道。

"去A330。"他笑着答道。

A330，那是位于圣豪尔赫的总统另一处住所的代号。

随员向总统通报，有消息称"无房"运动组织试图占有莫拉莱斯在科恰班巴的财产。

"他们有武装吗？"总统问道。

"没有，只有刀。农民领袖们阻止了他们，所以没有发生武装冲突。总统先生，现在事态已经控制住了。"

不一会儿，埃沃抓着车上的扶手进入了梦乡。

圣豪尔赫是历代玻利维亚总统的宅邸。一层只有一个空旷的大厅，没有任何陈设，让莫拉莱斯有回家的感觉，或是感到自己还是总统这样的身份。前总统桑切斯·德洛萨达花费数千美元装修这座府邸，但却不得不在2003年10月拉巴斯和奥尔托爆发起义的时候忍痛抛下了它。在一层的餐厅里，装饰着绣花窗帘、一台平板电视、几把玫瑰色的椅子、一张铜质圆桌以及这位新总统的官方照片。

一进大门，埃沃便倒在沙发上。

"汤好了吗？"他问正在准备饭的厨师。

"还。"

在玻利维亚，"还"相当于"还没有好"的意思。

"但是我早在奥尔托的时候就说过要准备了！"他不满地抱怨着。

埃沃身体放松，几乎快躺下了，他拿起遥控器，开始看节目。电视里正在播德国的世界杯比赛、汤姆·克鲁斯的消息、时尚台的秀场，换了一通之后,最终停在了美国有线电视的英语新闻。

"我想要听懂,因为这很重要。"他说道。

这是他的助手珍妮特进来了,他的眼睛还是没离开电视。

"有新情况了,老大?"埃沃问道。

"水资源部部长亚伯·马玛尼希望您召开紧急会议。"

"好,明天早上5点开会。"

"还有什么?"

"没了。"

"阿尔瓦洛呢?"埃沃询问他的副总统的去向。

"在家。"

"给他打电话。"

他往端上来的汤里面放了些名为"洛克托"的食物,这是一种绿色的辣椒,切成了小块。这是晚饭,但也可能是早饭。每天的食物和每日的议事日程都很相似。"我都不知道什么叫假期,在我现在的认知里没有这个词,最后一次能和这个词沾边的还得追溯到四年前。"

"没有一天可以休息?"我问道。

"没有啊。因为我已经不会休息了。如果不做些事情我都不知道如何度过一天,比如开会啦、走访农村啦、与基层群众聊天啦、与部长们讨论啦。你知道的,我一直这样,甚至在当总统前就是如此。"

"你不累吗?"

"有时候也累啊。今天早上我5点就醒了,我应该睡两个多小时的,所以飞机起飞前我补了个觉,尽管飞机上很吵。"

我觉得有一种强大的精神在支撑着他的身体,他尽心尽力的工作态度与行动力弥补着管理上的不足和他自身的局限性。

他喝汤的时候,一则关于巴西球星罗纳尔多世界杯表现抢眼的消息吸引了他的注意。

"卢拉对这位球星说过他发胖了,而罗纳尔多回答的是至少没喝酒。"我给总统阁下透露道。因为之前《纽约时报》曾揭露过卢拉有酗酒嫌疑。

"我最近一次见卢拉觉得他瘦了些。总统这活儿很累人呢。我在总统就任前的最后一天喝了一晚上酒,因为今后当总统的这五年我都不能再喝了。"

这时,助手珍妮特把手机递过来:"是阿尔瓦洛的电话。"

"你打过去的还是他打过来的?"他问珍妮特。

"他打过来的。"

在埃沃挂了电话后,我才打开录音笔,开始正式的采访。比起先前的闲聊,这时候埃沃显得更郑重,语音语调都会有些改变,说话的内容也是他在群众演说中常说的句子。

"昨天你出席了一个军事仪式,为了纪念格瓦拉——那个曾与当时玻利维亚政府军队打过游击战争的人。在你的政府里有武装军队和格瓦拉主义两种敌对势力并存这种现象,你是怎么看的?"

"在军队里也有格瓦拉主义者。在格瓦拉时代,军队理解不了格瓦拉主义的意义。而现在的军队则不同,他们很支持格瓦拉领导的那种促进国家变革的民主革命。那时候,切来到这里,寻求变革,但军队坚决地打击他。当时在玻利维亚左翼没有一个正确的政治思想方针作指导,所以最后甚至农民运动都背叛了格瓦拉。现在我们与切·格瓦拉那时所做的事唯一的区别就是斗争的方式。我们现在也是在为人民的解放而战,但是要通过和平民主的方式实现。"

"1995年,你对我说查帕雷州要走墨西哥恰帕斯州印第安农民暴动的老路,即出现内战的可能性。对于可能来临的这场战争你做好准备了吗?"

"伙计,那时候我真的跟你说了这些不靠谱的话了吗?我们现在推行的政治运动已经有效抑制了任何一次武装暴乱。当时我领导的斗争已经使我以和平的方式登上总统宝座了。"

之后他离开了房间,与一位议员会面。回来的时候,他对我说他在这座宅邸里总是感觉很不舒服,因为这里没有隐私,进入和离开都受到制约。他甚至有些疯狂地希望参众议院议长和副总统加西亚·利内拉也住在这儿,因为这样就可以一天24小时一起工作了,实际上只有众议院议长爱德华多·诺维略住在这儿。

那天晚上，像往常一样，总统阁下在自己"心仪"的那套位于"10月20日大街"的居所里过夜。

17日，星期六

当发言人亚历克斯·孔特勒拉在火烧宫享用"官方早餐"：木瓜汁、加奶咖啡和黄油果酱面包时，他的手机响了。

"伙计啊，你们怎么已经离开了？"电话里他向对方抱怨道。

挂了电话，他对我说："他们把我们丢下了，我们得飞奔到机场。"

孔特勒拉从来都是彬彬有礼地说话，就算指责也不失风度。

"师傅，快点吧，不然我们赶不上飞机了。"他对着那位看起来不紧不慢的司机说道。护卫摩托车在前面开道，并疏导交通。这位发言人先生对我说，几个月前，他为了赶上飞机，不惜直接坐在了开道警用摩托的后座上，最后准时到达。而我们终于也是有惊无险地到达了机场。

在直升机上，古巴大使告诉莫拉莱斯总统，前一天晚上，菲德尔·卡斯特罗看了玻利维亚在拉伊格拉为格瓦拉诞辰所组织的纪念活动，将其命名为"拉伊格拉的誓言"。他还透露卡斯特罗有份惊喜要带给埃沃。

"是什么，告诉我呀？老大！"莫拉莱斯有些激动。

"他可能要来玻利维亚了。"

中午的时光是那么美好。

飞机是从奥尔托市起飞的，从空中俯视这座城市，满布着土坯砖头砌成的住房。二十年前，奥尔托市只有6个居民区，周围有数家工厂，而现在，到了21世纪初，城市人口已有80万了。内地迁移至此的人口数量以惊人的速度增长，但与此同时，农村地区的贫困问题也在加剧：2001年，该地区53%的居民无法获得饮用水，每个家庭每天收入仅2美元左右。因此，首都拉巴斯的富人们也受到了牵连：他们不能再从高处控制拉巴斯的供应，而奥尔托人已成为能使首都政治经济陷入瘫痪、推翻政权的强大社会力量，就像他们推翻了前总统桑切斯·德洛萨达政府一样。

随后我们前往"永加斯"（山地高温湿润气候带），那是玻利维亚主要的古柯产区，位于安第斯山脉东麓。从直升机上看到了仅容纳一辆半车通过的狭长山路，但问题是，错车时必须能够同时通过两辆车。发言人孔特勒拉告诉我们，平均每礼拜就会有一辆车坠入山崖。那里的农民在公路上堆满石头，设置路障，然后他们躲在山上。而当清理路障人员到来时，躲在山上的农民再扔石头和木棍，因此，清理路障可能要花费几周的时间。莫拉莱斯政府规定，每个家庭可以种植600平方米的古柯，但很多"永加斯"的古柯农对这一限制不满意。

从空中看，甚至在山坡上和咖啡种植园里都能看到伊鲁帕那（"永加斯"的小镇）迎接总统的人群。因为飞机一时找不到地方降落，所以只能不断地在空中盘旋，试图找到一个合适的空地着陆。这时，为了描写飞机上某些乘客们因为上下起伏而露出的害怕表情，我在笔记本上记下了"伊塔尔游乐园❶过山车"几个字。我甚至想到总统的葬礼和其他蠢事，最后飞机朝着一个足球场飞去。

一位主持人站在一辆旧卡车的拖车上，向群众慷慨激昂地喊道：

"古柯总统到啦！他也和我们一样种植古柯，他是我们的兄弟。"

在欢迎总统的活动中，一个关于古柯工业化生产的项目正式启动，该项目得到了委内瑞拉100万美元的资助。

活动结束时已经下午1点了，总统下一个活动不得不延迟举行。过度热情的"永加斯"人民争相向总统问好，一些人甚至激动得哽咽了，因此活动时间一再延长，直到主持人不得不要求民众不要再哭了。现场音乐响起，两名女士盛情邀请总统阁下跳舞。

这时突然停电了。"我们碰到了一个技术问题。"主持人解释道。在解决供电问题时，莫拉莱斯收到了各种礼物：信件、花环、古柯明信片等。这时有个拿着国旗的女孩走过来。

"你叫什么名字？"他问她。

---

❶ 阿根廷的一个游乐园。——译者注

"米尔卡。"

"多大了？"

"17。"

"哪里人？"

"伊鲁帕那人，您呢？"女孩反问道。

"奥鲁罗❶人。"

这时电力恢复了，总统开始了他的演讲：

"我有点儿嫉妒。你们有这么多人都要胜过我的故乡查帕雷❷了。一个同伴含着眼泪对我说过：'我们一起斗争过。'就是这样的，有时候你们上街游行，有时候我们这样做。古柯唤醒了我们的政治意识。而另一方面，古柯加工成的可卡因一直是美国的问题，而不是我们的问题。而古柯一直是美国侵略我们的借口。因为石油，美国侵入了伊拉克，而因为古柯，美国觊觎着这里。古柯生产工业化，最初不可能给我们带来很多利益，但是我们要有耐心。我们生产过古柯洗发水。我的头发很稀，但是我过去的一位房客说她用了以后已经不掉头发了。（笑声）她去找古柯洗发水，我帮她找。（更多的笑声）她不是我的女朋友啊，我还单身呢。我想发起一场运动，即我们应该使古柯种植合理化。（台下发出口哨声）因为当生产种植实施有效管理后，产量会更高。这是我的建议，并不强制。工会会为每个家庭、每个人定额配给土地。"

活动结束后，又一场球赛开始，看台上坐满了观众，莫拉莱斯足球队提着两大袋球进场。他们的对手则是当地足球选拔队的球员，除了克莱门特·马玛尼——"永加斯"地区的长官。他的队友急于将他们的长官从这场不擅长的运动中"解救"出来，但总统先生要求他踢完整场比赛。上半场当地"永加斯"队以4∶2领先，比赛结果看来已成定局，但当陆军少尉维加上场后漂亮地踢进了4个球，比赛发生了逆转。

一会儿，到了开饭时间。还是在这个球场，当地民众为我们奉上了特色食

---

❶ 玻利维亚西部地区——奥鲁罗省。——译者注
❷ 埃沃·莫拉莱斯有两个故乡，出生地在奥鲁罗省的奥里诺卡镇，成长地在科恰班巴省的查帕雷。——译者注

物：木薯、花生、面包、西葫芦、野猪肉、鸡肉、奶酪、香蕉、鸡蛋及各种蔬菜。我们吃着，一大堆人看着……不一会儿，军人们让老人、孩子都聚集过来把每道菜拿点回去，一些人把猪肉、鸡蛋装在帽子里带了回去。

从奥尔托市的群山中飞行穿越是一种很刺激的经历。群峰之后飞机又进入大平原。直升机离机场还有几公里时，埃沃又"不甘寂寞"地让飞机在空中"翻了几个跟头"。

这天晚上，是这星期第一次也是唯一一次我坐上商务飞机，而不是总统的直升机。

南方航空公司的贵宾候机室陈设简朴，其格调以紫色、绿色、白色为主。室内电视播放的是捷克队对加纳队的世界杯足球赛。在半场休息时插播了社会民主力量党（玻利维亚第一大反对党）揭露玻利维亚查韦斯化倾向严重的报道，并主张变革。

"你发觉了吗？"总统问我，"他们总说要变革，却连个提案都没有。我们所有的东西他们都看成是查韦斯现象，这个也是查韦斯，那个也是查韦斯。我要和沃特（通信部门的负责人）谈谈了。"

"伙计，我今天下午看体育台，但却看到了图托（豪尔赫·基罗加，社会民主力量党领导人）的宣传节目，好好管理你的通信传媒体系，别再出差错了，老大。而且，我们党争取社会主义运动党不该没有宣传吧。"

大厅的空姐开始为乘客送上咖啡或果汁，她们一个个身着紫色、绿色或白色的套装，与贵宾候机室的色调相呼应。

埃沃要了杯咖啡。

坐在头等舱的第一个座位上，他谈起了今天在伊鲁帕那的活动："两个星期前有人威胁说要包围那里，但结果什么也没做。"这时空姐过来很熟练地给乘客提供熟食和色拉。

"今天我在活动里讲的关于我和我房客的关系还有洗发水的故事你信吗？"

"不信，感觉你在说你的女朋友。"我表示质疑。

"为什么就没人信呢？（笑）我会把她引荐给你的，她真的只是我的房客。"

"对了，你真的喜欢在飞机上体验飞行特技吗？"我对他的嗜好仍心有余悸。

"当然，明天我们再玩一把。菲德尔（卡斯特罗）曾对我说这是种冒险甚至找死的行为，劝我好好看看精神病医生。"

在科恰班巴机场，工会的领导人和他的一些朋友在等着他的到来。

"你好啊，老大。"埃沃仍旧以其特有的方式向其中一人打招呼。

18日，星期日

莫拉莱斯邀请我去他的办公室。在那里，他正在总揽整个科恰班巴六大联合会的协调工作。上午9点50分，街上徘徊着几个醉醺醺的吟游歌手，还有几个人吃着汉堡试图让自己从醉酒中清醒过来。埃沃就这样到了办公室，丝毫没有总统的排场：没有汽车接送，也没有保镖、部长、随员、顾问的陪伴。身边只跟着几位原住民工会领导。他们讲克丘亚方言，嚼着古柯叶。而埃沃，并没有这个习惯。

在办公室的墙上贴满了从报纸上剪下来的有关莫拉莱斯担任工会领导人时期和总统时期的新闻和照片。

"你为什么仍然保留你在工会的职位？"

"那是我的同伴们要求的。此外，也显示了我们工会运动的与众不同之处。我们领导的运动是以群众为基础的，我们领导人应该与基层民众保持联系。我不想只在火烧宫里'与世隔绝'地管理国家。我其实更觉得自己是一名工会领导或是社会运动领袖，而不是一位总统。只有当人们称呼我为'总统先生'时，我才感觉到我的身份。我并不是很喜欢人们这么称呼我，更想让他们叫我埃沃或埃沃同志。"

"你的大名和照片被贴得到处都是，你不怕人家说你搞个人崇拜？"

"在拉美，我认为政治活动是以人为中心开展的。我需要一个政权稳定的保证，我决不会迷恋权力和搞一言堂。因此我要求我的同伴们发现我做错时及时纠正我。所以至今为止我都犯过多少回错了，搞社会运动的同志们会对我说：'埃沃同志，你是怎么了？有些政策你该改改了。'"

"那些错误都具体指什么呢？"

"比如一些政策结构上的失误，一些不太符合规范的程序、法令的颁布，当然我们会及时修正，将其废除。"

"你觉得什么是你最需要学的？"

"金融经济方面的知识我很欠缺。对我来说，每天都在学习。以前在工会，在搞社会群众运动，现在在火烧宫。随着头衔的转变，我需要做的就是不断地了解和掌握情况。"

"你希望你的子女学什么呢？"

"伙计，这我不好说。但我希望他们拥有丰富的社会知识和聪慧的头脑。"

"很多父母希望他们的孩子当律师。"

"我并不想这样。与其说想让他们当律师，倒不如说我更想把法律专业都取缔了，为了公众免受毒害，因为我觉得苏克雷❶的法律系统是国外殖民主义的'忠实'体现。"

埃沃早年居住的故居，油漆已剥落，周围用黑色的铁栅栏保护起来，房间里，几枚灯泡悬挂在天花板上。

埃沃就像个医生，在门厅里，十来个人在等候着。他让大多数人进来，准备吃早饭。赛丽玛·托利克是一位梳着辫子的工会领袖，2007年曾担任过司法部长。她用土豆、洋葱、蚕豆为总统炖了一锅兔肉。

一边吃着饭，埃沃一边听取同事们的提案和要求。有人说他们没有钱支付工会游行的交通费了，埃沃想了个法子：

"那里有些印着'我们是争取社会主义运动党党员'的T恤衫。你们去市场上卖，5比索（相当于62美分）一件，挣的钱就当汽油费了。"

另一位同志提出有些争取社会主义运动党的预备党员甚至不会念自己的名字，这是一件令人担忧的事情。

---

❶ 玻利维亚有两个首都，一个是行政首都拉巴斯政府所在地，一个是法定首都苏克雷，最高法院所在地。

"没有时间完全改变他们了，教他们念名字，并给他们提供支持。"埃沃有些无奈地回答着。

面对故乡做得一手好菜的当地女士们，埃沃想起了在拉巴斯的食物，抱怨道："辣椒太少了。"

接着赶紧对我说："这个你可别记下来。"

那位梳着辫子的工会领袖赛丽玛·托利克满腹狐疑地看着我，却是为了另外一个理由。

"你能吃兔肉吧？"她看到她殷勤献上的兔肉几乎没动，于是问我。

埃沃脱了衬衫，助手珍妮特又递给了他一件黑色的。

"这件不是女式的吗？"埃沃询问道。总统先生在办公室里当着所有人的面光着膀子，不以为然地开始穿新衬衫。他回忆说，有一天，他和一个在查帕雷的朋友光着身子在河里洗澡，换衣服的时候，他穿得像个士兵，抬头望着天空，好像在监视是否有侦察兵。

其他人边用手抓着兔肉吃，边大把大把地放辣椒。第三位工会领导抱怨所有的宣传单都印着总统的照片，"我们也得展示一下自己的候选人啊"。他戴着个羊毛制的宽边帽，和游历全国的背包客用的那种一样，穿着羊驼毛袜加上凉鞋。还有人认为一些提议盲目自信，提出人应该保持清醒的头脑。

离开办公室后，莫拉莱斯给他的一位同事打电话，问道：

"有早饭吗，或者吃早饭了吗？"

这是他常讲的一个笑话。

车在路上行驶，等红灯的时候，他叫人买了份报纸。他看到了他和切·格瓦拉儿子的合影。"与父亲不同，他看起来更加平静。"埃沃这样评价切的儿子。

他又看到报上登载的比尔·克林顿对他的政府表示支持的话。

"现在社会民主力量党那些家伙又该抱怨'不要再跟克林顿说话了'这样的话了吧？"发言人孔特勒拉调侃了一句，所有人都笑了。

"我想当飞机副驾驶员。"总统换了个话题，"在搞社会运动的时候，我就常想，我应该学开飞机，万一某个飞机驾驶员心脏病发作，我可以替代他。"他问我："你在登机前，不想再接着写你的书吗？"

登机前，他把代表团一行人细数了一遍："阿尔瓦洛（副总统）、亚历克斯（发言人）、珍妮特（助手）、埃尔南（另一位助手）、马丁（作者）和我自己，之后丽贝卡和玛格丽塔也会来。"

"别算我啊！我也成总统领导班子的一员了？"玛格丽塔笑言道。

从飞机上俯瞰科恰班巴的景色，一片绿色，但也看得见零星的因为干旱造成的裸露的黄土地。因为云雾挡住了我们的视线，飞行员无法降落在目的地——克罗米市（位于科恰班巴），但埃沃坚持肯定有地方能着陆。

"那里可以。"他指着一块极不显眼的地方。

飞机小心翼翼地躲避着空中的电缆，缓缓降落在几处农家附近。好奇的人们靠近一看，大叫起来："埃沃！埃沃！"

"直升机吓到你们了吗？"总统问道。

当地还有很多家庭没有饮用水，最常见的商业往来还停留在物物交换的原始阶段，不使用手机。在走过街道楼房时，他回忆说自己当年从查帕雷到拉巴斯"长征"搞社会群众运动时，曾在这里过夜。当时天很冷，只能用热汤和毯子取暖。

克罗米人的食物以土豆鳟鱼为主，特色饮品是酸樱桃酒。

"兄弟，御寒的方法就是喝这种酒。"总统补充说。

在城镇的入口，有一个铁板搭的大棚子，那是他们的集市。那里停着一辆卡车，负责把总统拉到当地的体育场，以开始这个地区的演讲活动。安全工作由当地警察工会负责。一位留着连鬓胡子的大汉扛着步枪护卫着总统，一刻也不离开总统身边。这种护卫方式并不意外，因为上个星期总统说过要用武器捍卫革命成果。

一位穿长裙别具风情的女子给总统斟上了一扎酸樱桃酒。"你是要让我喝醉啊！"总统笑着对她说。一口酒下去，埃沃立刻觉得身子暖和了许多。他脖子上戴着人们送他的五彩花环，这是盛情邀请的见证。

加西亚·利内拉在演讲时尽量控制着之前喝的酸樱桃酒的后劲，但还是将他一贯秉承的"不可知论"抛到脑后，说什么地位最高的是神，其次是宪法，再其次就是政府。

总统说我应该喝下12杯酸樱桃酒。他在演讲时，不禁回忆起当年自己和其他15 000人共同参加游行抗议活动，在全国长途跋涉，曾上百次经过克罗米。有一次为了缩短路程，他们没走大路，而是进了山间小道。但是林间的云雾使他们彻底绝望了，他们不停地在原地打转，怎么也找不到出口。总统说那15 000人是了解自己的，他们曾见过自己因为喝酸葡萄酒而酩酊大醉，也曾见过自己因为忆起过去的痛苦而潸然泪下。

中午时分，总统一行人在一家饭馆吃了个便饭。饭馆名叫"酸樱桃"，有两层，餐桌呈"L"型摆放。饭前，埃沃对党内各位负责人表示感谢：

"这真是个大型集会啊，兄弟们。我估计有千人了吧。我知道在这种有雾的寒冷天气下，在星期日早上7点聚集这么多人是多么困难的事。组织这样大型的集会对于政府来说是极其重要的。"

他们用酸樱桃酒碰杯，享用了炸鳟鱼、色拉，主食是米饭、木薯。那些会吃鱼的人可以轻松地把鱼吃干抹净，只剩下鱼骨头。莫拉莱斯在他的座位上一一向楼下座位上的人敬"酒"。"要干12杯哦。"当轮到我的时候，他喊道。他向正在喝汽水吃鱼的副总统挑战："继续喝酸樱桃酒，伙计。"

饭后，我来到雷内巴里恩托军营——那里停放着委内瑞拉的直升机。副总统加西亚·利内拉想要骑马兜一圈。于是在机场周围骑着马轻快地小跑着。

飞机起飞后，打开一瓶酸樱桃酒，我们每人又意犹未尽地呷了一口。埃尔南，埃沃的助手，每回轮到他喝的时候，都洒出来一点儿。

总统先生又让飞机表演了一回转圈特技，刺激过后，他觉得十分尽兴。接下来还有三场活动在等着他，又要开始新一轮的演讲、国歌、花环、拥抱、哽咽。对于所有人而言，"酸樱桃酒"之行就这样结束了，除了我以外：我是唯一喝醉酒的。

埃沃换了件短袖衬衫，因为我们下一个目的地施纳沃塔地区，现在温度高达35℃。"这个地方啊,"他给我介绍,"被那些美国佬称为世界可卡因的中心。"和以往一样,埃沃下了飞机,迎接的人群蜂拥而至。"我是手风琴师的女儿。"一个小女孩这样介绍自己。古柯农们脸上洋溢着笑容。据发言人亚历克斯·孔特勒拉说,他们中的有些人似乎对7月2日即将举行立宪大会的选举相当有信心。毋庸置疑,谁将赢得这场选举。在当地,埃沃的支持率高达90%,但是之前总统竞选时曾有一票投给了反对党社会民主力量党。对这一事件,当地政府已经开始调查,因为他们想知道投这一票的人到底是谁。

"我们已经进入总统府了,"在演讲中他回忆着,"有牺牲、有伤痛,但是我们昂首挺胸地进入了总统府,参加了各种各样的群众集会。我们已经前进了。"

有一句话他反复使用了很多次:我们已经前进了。政治,对他来说,是可以用前进与倒退进行量化的。而这些前进体现在社会运动、群众集会、选举等方面。

在演讲中,他回忆起多年前的情景:"那个时候很贫苦,因为古柯太多了,供过于求,只能贱卖——如果古柯产量过高的话,就卖不出好价钱。"

最后,他谈到有人邀请他去现场观看今年足球世界杯的决赛。

"你们想让我去吗?"他问道。

"不!"台下异口同声地回答。

我们驱车从一条很平坦的柏油路向科恰班巴的奇摩雷市驶去。那里等候的人数没有之前那么多。埃沃在打电话时不知何故骂了人。一位瘦骨嶙峋的老农,戴着印有"农村地区军事巡逻队"标志的帽子,架着一副雷朋眼镜,竟然是护卫总统的保镖首领。古柯种植园的边界是用芦苇竿儿围成的。总统要求全体人员为2001年被杀害的英雄——卡西米罗·万塔默哀一分钟。而几个在玩球孩子的叫喊声打破了这片静默。

活动结束后,莫拉莱斯来到奇摩雷农村地区军事巡逻队的驻地。争取社会主义运动党立宪会议议员候选人、前古柯农贩毒案的辩护律师丽贝卡·德尔加多告诉我们,每次她进来和嫌疑犯沟通了解情况时,都一直用双手紧紧抓着自己的包:"我害怕他们往里面放可卡因。"她几乎没有与当地政府往来过,"我必须与派驻当地的美国毒品管制局交涉,但他们很多人不懂西班牙语。""当出现一名受伤的古柯贩运者时,我必须和医务人员据理力争说服他们让我与伤者接触,这时候我只能用英语了。"这里驻扎的兵营似乎成为美国使馆管辖的势力范围,不再是玻利维亚的地盘了。

飞机上,谁也无法确定下一个目的地、下一场集会到底是在布洛—布洛还是在恩特雷里奥斯。"我们先从空中观察一下,老大。"埃沃对着飞行员说道。在一片平原上空翱翔的飞机经过了棕榈林、古柯种植园、小溪、村落、小湖。我们就好像专业的地图绘制者在确定下面这所有的景物是否与之前猜想的一样。虽然已经无数次地走过这条路,但需要一个个加以落实,是否按顺序排列。莫拉莱斯在直升机上不断地移动,并叫出下面经过的一个个村落和一些住家的名称。他还指着圣弗朗西斯科的地方说,那里有他的一个小庄园,"旁边有一条小河"。他的支持者耕种他的土地,将收获的一半给主人,因为小庄园价值5 000美元,他们没有那么多的钱购买。

下午4点40分,到达今天最后也是最大的一场集会。人群分为两拨儿,有一拨儿人在足球场等候总统的到来,直升机在那里降落。人们全神贯注地看着直升机如何降落。另一拨儿人在通往主席台的林荫道两旁迎接。工会警察护卫着总统,手里拿着警棍,戴着警察的标志,确保一切顺利进行。

集会结束已经是晚上。总统的车缓缓从人群中驶出,一位留着辫子的女警察冲着总统大喊:"我也是单身。"

在饭馆里,留着络腮胡子、戴着手套的大厨们端上一盘炸鱼,当然少不了米饭和木薯。然后,他们为总统特别奉上了山猪肉。

在总统对面就座的是一位古柯运动杰出的女性领袖,名叫菲利帕。埃沃这么向我们介绍这位女性:"这是一位有着少女情怀的女士。"

菲利帕说今年好几位姓"莫拉莱斯"的人家有了孩子,他们都不约而同地给孩子起了"埃沃"这个名字。

"但其中一个孩子夭折了。"菲利帕继续说,周围一片静默。

"怎么死的？"总统问道。

"发高烧。"

21世纪初，玻利维亚每1 000名新生儿中就有54名早夭。

埃沃赞扬了组织这个活动安保工作的那个胖胖的负责人。"我希望你能成为工会警察的首领。"他常常这样赞赏鼓励人，并寄予希望。

这是此次走访全国的最后一站。每个地方情况各异，但所有的农民同胞都在为更好的生活努力打拼着，为了古柯能卖个好价钱，为了一日饱食三餐，为了子女们接受教育，为了到大城市过上富足的生活。他的生活经历了无数个沟沟坎坎，经历了等待巡逻警察到来的每个日日夜夜，经历了从喝醉到疯狂的每个日出日落。埃沃相信，他作为总统的每一天都与不断努力的人民息息相关，为了那独特的、英雄般的、尚未完成的、不断深入的革命。

因为当天晚上不能飞回拉巴斯，总统代表团一行人开始讨论如何解决睡觉问题。丽贝卡·德尔加多建议大家下榻到她的农舍，可容纳六个人。"虽然没有电，但是我们可以买些煤油来点灯。"她补充了一句。"我们七个一起去吧。"总统发话了。他的副总统说他还要看些文件。"那我们该去找找煤油了。"丽贝卡的一句话结束了这次找住处的讨论。

"我们睡在农舍里就不用住宾馆了，可以省钱了。"埃沃算了算可以省25美元。

然而，当丽贝卡律师发现买灯油的服务站已经关门的时候，一行人只能无奈地奔向图纳里镇的旅馆，一间房4美元，没有蜡烛也没有电视。

一位当地官员问总统的助手珍妮特，总统是否需要护卫在宾馆门前站岗。

"当然。"珍妮特应道。

天刚蒙蒙亮，另一位助手埃尔南说莫拉莱斯想换件衬衫。之前穿的那件头一天搞活动的时候已经弄脏了。

"可是现在没有啊！"珍妮特无奈。

"商店7点开门。"宾馆服务人员这样说道。

"等不到那时候了。"副总统答道。

最后，珍妮特找到一件在克罗米镇民众送给总统的蓝色短袖足球T恤。当然要先熨熨衣服上面的褶皱。

6点整，埃沃准时从楼上下来，看起来心情大好："怎么样啊？老大们，谁出去嬉闹了？"

"拉巴斯有什么新闻吗？"副总统问。

"不是拉巴斯，是这儿的事儿。一些农民领袖来我这儿了，让我帮他们解决与一名市政议员的矛盾。我正要和他谈话呢。"

原定于早上5点与部长们的会议被取消了。"但是我想参加弥尔顿·梅尔加（前文提到过的前足球运动员即将就任副部长一职）的就职仪式。"他说。

在奇摩雷军营驻地的食堂大厅里，埃沃和农村地区巡逻队的十名军官一起进餐，他点了一份猪蹄汤。一位陆军上校解释说，这种汤可以使他的部下们坚持一整天：清晨五六点出来拉练，坚持到下午三点才回来。

莫拉莱斯对我说，大多数被捕的古柯农都曾到过这个军营。"那时候，我们挤在一起睡了好几天。"埃沃一边回忆着，一边捞起汤里的一块土豆，"飞机上我再跟你细讲。"

公共工程和服务部长萨尔瓦多·里克主要负责当天下午前往圣克鲁斯的活动。

"老大，我们得到一条情报，说有人要在今天的活动中闹事，请您格外小心。下午三点开始活动，千万不要提前到两点进行。"

这时，空军上校提醒说飞机已经准备就绪。

"飞机能容纳几个人？"副总统问。

"6个。"

"马丁同志啊，你得救了，有你的地儿。"发言人孔特勒拉笑着对我说。

从机场跑道可以更清楚地看到军营全景：一排装有空调的白房子、一些木制小房子、电视卫星和雷达系统，还有一个控制塔、四架停放的直升机还有"农村地区军事巡逻队"的口号："只有随时准备为崇高理想献身的人才值得活下去"。

飞机上，莫拉莱斯继续对我讲他在军营的过去。

"我曾被流放到这里。有人给我们设了个陷阱。有一个与民族主义革命运动党关系密切的农民领袖组织了一次会议。他们给我戴上手铐押到这里。我们正在车上听玻利维亚足球队对巴西或者其他一个什么重要球队的比赛，这时有人说'你们的死期到了，被捕的古柯农领袖们'。"

他想起了路易斯·卡瓦列罗，"农村地区军事巡逻队"的总司令。"那是个极其暴虐的人。"在睡觉前，他对我窃窃私语，美国仍旧控制着刚才我们飞机起飞的那个机场。

到奥尔托机场的时候，埃沃醒了。当飞机降落在贵宾大厅前时，他看到二十来个身穿制服的国家安全部门的军人正列队等候，他们护送他回到在火烧宫处理政事的生活、回到专车接送的生活、回到穿防弹背心的生活、回到入住圣豪尔赫总统宅邸的生活、回到"一切正常"的生活。在这种生活里，他竭尽所能改革整个国家，使之更加美好，并竭尽所能使自己有朝一日可以回到自己的故乡——回到查帕雷，回到奥里诺卡。

● 参加科塔科塔地区举行的足球比赛

● 在缇亚瓦纳库与土著人民载歌载舞

第二章　从高原到热带
（1959~1995年）

迪奥尼西奥·莫拉莱斯·肖克从介绍肥皂、沐浴乳和增发广告的《布里斯托尔年鉴》❶中相中了他儿子的名字：埃娃里斯托。后来，他又犹豫了，因为他觉得"埃娃"这个名字太女性化了，于是他试着改动了一下这个名字，把"娃"化成了"沃"——"埃沃"。"埃沃，只有两个字。"他觉着这个名字很不错。"埃娃里斯托"就这样变成了"埃沃"。多年后，我们的总统先生还在究诘为什么当时他的父母不给他起名叫亚当❷。

1959年10月26日，伊萨拉比村的接生婆路易莎大妈准备把胡安·埃沃·莫拉莱斯·艾玛——这个早产儿接生到这个世上。当时，产妇玛利亚·艾玛·马玛尼子宫大出血，情况十分危急，她的丈夫从他们村子里狂奔到奥里诺卡镇上（奥鲁罗省苏德卡兰加斯州的一个镇）找正规的妇产大夫。但是事与愿违，在奥里诺卡没有一家正规医院或医疗队能够救治孕妇和胎儿。邻居们纷纷拿来草药，让那个接生婆用来给玛利亚止血，还有人奔到附近的普波湖取水。

在产妇的叫喊声中听见接生婆大妈的声音：

"或许你有什么未了的心愿，所以娃娃迟迟不能生下来。"

"我看见了烤面包，我想要面包。"母亲答道。

于是人们烙了一张饼，让母亲玛利亚就着酒吃下去。不一会儿，她的儿子降生在一张羊皮上，因为大人不愿意让血弄脏仅有的几件衣服。

---

❶ 美国新泽西州兰曼公司为了宣传其公司生产的肥皂、香水等日化商品而发行的出版物，自1832年起开始出版，20世纪初，在拉丁美洲流行起来。——译者注

❷ 在西班牙语中，埃娃（Eva）是"夏娃"的意思，与"亚当"相对。让莫拉莱斯困扰的问题是，如果父亲认为埃娃太女气，为什么不给他取与其相对的男名"亚当"，而是叫"埃沃"，在西班牙语里就是"男夏娃"的意思，有点儿不伦不类。——译者注

埃沃就这样从难产中幸存下来。他有七个兄弟,四个夭折:一个出生时就没气了,另外三个:路易斯、恩杜威和蕾娜因病早夭,尽管他们得的并不是什么不治之症。

1952年,玻利维亚经历了一场革命:实现了普选、矿业国有化、土地改革,但是,这些变革所带来的医疗卫生条件的改善并没有惠及这个偏远的小镇。这里也没有电灯、煤气和自来水。

小埃沃学会说的第一个词是"tamta",在玻利维亚印第安艾玛拉语中,这个词就是球的意思。埃沃先后踢过各种各样的球:先是羊毛球,之后是碎布做成的球。当他放牧的羊驼在小山头悠闲地吃草时,他总是一个人不停地转着圈颠球。久而久之,草地上出现了一个秃秃的不长草的弧形。特雷波尔,他的小狗,见证了他每天球技的进步。

在他刚刚学会走路的时候就学会了反抗,对象是他的妈妈。当他妈妈忘了准时喂他吃饭,他就试图去抓灶上的锅,结果烫到了手肘和耳朵,留下了永远的疤痕。玛利亚总是迁就着埃沃——这个她最钟爱的孩子。"该照顾小埃沃了。"她总是这样说着。埃沃病了,她用当地草药给他治病;埃沃发高烧时,她会将蘸了糖的古柯叶放在他胳肢窝下降温。

大姐爱斯特,本来该叫爱斯特法尼娅,但是和小埃沃的名字一样,爸爸在最后一刻将她的名字作了修改。爱斯特常常留在家里照顾年幼的埃沃和乌戈,以及家里的小动物。他们经常用玉米饼填饱肚子,有时候拿玉米糊糊和土豆干充饥。"家里有什么,我们就做什么吃;如果家里没有,我们只好不做。"母亲玛利亚常常这么对孩子们说。当大姐爱斯特在奥鲁罗给人家当佣人时,主人常常不给她饭吃,她只能吃残羹剩饭,每每这时,她都会回忆起母亲的这句话。

埃沃一家在奥里诺卡镇度过了整个冬天,全家充饥的食物只有一袋玉米面:早饭、午饭、晚饭全是玉米。当袋子终于见底时,迪奥尼西奥和埃沃父子俩牵着50来只羊驼前往因德本登西亚镇,顶着严寒,冒着大雨走上整整三个礼拜,只为了用牲畜换取一些玉米、食盐、腊肉与村里的人一起分享。

像所有村里的孩子一样，埃沃刚学会走路就要开始下地干农活。从5岁起他就开始放牧羊驼。一个未来的国家领袖就在那里、在那种环境下逐渐成长起来。小埃沃很早就学会给他的羊驼们发施号令，让它们聚集到一起，让它们服从他。

小埃沃和爸爸赶着羊驼群，日复一日地长途跋涉，从他们的故乡奥鲁罗迁徙到科恰班巴。一路上，只有当达努比奥和诺布雷萨客运公司的大巴车驶过的时候才会打破这坑坑洼洼土路的宁静。乘客顺着车窗扔了些橘子皮，小埃沃捡起来，放在嘴里嚼着。他一直希望有朝一日他也能乘车观赏一下两边快速移动的风景。

在他出生的奥里诺卡镇伊萨拉比村，埃沃一家挤在一个稻草屋顶的土坯房里，更确切地说是一个3米长、4米宽的房间，既当卧室，又兼厨房和餐厅。房屋旁边是畜棚。房间的地面是泥土地，这不仅是因为贫穷或是由于缺少材料，也是因为艾玛拉人信奉土地女神巴恰玛玛，渴望与土地亲密接触，并拒绝一切阻止与其接触的材料，比如水泥，甚至家具。黎明时分，父亲迪奥尼西奥便请出巴恰玛玛，玛丽亚则用酒和古柯叶祭拜并祈祷一天平安无事。

作为最初的教育，小埃沃必须将三条道德准则铭记于心：不可以偷东西、不可以懈怠懒惰、不可以说谎。后来又加上了第四条：不可以低三下四。

奥里诺卡镇的居民主要说艾玛拉语，而西班牙语和克丘亚语也是他们那个地方常说的语言。由于长年来东奔西走，埃沃已经逐渐掌握了西班牙语，因为它更便于沟通交流。因此，也有一些反对他的印第安原住民指责他不会用艾玛拉语或克丘亚语演讲。

为了到卡拉维尔卡上学，埃沃每天要在一条山间小道走上5千米。在被称做学校的那间茅草房里，埃沃接受了农村最初级的入门教育。对于他和他的同学们来说，这所学校就是整个世界。而玻利维亚这个名字在他们看来好像是另外一个星球。他从来也没有产生过与玻利维亚人民共存亡这样的概念。他那时一直认为人与动物是命运共同体。埃沃一年级的时候，小伙伴们让他画一头驴子，他把它涂成了玻利维亚国旗的红色、黄色、绿色三种颜色，他的同学为这事整整嘲笑了他一年。

那时，他很崇拜数学老师胡斯蒂尼亚诺·洛佩斯，尽管他老勒令他们吃葱头让埃沃有点儿恼火。"这是各家的口味。"他抱怨道。那时，孩子们中流行穿大喇叭裤。

"多漂亮的裤子和长发啊，可惜啊，上面沾满了油烟味儿。"洛佩斯老师不满地抗议道。

很多年过去了，埃沃开始重新反思他从数学老师那里学到的东西：试图弄清楚活在贫穷里的到底是什么。

6岁时，埃沃和家人搬到阿根廷的胡胡伊省卡里列瓜。父亲迪奥尼西奥要在那里帮助砍甘蔗。对于这份工作，年幼的埃沃显然帮不了什么忙，因为他的胳膊并没有强壮到可以轻松地用砍刀砍断甘蔗并削皮，因此只好卖冰棍。"比科雷，比科雷！（艾玛拉语，冰棍，冰棍！）"叫卖声响彻甘蔗园。最初，阿根廷人❶不懂"比科雷"指的就是冰棍，因为在艾玛拉语和葡萄牙语中"比科雷"才是"冰棍"的意思。

在卡里列瓜，莫拉莱斯一家几乎过着食不果腹的生活，连续几个月用烤粉条和茶水充饥。埃沃经常去上学，他做作业时，将作业本放在砖头上，跪在一张羊皮上读书写字。因为家里人都说艾玛拉语，所以他看不懂西班牙语课文，所以最终不得不中止了学业。

回到故乡奥里诺卡后，埃沃继续他的学业，他常常留在学校里睡觉，对他来说，算是享受了难得的闲暇。在学校里，他学会了如何煮加入腊肉的玉米、藜麦或小麦粥。

13岁时，他第一次成为组织者：他在村子里成立了一支足球队，起名叫兄弟队，并担任队长及球队代表。三年后，他被推举为整个镇的足球队教练。他用剪下的羊毛和猎到的狐狸换来的钱，买了足球和球衣。当他指导球队的时候，他爸爸和一些邻居都称赞他今后一定会是个优秀的领导人和领袖。当时问他"领导人和领袖"是什么意思，他有些难为情地说想成为卡洛斯·阿拉贡内

---

❶ 阿根廷人讲西班牙语。

斯[1]那样的人——那是一个在玻利维亚足坛上驰骋了15年的优秀前锋。

埃沃想去奥鲁罗市（奥鲁罗省首府）圣何塞足球俱乐部一展身手，但最终没能如愿：他要在奥鲁罗市继续他的学业，在一所靠近墓地名为马尔克斯贝尔特伦阿维拉的学校上中学。因为出身农民，他的理想是宰只老母鸡让全家享用，但进入大城市后，他得适应城市的新规矩，比如留头发、排队走路等。

为了贴补学业，他一直在面包房和砖厂帮忙。夜里两点起床做面包，以便下午可以上课。他学习成绩中游，中学二年级上半学期，一些科目取得了很不错的分数（70分满分），如地理53分、社会52分、历史和英语各51分，也有一些科目不尽如人意，如物理37分、化学39分。下半学期，有了进步：物理41分、哲学52分。但由于工作压力过大，最终中学肄业。

而另一方面，这期间还有一件值得炫耀的事情，他成了奥鲁罗帝国乐队的小号手。因为爸爸曾教过他如何吹乐器对口型，于是他用妈妈的积蓄买了管乐器。在学校里，埃沃不断地练习。埃沃喜欢为狂欢节的彩车队伍吹奏各种舞曲，让人们手舞足蹈。在帝国乐队里，埃沃了解了很多关于波多西矿工中心的事情。

他曾经向往成为一名记者，因为这么多年大江南北的闯荡让他觉得记者是对玻利维亚新鲜事儿最为了解的人。

1978年，他不得不应征入伍，进入当时军政府时期武装部队掌控的军事要塞米拉弗洛雷斯基地总部。

与其他新兵一起，莫拉莱斯参加了镇压"永加斯"科里帕塔地区古柯农民游行队伍的行动，造成一人死亡。"我们的兄弟离我们远去了。"他们的长官这样说道。当时是独裁者乌戈·班塞尔统治整个玻利维亚（1971～1978年），而1997～2001年他再次当总统，当时是埃沃的一个很棘手的政敌。看看埃沃1978年照的一张彩色相片，当时的他身形瘦削，戴着白头盔，穿着政府军灰色的制服。

退伍后，埃沃回到了家乡奥里诺卡，当时村里人心惶惶，因为1980年厄尔

---

[1] 玻利维亚著名足球运动员，曾效力于多家玻利维亚和巴西顶级俱乐部。1977～1981年为玻利维亚国脚，2011年曾执教玻利维亚国家足球队。——译者注

尼诺现象使70%的庄稼和一半的牲畜遭灾。入冬的一天，埃沃和村里的年轻人赶往公社准备挖土豆，但是一场霜冻使收成顷刻化为乌有。村里最后一口粮食和希望就这样落空了。

他妈妈整日以泪洗面。爸爸在喝了一夜酒后决定举家搬到"永加斯"。"这里我们已经一无所有了。"父亲万般无奈地说。

全家用了一个星期才走到"永加斯"，但是那里高昂的价格使他们连一块地也买不起。

他们只能接着迁徙，下一个落脚点是查帕雷。在圣弗朗西斯科港口，他们买了10公顷土地。卡西亚诺·艾玛，是埃沃的舅舅，也是奥里诺卡镇的老师。他借钱给迪奥尼西奥买下了这块地。这是他们第二次来查帕雷了，但在旅途中他们失去了所有，有人错拿了他们装钱的箱子。当时买这块地花了约5 000美元，相当于四五个电锯的价格。因为通货膨胀，迪奥尼西奥把羊驼给了小舅子卡西亚诺以作为赔偿。

就这样，莫拉莱斯一家放弃高山生活，搬到了热带地区查帕雷。

2006年11月23日早上，埃沃作为总统访问了他的故乡奥里诺卡，向那里的孩子们分发教育补助金，名为"胡安·平托补助金"，每人25美元，用于购买教材。

那天清晨，埃沃在位于帕塔卡玛亚地区（位于拉巴斯）拉巴斯高地的坦克营视察。他从坦克里对准一个山头进行射击，枪法之准令他深感自豪。

出发去奥利诺卡，从直升机上俯瞰，通向奥里诺卡的路就像一块干燥的土地，尽管有小河流淌，却带来不了任何生机。从高处看，在云朵的阴影下流淌着一条条布满泥沙随时都可能干涸的小河，整个高原如同一块土黄色的污渍。飞机已经飞了30分钟，这片土地上仍望不见一个人。"你看这里什么都没有吧？"他问我，想要说明他就是这样从一无所有中一步步走过来的人。

到了目的地，随着军乐队的伴奏，人们纷纷涌上前来迎接总统重回故土。那些领到了补助款的孩子们穿着蓝色和绿色的羊毛衫，亲切地叫他叔叔。当总统先生穿过狭长的街道时，孩子们问他：

"叔叔，你来这里做什么？"

"叔叔"这个称呼代表着家人的感觉，奥里诺卡镇的人民将这位出生在这里的总统先生视为家人。今日，他们最重要的、最受欢迎的、最厉害的家人又回来了。

奥里诺卡是一个拥有约2 000名居民的小镇，20世纪80年代初，当莫拉莱斯一家搬走时，人口将近3 000人。但最近这25年来，人们都迁徙分散到阿根廷北部的甘蔗园或者和埃沃一家一样，搬到科恰班巴的查帕雷。而那些留在这里的人忍受着一年中8个月的严寒，以放牧和种植土豆为生。

奥里诺卡的房屋都是用泥土、稻草、石子和水混合建造的，普遍都很矮，好像高原上所有东西都被压扁了，就连当地居民的身高也是如此。这里的石头的摆放很独特：石头压在屋顶上以免屋顶被刮跑。放眼望去，在这惨淡的景色当中矗立着零星几个较为显眼的建筑：一栋白色的教堂、一根新建的高架电线、一个足球场、一个小广场、一个稻草搭建的凉亭以及那绿宝石色的镇政府大楼。

当年总统选举时，奥里诺卡镇埃沃党的支持率几乎占当地投票总人数的全部。据官方统计，之所以没到100%，是因为有些年纪大点儿的老人投票时犯糊涂，将埃沃的党与其他党搞混了，而将票投给了其他党。

埃沃穿着栗色的羊皮夹克，里面是白衬衫，再加一条深色长裤，登上活动的主席台，看到以前贴在看台海报上的字，他觉得备感亲切："科技与实践知识讲座""第三次关于表达技巧的讲座"。主席台对面，一些妇女把毯子扔到地上，让古柯叶落在上面；还有一些人让炭火燃烧冒出黑色的烟，这些都是他们感谢土地神巴恰玛玛的传统仪式。

活动在音乐声中正式开始。孩子们戴着宽边帽，穿着各色的衣服，欢快地跳着舞。而老人们则高歌一曲，长年来他们一直过着赶着羊驼群迁徙到远方再回来种植玉米小麦的生活，而每当他们迁徙归来时，镇上的人们都用这首歌迎接他们。当埃沃给孩子们分发教育补助金时，他们也同样用这首歌表达感激之情。

在演讲中，总统说这笔教育补助金来源于石油工业国有化所得资金。他回忆起当年街区学校里的课桌椅，以及四五年级的时候，他在校园里种了几株松树。

"你们所获得的这些补助金并不是我给的，也不是政府给的，而是我们不懈斗争的结果。孩子们，你们要小心，不要让你们的父母拿这笔钱去买啤酒喝，或派别的用场，这笔钱是给你们上学用的。"

埃沃在学校的教室里吃了午餐：羊驼肉、土豆和藜米汁。没有刀叉，只有餐巾纸。他坐在军队的官员和筹建学校工程的负责人旁边。委内瑞拉的飞行员们想要和他比试比试足球。"我们用直升机比吧。"埃沃答道。

一名驼背的老妪进入进餐的教室，她献给总统四个鸡蛋。然后在他耳边说了什么，埃沃的脸色有些变化。有人告诉他，这些鸡蛋是老妪仅有的东西。

我请求埃沃带我看看他出生的房子。尽管奥里诺卡镇几乎都不用锁和钥匙，他故居的门仍旧紧闭着。"他们把您关在门外了，总统先生。"说此话的人是他父亲的朋友，听到这话，许多人都笑了。弗雷迪·贝尔萨提将军让一个孩子先从窗户进去，然后从里面开门。"那你们给我什么作为回报呢？"那个穿着德式衬衫、红色毛衣，戴着顶小棒球帽的孩子狡黠地问道。贝尔萨提将军帮孩子从窗户潜入了房间，这场由将军阁下"主谋"的"私闯民宅"落下了帷幕。

屋子里面，天花板上贴的布差点要掉下来。两张床、柔软的床垫、墙上贴着足球队员和其他运动员的海报和一张政治领导人赫尔赫·胡斯蒂尼阿诺的像。"这幢房子当时是村子里最好的房子之一了。我父亲为了买这幢房子卖了很多羊驼。"埃沃解释说。他接受邀请在他故居门口喝杯啤酒。村民们走上前，希望和他合影。"用羊驼换合影。"埃沃打趣道，并拍了拍刚才进屋为他开门的那个孩子的肩膀。

"您觉得这里现在怎么样？总统先生。"一位将军问他。

"和以前一样，什么都没有变，还是老样子。"

"您家多少人住这儿？"将军追问道。

"我和我的姐姐、弟弟，特别是跟弟弟乌戈。"

他请求村民们照看好他的房子，千万别把海报撕下来。他回忆起16岁时，每周一他都把吃早饭的钱省下来买《今日》日报的运动副刊，然后收集起来。

村民们想找喇叭让他吹，这使总统回想起他在帝国乐团的经历。

"当我刚进乐团的时候，还不会喝啤酒。乐团发啤酒给我，作为报酬。我把啤酒卖给集市上的小贩，他们卖两比索，但只分给我一比索。每到晚上，那些乐师们就喝得烂醉。"

埃沃没有时间吹上一曲了：查帕雷发生的事件需要他紧急处理。

查帕雷的原住民是生活在热带雨林的尤卡拉人，18世纪末，三个耶稣会传教团曾到此传教。整个地区位于国家中部，属于热带与亚热带气候，方圆3.8万平方千米。1953年，国家民族革命使这片地区开始了缓慢的土地开垦运动，20世纪70年代大肆扩大古柯种植面积，80年代中期又过度开发。

1981年当莫拉莱斯一家搬到这里时，正赶上古柯叶价格处于巅峰，而这种高价延续了5年之久。因此，起初查帕雷地区拥有约4万居民，而7年以后，人口达到了21.5万人。1988年，88%的农户都拥有一块田地，10%的农户拥有两块，其余的拥有三块甚至更多。对于大部分农户来说，相较于其他作物，种植古柯的好处在于一年可收获4次，且收益颇丰：45公斤古柯赚得的钱相当于15 000公斤橘子的收益。

莫拉莱斯一家在名为"9月14日"的村子里安家，这是一个拥有30户人家的小村子，村子里都是小茅草屋，没有门窗，有临时搭建的棚。乡间小道的尽头是一条不知名的小河，河上停泊着一些运送古柯、木薯、木瓜和香蕉的小木船。

自从搬到这里，埃沃的生活彻底改变了。最初他觉得靠吃水果就可以过日子。于是早餐喝橘子汁，中饭和晚饭仅吃些木瓜和香蕉。但是几天后，他觉得体力不支，老犯晕，所以开始做米饭、蒸木薯、打野鸡吃。由于长期使用砍刀，手变得很粗糙，经常皲裂，而一些有经验的农民提醒他："不仅如此，手还会流血呢。"

他加入了当地的足球队。一个星期日，在当地的足球赛首秀中，他进了很多球，成为球场上最耀眼的一颗星（埃沃至今仍保留着那时用过的帽子和球鞋）。当地人都开始想要他参加球队，和他切磋球技，甚至对他的经历颇感兴趣，问他会在这里待多久。他组建了自己的球队，名叫"新地平线"。这支球队后来在"8月2日中央工会"举办的联赛中获得冠军。其中有一场至关重要的比赛，比赛结束时，他差一点与当地有名的拥有上千公顷土地的地主伦佐打起来，因为在比赛中他被这位地主绊倒过。

不久后，埃沃加入了村里的工会。查帕雷地区每个村子都设有工会，旨在承担国家没有履行的职责，如修建公路、学校、足球场。他被任命为"8月2日中央工会"下属圣弗朗西斯科工会体育秘书。那里的人，特别是妇女们称他为"足球小子"，因为每次开会时他都带着球，在茶歇空闲时踢上两脚。他的工作是负责组织联赛，邀请卡塔威矿工队进行比赛，通常比赛过后，埃沃会和他们人吃一顿，然后又唱又跳，畅饮到天明。

1983年，父亲迪奥尼西奥的去世使埃沃不得不减少在工会的时间。从那时起直到1985年，他经常前往故乡奥里诺卡镇处理父亲遗留下来的事情。

那一年，由于水稻和香蕉的贱卖和古柯价格的持续走高，埃沃逐渐放弃水稻和香蕉，而选择优先种植古柯。

他与短工们忙于田间农活，常常干到深夜。父亲以前常常谆谆教导他：白天就干完活是懒惰的表现。首先除草，然后翻地。有时候钓钓鱼解解闷。但是埃沃似乎并不擅长这个：往往鱼没钓到，泥鳅或者乌龟倒是钓了一大堆。

他在这私人的维持生计的世界里，与外部咄咄逼人的世界共处。埃沃第一次对政治有深切感悟是在1981年。一些醉醺醺的军人杀害了一名农民，原因是这位可怜的穷人矢口否认自己与贩毒有关联。于是残暴的军官们惨无人道地踢打他、往他身上浇汽油，并把他活活烧死。埃沃记住了这份深入骨髓的悲痛。他召集一些青年，成立了名叫"青年中心"的组织。

路易斯·加西亚·梅萨将军在1980年7月的政变中夺取了政权，他得到阿根廷独裁政府的支持,并把一批从事可卡因交易的军官召集到火烧宫。但是丑闻频传:他的一位名叫阿里尔·古柯的部长被发现在一架满载毒品的飞机上,成为臭名昭著的人物。

事发后,国际社会对玻利维亚贩毒的谴责使当时的政府承受了巨大的压力(美国国务院称"贩毒集团首次收买了玻利维亚政府"),而加西亚·梅萨对他的国民宣称:

"玻利维亚可以过上吃土豆腊肉的日子。"

这个残暴的独裁政府只在火烧宫停留了13个月,但它也的确暂时结束了自1964年发生推翻民主主义革命运动政府的政变以来,玻利维亚国内群龙无首、群雄割据、左右翼力量相互抗衡的局面,甚至出现过短暂执政的文人政府。

1982年,由埃尔南·西莱斯·苏亚索领导的左翼党派人民民主联盟开始了民主化进程。但是,它没能克服经济危机,1984年,通胀率高达1282%,到了1985年,飙升至8767%。西莱斯试图以温和渐进的措施和去美元化政策抑制它,但都无济于事,再加上玻利维亚中央工会的施压以及政府内部矛盾的激化,政府不堪重负,局势动荡不已,留下一连串令人惊愕的数字:在不到3年的时间里,共换了7届内阁、80位部长。

1985年8月,民族主义革命运动党领导的政府,为应对超高通胀率和政治危机,实施了严厉的结构性调整。新上任的总统是1952年玻利维亚革命的领袖维克多·帕斯·埃斯登索罗。他向公众宣布:"我们的玻利维亚濒临死亡。"为了拯救国家,他颁布了第21060号最高法令,实施了一揽子新自由主义经济措施,包括减少国家干预、财政调整、经济自由化、向外企开放、吸引外资。

尽管这些措施有效地抑制了通货膨胀,却也引起了严重的后果。失业率达到25%,到1991年,已失去了8万就业岗位,其中包括2.3万个国有企业岗位。这种大刀阔斧近乎残忍的措施使1952年的革命成果化为灰烬:从此以后,矿工们不再是社会斗争的领导阶级。经济危机时期,大量的矿工搬到了查帕雷,成为古柯种植农,占古柯农总数的10%。渐渐地,这些古柯农的新成员们与科恰班巴省和"永加斯"世代种植古柯的同伴们联合起来,成为在此之后反对独裁斗争的主角。

20世纪80年代的美国并没有对21060号法令进行干预，而是将扫毒斗争作为工作的重点。欧洲和美国对可卡因需求的增加（到80年代末毒品消费高达280亿美元）导致玻利维亚古柯种植量激增。

美国要求全面禁止古柯种植，推动查帕雷地区军事化，甚至不惜越过玻利维亚国会有效控制该地区，随意指挥各种安全部队。当时的美国总统老布什宣布了这次行动的动机："道理很简单。根除贩毒最便捷、最廉价的方法就是根除它的源头……我们必须消灭古柯种植园和加工点。"1992年，美国对玻利维亚援助的72%都与禁毒有关。

尽管有所差异，然而在新自由主义时代，玻利维亚历届政府都只能对美国的施压忍气吞声。第21060号法令所涉及的一系列新自由主义政策的实施需要美国的援助，而得到援助的条件就是根除古柯种植。

另一方面，从20世纪80年代中期起，以古柯种植为生的农民就开始为反对政府古柯种植禁令展开持久的斗争，通过设路障、游行、绝食、与安全部队对抗等形式进行反抗。

1987年，华盛顿颁布的1008号法令划分了古柯合法种植区和非法种植区。而这一法令把查帕雷地区的种植园定义为"非法种植区"，强制在该地区种植古柯的替代作物。取缔古柯种植的每公顷土地会得到政府2 500美元的补偿（通过美国的援助），但这种措施并没有减少农民为古柯而战的斗争。

自古以来，玻利维亚的国家主权就与古柯种植传统息息相关。农民们为了捍卫他们唯一的生活来源坚定地在查帕雷进行着反美斗争。"古柯万岁！美国佬去死吧！"这句口号成为斗争的精神支柱，同时也是埃沃2005年12月18日晚上在得知总统选举结果——自己的得票超过半数后，在媒体面前慷慨激昂地向世人宣告的话。

20世纪80年代，美国与玻利维亚的关系聚焦在查帕雷，古柯成为两国关系的中心议题。埃沃先后担任圣弗朗西斯科工会总书记（1982~1983年）、"8月2日"中央工会书记（1984~1985年）和总书记（1985年）。1988年，又当选为热带工会联合会执行书记。

那时，他已经和同伴成立了反对帝国主义群众广泛阵线党（FAMA）❶。这个党的名字是查帕雷农民工会共同讨论的成果。起初，该组织命名为反对帝国主义基层广泛阵线(FABA)❷，但是工会一位领导认为其缩写应去掉"反对帝国主义"(Antiimperialista)，因为听起来太过政治化，建议缩写字母变为FAB。但是这与玻利维亚空军（FAB，Fuerza Aérea de Bolivia）缩写重复了，因此，又改回原名。

在1986年第一次选举中，该党落选。埃沃觉得是由于他年轻、经验不足、领导不力所致。此外，他也发现工会内部的元老们嫉妒他的才能，视他为眼中钉。

1988年7月，他当选为国会议员，决定全身心地投入工会的工作，并提出一条口号："对基层诚实、真诚，站在运动的前列。"

此外，他在农民工会学校学习，不断扩展自己政治方面的知识。也就是在那里，他的政治思想开始萌芽，明白了政治是需要与政客们和军人们不断开会、协商、谈判来解决问题的活动，是要开展街头和公路斗争的。

他一直身体力行，身先士卒。1984年，他参加了古柯农民为反对禁种令而发起的封锁道路的抗议活动，抗议付出了血的代价：在瓦雅尼地区附近3名农民惨遭杀害。1987年在帕罗塔尼，又有5名农民付出了生命的代价，他们因反对美国提出的"三年计划"（一项在三年内削减古柯种植面积的计划）而采取封路行动以示抗议。1988年，发生了图纳利镇惨案：11名古柯农由于坚决抵制使用破坏古柯田的农药而被杀害。据当地农民团体提供的情报，凶手是农村地区军事巡逻队的士兵以及美国毒品管制局的人员。

这个事件发生一年后，莫拉莱斯在一周年纪念活动上发表讲话。第二天，他就遭到农村地区军事巡逻队的士兵一顿毒打，士兵把奄奄一息的他扔到荒山里。资料里有一张那时候的照片：他躺在担架上，十分绝望。

那时，前矿工领袖、托派分子费莱蒙·埃斯科瓦尔对埃沃的思想产生了决

---

❶ 西班牙语缩写为FAMA: Frente Amplio de Masas Antiimperialista。——译者注
❷ 西班牙语缩写为FABA：Frente Amplio de Bases Antiimperialista。——译者注

定性的影响。这位前矿工领袖在二十年坑道生活之前就已经懂得捍卫古柯种植的权利了，那是他在与同伴们进入皮且阿巴矿场工作前的事情了。1985年，国家推行结构改革后，一部分矿工领袖来到查帕雷参与保卫古柯斗争。他举办了300多次讲座，在政治思想方面对数百名农民领袖进行培训。当时埃斯科瓦尔认为埃沃是一名很坚决、忠心捍卫古柯种植权的领导人。埃沃曾对他说，古柯叶对于他们的意义就像献祭对于天主教徒一样神圣不可侵犯。这是一场捍卫我们的女神巴恰玛玛的斗争。

埃斯科瓦尔在接受我的采访时曾回忆说："当时古柯农中的强硬派都在征召入伍时受过军事训练，拥有步枪。而埃沃是强硬派，他想要把美国佬消灭干净。有一次，他对我说他对那些选举不感兴趣，还说在查帕雷已经具备组织游击队的条件。我们聊了很多，我对他说他是一个坏小子。" 实际上，莫拉莱斯从来没有选择武装斗争，尽管那时候在采访和演讲中他把武装斗争作为一种潜在的斗争方式。

和他的大部分伙伴一样，他加入了工会组织。当时基层工会人数达700多人，分属于27个农民中心。这些中心又统一在6个工会联合会旗下。

工会什么都管：抗议活动的安排（一些人干活，另一些人继续阻路斗争）、争取赞助、颁布禁令（在封路路段，不允许出售玉米酒），甚至成员的婚嫁。莫拉莱斯后来在接受利内拉《社会运动中的社会学》节目的采访时说："我当时是工会的领导，负责解决成员的婚姻问题。当时律师们表示抗议，因为我们妨碍了他们的利益：阻碍他们在离婚调停中捞钱！如果丈夫犯了错，我们就惩罚他；如果是妻子犯错，同样给予惩罚。惩罚措施通常是让他（她）们在社区干活。当情节严重时，要把受罚人绑在树上，不是普通的树，而是一棵栖息着食肉蚂蚁的树。"

莫拉莱斯说，工会负责他的食宿问题，还为他租了一间房。房间里放着一台老式打字机、一部电话、三张小桌子、十几把椅子，墙上还贴着几张海报，但是缺一张查帕雷地区的大地图。本来工会通过分期付款买了一张查帕雷的大地图，后来因为还不起钱，只好把地图还给人家。1991年，马丁·卡帕洛斯问莫拉莱斯关于一些古柯流入可卡因制造商的问题。

"我们种植我们的古柯,然后将古柯拿到农产品市场上去卖,就此我们的任务就算完成了。"

古柯买卖的最大受益者并不住在查帕雷。20世纪90年代中期,一名古柯农平均一天挣2.5美元,古柯加工者,一天挣4美元。拥有一公顷土地的农户每年可以挣2 000美元。但是赚大钱的是其他人:在查帕雷,古柯初步提炼的可卡因可卖到每公斤1 500美元,而当运到日本后,精加工的可卡因每千克价格高达12万美元。

1993年,美国再次在玻利维亚发动铲除古柯种植的攻势。有"缉毒沙皇"之称的美国毒品管制局局长李·布朗访问玻利维亚时言之凿凿:"扫毒战争应重点摧毁蜂巢,而非零散的蜜蜂。" 毋庸置疑,蜂巢是古柯的种植者们。布朗与玻政府签署了一份协议。根据协议,玻利维亚政府承诺到来年3月31日,铲除5 000公顷古柯种植田,作为补偿,美国政府给予了2 000万美元的援助。当时玻利维亚总统冈萨罗·桑切斯·德洛萨达积极响应具有新自由主义特点的第21.060号法令,他是大矿业主,是美国忠实的盟友。

在这种情况下,埃沃宣布再次成立反对政府铲除古柯种植的自卫反击委员会。"如果政府一意孤行,我们6万古柯种植者要转到地下与政府对抗。" 埃沃威胁道。

1994年8月,埃沃被逮捕。在和摄影师何塞·路易斯·昆塔纳前往查帕雷的大巴车上,突然上来一些便衣警察。他们一边殴打他,一边破口大骂他"印第安死鬼",并将他押送到科恰班巴。摄影师昆塔纳在自己的日报《今日》上揭露了这一非法逮捕:从那时候起每当埃沃有什么新鲜事或者想去找人喝一杯时都要叫上他。

埃沃是一个很善于与记者和摄影师建立密切人际关系的人。除了友好待人以外,埃沃还习惯用简洁的话语表达自己的观点,并擅长为媒体提供好题目。就这样,他渐渐变成了媒体面前的红人。1994年8月,在举行绝食前,他说:"我很为我的生命担心啊。"

后来，埃沃被指控从事叛乱活动并组织非法集团。在他居住的"9月14日"村的邻里街坊都藏起来了，因为"狮子们"（埃沃他们对农村地区军事巡逻队官兵的称呼）挨家挨户搜查。地下党们秘密计划用阻断道路表示抗议，直到释放莫拉莱斯为止。

埃沃被捕后的一天，8月29日，一场具有历史意义的古柯农民运动拉开了帷幕："为生活、古柯和国家主权"的大进军——从科恰班巴查帕雷的图纳利镇到首都拉巴斯，全程共600千米。

游行沿途有没有标记的直升机和汽车全程跟踪，约3 000名农民参加了这次大进军。他们列队行进，沿途以土豆或玉米粥充饥，随身带着预防胃疼的洋甘菊和土荆芥油，并嚼苜蓿草使身体不至于过度虚弱。为了能够长时间行走，他们用细针扎自己，并用札特叶使膝盖减少疲劳。日复一日的长途奔跑让农民们筋疲力尽：脚起泡流血、腹泻、呕吐。他们遇到不少风险。有一组人到了英奇西维地区后，由于吃了拌糖的玉米粉和喝了河水，身体感到不适。另一组人在渡拉巴斯河时，差一点被齐腰深的河水卷走。在圣罗莎，由于寒冷侵袭，所有人不得不在墓地里找墓穴取暖，以之充当避难所。

此外，在农民大会上还得调解内部争论。非古柯种植者对古柯农的优势地位表示质疑。他们不满地抱怨说，古柯农经费不多，却要在争取土地斗争的议事日程上将他们放在优先地位。

莫拉莱斯9月7日被释放后便加入了游行队伍。5天后，他在后来成为总统的卡洛斯·梅萨所主持的《接近》政治节目中，与内政部部长赫尔曼·基罗加进行辩论。

埃沃说："公众都知道有人想要消灭埃沃·莫拉莱斯及其所在地区，我想这是美国使馆出的主意吧。"

他的谈话风格是在谈起埃沃·莫拉莱斯时用的是第三人称。此外，在辩论中，他显得彬彬有礼。当基罗加部长说查帕雷66%的古柯用于贩毒时，埃沃回应道："我就是把查帕雷所有古柯都送给您，您认为这样就能断了美国市场的毒品了吗？即使查帕雷的古柯被消灭了，这种非法勾当还会潜入'永加斯'地区，之后那里90%的古柯就会出现在美国的毒品交易市场。查帕雷现在正被美国使馆和美国毒品管制局操纵着。"

22天过后，即9月19日，大进军队伍终于到了国家行政首都拉巴斯。拉巴斯民众看到，参加游行的人并不是一周来政府宣传报道所说的是魔鬼。"步枪、子弹，我们的游行还没有结束。"他们叫喊着，"用炸弹、用汽油，这就是我们在拉巴斯的游行！"他们在墙上留下了这样的话："美国佬们，削掉你们的鼻子吧！"

这次游行打响了查帕雷地区为古柯而战全国性的第一枪，并奠定了以莫拉莱斯为领袖的基础。埃沃说："我们艾玛拉人、克丘亚人代表底层的声音，他们正要开始绽放自己的光彩，就像我们的古柯叶的颜色一样夺目：现在是耀眼的红色。因此我们也要在全国范围内发出自己的声音，释放自己的光芒。"那一年，玻利维亚一家新闻社将莫拉莱斯选为年度人物。

但是，这并不能使其免受追捕。1995年4月，他被捕，被指控他与秘鲁"极左"游击队组织"光辉道路"和哥伦比亚游击队在的的喀喀湖岸策划的一场未遂政变有牵连。实际情况是，莫拉莱斯当时只是主持了安第斯古柯农委员会的一次会议。被捕后，他被转移到迪奇纳军营，但并没有遭受虐待。而他两名同伴却受到了严刑拷打，被威逼供出埃沃与贩毒集团有关系，但这两人都宁死不屈。

一天后，莫拉莱斯被带往拉巴斯司法技术警察局，被安排与一位副秘书谈判，这位国务副秘书，要莫拉莱斯制定一项铲除古柯种植的计划以换取自由。他没有接受。总统府部长卡洛斯·桑切斯·贝尔赛威胁他说，如果不同意，美国毒品管制局的飞机会把他从玻利维亚带走。

玻利维亚国会人权委员会主席、查帕雷地区冲突调解人胡安·德尔·格拉纳多到监狱探视埃沃并安抚他："他们这是在吓唬你呢，其实不会这么做。他们不会把你从玻利维亚带走，这只是一个讹诈，是个骗局罢了。"并给了莫拉莱斯一条毛毯。

这位议员后来回忆，当他说完这番话后，莫拉莱斯眼中不安的情绪渐渐平息了，此前，莫拉莱斯曾设想他会被关在美国的监狱里。后来，他与其他8名农民领袖被流放到贝尼省。

几个星期过后，他被释放，并前往阿根廷。

"我是埃沃。"

自我介绍时，他只有一个不安：阿根廷这里冷得刺骨。于是他用最原始的方式开始自我取暖：使劲跺脚，拼命用手搓着裤子并把头埋进胸口里，姿势就像游泳运动员一头扎进水里前的准备动作。

1995年8月的第一个星期五，我结识了埃沃，当时他刚从热带地区来到这里。

那天上午，他一个人在布宜诺斯艾利斯大学哲学与文学系的教室里，那里没有暖气，也没有任何可以取暖的设施。他看起来就像成千上万为了追求更好生活而来阿根廷打工挣钱的玻利维亚泥瓦匠似的。

但是埃沃是布宜诺斯艾利斯大学"拉丁美洲解放前景展望"研讨会特邀嘉宾之一，其他嘉宾还有巴西神学家弗雷·贝托、尼加拉瓜司令奥马尔·卡贝萨斯、智利理论家玛尔塔·哈内克尔以及阿根廷作家戴维·毕尼亚和奥斯瓦尔多·拜耳等。

他穿着一条灰色的裤子、蓝色带一条红线的运动衫、黑色的夹克，毫不起眼：无论是就他的衣服还是就他本人而言。

墨西哥萨帕塔民族解放军举起反抗大旗的一年后，无论是研讨会题目还是整个大陆的左派关注的焦点都变成萨帕塔军了。

之前，当埃沃在查帕雷处理棘手事务时，一些同伴在抵抗军队斗争中受伤住院。于是埃沃紧急召集人员部署下一步斗争。但是在这上面花费了太多的金钱，他已经掏不起赴阿根廷研讨会的路费了。

"我连买几本关于马尔克斯（萨帕塔民族解放军领袖）的书送朋友的钱都没了。你能不能帮帮我，让他们送我几本？" 我在教室里采访他后，他向我请求说。

我作为拉巴斯日报《今日》通信员的身份无助于我帮这个忙。

"他叫埃沃？"当我问书摊的老板是否可以送埃沃两本关于马尔克斯的书时，对方惊奇地问道。

"是，他是叫这个名字。"

"我不相信是那个人。想要两本书就给我15比索。"

两分钟后我带着埃沃又来到这个书摊。

"你好，我是埃沃。"

摊主不太情愿地赠了两本书。我建议我们一起到市中心的书店逛逛，因为那里有更多的关于萨帕塔游击队的书，也许能带回几本。他对我说他不想再去要书了，我给他出了个主意：我们可以借书，看完再还回去。他沉思了一会儿。

他告诉我有些事他不喜欢：

"我不太习惯被命令审阅文件和读书。"

那个冬天他打算结婚。"我想找一位第三世界来的牧师在古柯田里主持弥撒。"他没有提及他未婚妻的名字。"她很害怕美国毒品管制局，她的家人更加担惊受怕，所以一直反对我和她的婚事。再说，她爸爸是一位民族主义革命运动党的忠实拥护者，曾忍受过天天被追捕的日子。当他知道他女儿的未婚夫是埃沃时，更加恐慌了。"

当我们聊到政治这个中心议题时，他一直强调他不是一名政客，而是工会领导人。但是，他看到有必要成立一个自己的政党。他和同伴们共同讨论是否参加1997年的选举，并在未来几个月征集签名。

"现有一个名为人民主权大会的全国政治领导机构，正在制定自己的章程与纲领。它将成为一个政党，但将分成两个部分：策略部分和战略部分。"

"你能讲讲二者的区别吗？"

"这个我们下次再说。"

下午时分，他跟我说想要继续上午没展开的话题。

"我觉得玻利维亚政府离墨西哥恰帕斯萨帕塔发生的起义只有一步之遥了。如果政府继续侵犯，查帕雷早晚要爆发：一场内战离我们很近了。我很想更多地了解一下马尔克斯。"

"你认为演变成武装起义的可能性大吗？"

"我不知道，这是群众决定的。"

他又一次被发动起义的想法所左右。

他对我说："我会宣布菲德尔·卡斯特罗担任拉美解放军总司令。我心目中有很多人物，但我更想克制自己，因为我们常常被人说成是暴动分子和颠覆分子。"

采访之后，我问他之前是什么使他的言论变得如此激进。他笑了，眼里放着光采。

"你知道我对你说话之后将会发生什么吗？"

"将会发生很多事吗？"

"是的，将会发生很多事。"

《今日》日报是大企业家，同时也是左派革命运动党领导人塞缪尔·多利亚·梅迪纳的产业，尽管就个人而言，他与运动、左派、革命毫无关系。因此，他不怀好意地将莫拉莱斯采访记的一部分内容放在头版位置上：

"玻利维亚离墨西哥恰帕斯事件只有一步之遥了"；

"埃沃期待与萨帕塔民族解放军领袖马尔克斯会面"；

"一个你不了解的埃沃·莫拉莱斯的独白"。

因此，当时桑切斯·德洛萨达政府以进行恐怖活动和暴动的罪名控告他，指责他是毒贩、贩毒游击队员、毒枭的同伙。莫拉莱斯将在美国毒品管制局虎视眈眈下投身到玻利维亚政治的泥潭。

● 10岁时，生平第一张照片

● 18岁，迄今为止唯一佩戴领带的照片

● 服兵役期间

● 与母亲在一起

● 青年时期，
　曾为乐队小号手

第三章 三大洲之行
（2006年11～12月）

埃沃·莫拉莱斯平躺着，双手搭在腹部，一条毛毯盖在腿上，这种漫不经心的睡姿使他看起来像个少年，无论是加勒比海的惊涛骇浪还是使七个座位的飞机激烈震荡的飓风都吵不醒他。看来他陶醉在梦乡那难得的静谧中。

他突然从梦中惊醒。那双像东方人的单凤眼由于过度劳累充血而变得通红，显得有些呆。他有些笨拙地坐了起来，头发还是老样子，又直又齐，就像头发上抹了发胶似的。

他环顾四周，对我说："我做梦了。"

对他个人而言，对作为总统的他而言，对他从空中、从森林或从火烧宫领导的政治力量而言，梦这个东西很重要。

"我梦见美国毒品管制局在四处追捕我，就在山里面。"

现在是尼日利亚时间清晨3点25分，我们刚刚结束对那个国家的访问，对于我们下一个目的地——古巴而言，现在是头天晚上22点25分，而根据他戴的蓝色的手表所保持的玻利维亚时间，现在是玻利维亚时间晚上22点25分。

前军官、社会学家、总统府部长胡安·拉蒙·昆塔纳问道："在梦中他们是从哪儿追你的？"

总统闭上眼睛，努力回忆刚才梦中的片段。最后他无奈地说：

"反正就是毒品管制局的那帮美国佬，其他的我什么都记不住了。"

对他来说，梦境常常是一种前瞻性的预兆，是一个应予以充分重视的信号，就像他的顾问给他提的宝贵建议或者工会寄过来的秘密信函一样重要。2006年6月的一天，他与时任美国驻玻利维亚大使戴维·格林利会面的日子，当天晚上，他梦见菲德尔·卡斯特罗与他在奥里诺卡镇散步时摔倒了。醒来后，他立刻给古巴驻玻利维亚使馆打电话，表示十分担心总司令的健康。使馆的外交官安慰道：

"埃沃，菲德尔身体很好。你放心吧。"

然而，几个星期过后，7月31日，古巴政府对外宣布，因菲德尔身体有恙，国家大事全权交给他的弟弟劳尔·卡斯特罗。9月7日，莫拉莱斯访问哈瓦那，并与菲德尔进行了长达两小时的会面，送给他一个木制的印第安小人作为礼物。"他身体不是很好。"埃沃在飞机上告诉我们，古巴将为菲德尔80大寿准备庆祝活动，这几乎是菲德尔对古巴政坛正式告别的仪式。

莫拉莱斯把2006年12月1日这次即将对古巴进行的访问与他1992年第一次到访哈瓦那参加的一次会议作了个比较。哈瓦那于他来说，品味起来就像一瓶热带冰镇可乐或是一汪清凉的水似的，能让他在结束活动之后头脑依然保持清醒。

1992年那次，埃沃还只是一个名不见经传的古柯农代表，只身来到古巴这个岛国，他只买了单程票，带了1美元，满以为古方会为他提供回程的机票，也会满足他见菲德尔·卡斯特罗的心愿。他在古巴大会堂第一次见到了正在演讲的菲德尔。他得知菲德尔以那样的语调已在台上作了长达几个小时的演讲。他想问候菲德尔，但没有成功。他是会议发言人之一，但等了整整两天仅说上三分钟，轮到他发言时，他没有整理好思路，云里雾里的发言有些让人摸不着头脑。他还没从刚才发言的郁闷中恢复过来，又遇到了更现实的问题：没钱买回程的机票。直到有人为他在前往秘鲁的客机上找到一个座位，他才终于缓过神来，享受了热带冰镇可乐和清凉的游泳池水。到利马后，他用1美元换了当地货币索尔，与当地农民领袖胡安·罗哈斯通了电话，碰了个头，向他借了100美元回到玻利维亚参加一个农民会议：由于暴雨毁坏了路面，他花了一天半的时间才到达目的地。

"那都是为了想要认识卡斯特罗。"莫拉莱斯回忆时感慨道。而这时我们的飞机已经抵达目的地古巴了，机场铺着红地毯，人们不停地以吻手礼欢迎嘉宾。

  三洲之行的准备工作一周前就在圣克鲁斯启动了。为了随总统代表团出访，原定我周六上午11点必须到火烧宫提交护照和接种防黄热病疫苗证书，但是周五晚上9点，总统府秘书突然通知我们立刻赶往奥尔托机场，乘坐去往圣克鲁斯的班机，以便第二天准时搭上总统三洲之行的飞机。总统代表团成员有副官、空军司令杰米·萨瓦拉，保镖、警察署长劳尔·特赫里纳·科洛，总统助手内丽·瓦斯克斯，还有"第七频道"记者伊尔古恩·帕斯特·布拉涅斯等。

  第二天，在圣克鲁斯的维鲁维鲁机场，副官提醒道："那架飞机很小。"他指着那架似乎是微型波音747的委内瑞拉石油公司提供的"猎鹰"飞机。

  那架耗资约2 500万美元的"猎鹰"飞机机舱内的陈设彰显着不一般：深色实木小酒吧、高格调的皮质座椅、玻璃柜摆放的酒杯、平板电视。

  "这里只能容纳8个人。"飞行员操着一口加勒比西语解释道。

  "但是我们有10个人。"我应道。

  "但是只能进8个人。"他也毫不退让。

  "靠，我得赶快给拉巴斯总统府那边打电话。"副官很是着急。

  拉巴斯这边回应说，已经向委内瑞拉发出请求派一架容纳12人的飞机。

  "没有人告诉我，"飞行员解释道，"他们只让我准备这些。尽管我还不知道停哪儿，但是我们会先从这里到鹿特丹（荷兰），然后再去尼日利亚，最后回加拉加斯。"

  "但是我们最后一站是古巴。"我提醒道。

  "这架飞机是不能停在古巴的，因为它是在美国注册的。"

  总之，出了很多岔子。现在最要紧的事就是将一行人从10个缩到8个。当时混乱的情景堪比一场电视竞赛了：首都拉巴斯这边，先通过发言人作出决定告诉这边的副官，然后副官再宣布最终结果——谁会上"猎鹰"号。

  当时我们在一辆小客车里等待结果，忍受着玻利维亚东部中午大太阳的烤晒。行李箱放在梯子边上，和行李一起的，还有总统到了鹿特丹要送给嫁给荷兰王储妃，也是阿根廷裔王妃马克西玛·索雷吉耶塔和荷兰女王比阿特丽斯的礼物——小羊驼。

萨瓦拉收到了总统府关于谁留下的最后裁决：

"内丽和还有谁来着：马丁留下。"

内丽交给副官用于给总统照相的相机，并且嘱咐他每天给总统吃两片玛咖，那是一种自然草本的提神剂，运动员吃了它会创佳绩，而非运动员吃了会增强性功能，以及提神醒脑、不犯困。

那个加勒比飞行员还没弄清这个玻利维亚代表团到底发生了什么事。当副官告诉他结束荷兰访问后，周二总统代表团要先回到圣克鲁斯机场，停留几个小时，接着飞往尼日利亚，他听后差点儿抓狂：

"不能这样。根据航空法规定，飞行15个小时后，应休息1天。所以如果周二回到这里，应该休息一天，周三上午再出发。"

显然航空学会制定的飞行规则与玻利维亚总统的特殊要求并不能协调一致。

这时埃沃坐小飞机从拉巴斯赶到了圣克鲁斯机场，他对我说想在"猎鹰"号上跟我聊聊，在得知我无法跟他去荷兰后，他提议道：

"兄弟，没关系，之后你和我们一起去尼日利亚吧。"

被留在玻利维亚待命的日子里，我的朋友玛姬带着她的儿子来找我，我们一起去了圣克鲁斯郊外的水上乐园。在那儿待了整一下午，与水中拿着啤酒畅饮的人们、晒黑的孩子们共度时光，在小茅草屋品尝烤过头的汉堡包，忍受永远那么贪得无厌的蚊子的叮咬，在水滑梯嬉闹。看着眼前的一切，我感觉我的社会地位经历了一个大滑坡：从本来有机会与荷兰皇室平起平坐，沦落到现在与圣克鲁斯中产阶级的人们戏水嬉戏。但是在这被大太阳烘烤甚至掺入了小孩儿尿味儿的游泳池里，我回顾了莫拉莱斯应对的那些混乱局面。在这次跨洋国事访问的准备工作中，关于政府效率，我得出了一个毋庸置疑的结论：尽管遇到这么多临时调度、计划更改、飞机座位不足，政府却还是可以正常运作。这个政府体系就像那架从飞行员到体积大小都不怎么合格的"猎鹰"似的，尽管如此，还是照飞不误。

　　星期二，总统的飞机回到拉巴斯停留一段时间，在此期间，埃沃接见了一些经过几天行军抵达拉巴斯的农民，他们呼吁终结大庄园制及要求重新分配土地。部分出于对他们请求的考虑，政府对土地改革法作了相关调整，并被众议院通过，但却因被反对派占多数的参议院否决而搁置。反对派的战略是避免讨论这个话题，并不准总统出国超过5天。就因为发生了这样的事，莫拉莱斯急忙从荷兰回国。

　　之后的一切安排得都还算顺利：周二莫拉莱斯接见了游行农民，两名反对派参议员代表决定让步，到了晚上，新的土地改革法正式获得通过。晚上10点，在他准备动身前往非洲前，所有游行的农民都聚集在火烧宫庆祝新土改法案通过，并等候埃沃讲话。

　　国事访问团的成员（萨瓦拉、特赫里纳、总统的摄像师诺亚，还有我），还是在圣克鲁斯维鲁维鲁机场等候着，不过是在一间小客厅里。萨瓦拉让一位士兵把电视打开，调到中央台看农民在火烧宫庆祝活动的现场直播。

　　在机场的大厅里，一些想要移民到西班牙的玻利维亚人奔走着。这个礼拜，玻利维亚航空公司对那些想前往马德里却没有通关的玻利维亚乘客给予了机票50%的补偿。只是针对从2007年4月1日起没有能够进入西班牙的人，也就是针对西班牙的签证规定开始正式实施后到了马德里却没有通关的玻利维亚人。在机场另一个大厅，那些被马德里遣返的人里面，还有些不识字的玻利维亚人正在请求其他识字的乘客帮他们填写表格，而一旁的工作人员却视而不见。

　　电视里传出鼓掌声、叫喊声以及一声呐喊："人民啊，团结起来吧，你们是坚不可摧的！"一些农民展示了他们作为土地主人的姿态。国土部副部长亚历杭德罗·阿尔马拉斯向在这一周"和平进军"中死亡的三名农民表示悼念。

　　"土地革命万岁！"阿尔马拉斯高喊。

　　这一次，如果总统先生再临时改变主意，邀请他欣赏的什么人上飞机同他一起进行国事访问的话，我就只能接着回到游泳池"泡澡"了。而萨瓦拉与他的上司的电话更加剧了我的这种担心。一位空军上校跟萨瓦拉说，飞行员不太清楚他们是前往尼日利亚的旧都拉格斯还是现在的首都阿布贾。萨瓦那跟空军上校通电话时身子僵硬了一下，在跟另一位将军说话时身子更僵硬了。

在那个具有历史意义的晚上，埃沃宣布玻利维亚大庄园制终结了：

"我们的前辈为了土地而战，在被别人践踏了500多年后，我们现在终于成为这块宝地的主人了。土地的分配是土地改革方案的一部分……我没能陪你们游行。但是我从飞机上看到了你们。我从国外回来，现在又要出去，并不是去散步啊，而是为我们的玻利维亚做些事情。昨天我们在荷兰……举行了20场会议。"

我的一个同伴偷偷告诉我，其实是19场，但是另一个朋友告诉我第20场是与一位玻利维亚企业家讨论在荷兰投资的问题。

"有人说我们，"总统接着说，"是用钱买通反对派的参议员（以通过这个土改法案），但是我们从没这样做过。"

代表团讨论哪一天给总统的护照盖章。诺亚建议在星期二，因为要看参议院是否准许总统出访超过5天。半夜1点，萨瓦拉回答说："星期三盖章为好，因为总统的护照不能有一天浪费。"

总统府里，当我们接到指示"上飞机"时，有人大叫"埃沃，埃沃"。

莫拉莱斯精神矍铄地到了维鲁维鲁机场。

"老大，你怎么样了？之前都跑哪儿去了，失踪了？"他坐在"猎鹰"上不断向我发问。这架飞机已经由原来那架在美国注册的"猎鹰"变成在法国注册的"猎鹰"了，是在荷兰的时候更换的。这架法国飞机显得更旧、更不舒服、机身更长，但是更安全，它有三个发动机。

总统微笑着，他的笑声一会儿就被烦恼的事打断了。

"这是很有意义的一天。我一直在考虑颁布法令修改法律，但是，今天早上，反对党社会民主力量党的参议员们打电话表示想在这个问题上和我们联合起来。"

"他们直接和你说的？"

"当然不是，是和阿尔瓦洛（副总统）。我起草了5条法令，这些都是为了出台新法律而准备的，最后都颁布了。但是碰到了问题。"

总统府部长胡安·拉蒙·昆塔纳，一头直发，戴着圆框眼镜。他解释说，法令发布可能会遇到来自宪法方面的障碍，从而在政治上对政府不利。他告诉我，社会民主力量党参议员马里奥·瓦尔加斯迈出了第一步，他想在他的老家亚马孙地区进行改革。

他继续陈述说："瓦尔加斯家族有7个兄弟，都在亚马孙地区进行开垦。"

"但是他们都剥削人。"埃沃打断道。

不一会儿，倦意袭来。埃沃把手搭在肚子上，把腿伸直了搁在对面空着的椅子上。当飞机在大西洋上空翱翔时，他昏昏欲睡。

我和昆塔纳俩人盘着腿打着瞌睡到下一个中转站。透过舷窗可看到飞机的红灯在闪烁，现在的飞行速度已经达到每小时900千米了。

到中转站巴西福塔雷萨时，埃沃已经精神百倍，似乎从来没有困倦过，他说他都没睡着，一直想着在总统府刚结束的那场活动，想起了玻利维亚印第安政治领袖费利佩·基斯佩说过的一句话："在总统府里闻到了印第安人的气息。"

机场贵宾室，他边喝着咖啡边通过电话下达各种指示。"老大，该筹备一下立宪大会的事儿了吧？"他认为前一天晚上的打击使他坚定了打压反对派的决心。他已经对与反对派通过对话解决分歧不抱希望了，因为他们不会罢休的。"他们只是想打垮我的政府，一点儿都不认同我。"

飞机上提供奶油三明治和火腿，莫拉莱斯还要了瓶健怡可乐。我们从巴西福塔雷萨到尼加拉瓜一路上都在聊天，从政治聊到童年，从童年又跳到他的梦。尽管每隔一段时间都会来个紧急电话。

他讲到了利基奇力❶，这可能就是1983年他父亲迪奥尼西奥死亡的原因。这个恶魔抽取他父亲的脂肪，使他变得虚弱无比。传说，这个恶魔的真身是当地的一位神父，他抽取印第安人的脂肪用于制造教堂的钟。到20世纪后半

---

❶ 在艾马拉族群传说中，造成人们贫血甚至死亡的恶魔，以抽取人体油脂作为杀人的方式。——译者注

期时，这些油脂还可以作为飞机燃料或用于偿还外债。

总统曾在梦里预见了他父亲在查帕雷的去世。当时他梦见一架飞机坠落在奥里诺卡镇的足球场的旱地和几根斑驳的柱子上。那天早上他醒的时候，心情很好，唱着小曲儿哼着歌。准备完早饭和午饭，他休息了一会儿，一般来说，他不会这么悠闲的。

下午时分，他让弟弟乌戈去科恰班巴买点东西。不一会儿乌戈的妻子板着脸来了，他以为乌戈出了什么意外。

"父亲走了。"弟妹告诉他。

埃沃起初以为是弟妹的父亲走了，所以安慰她让她哭出来，但是她立刻回答他："是你的父亲死了。"莫拉莱斯赶紧告诉短工们这一死讯，似乎死的是大家庭的一员。莫拉莱斯没能参加他父亲的葬礼，1992年他母亲的葬礼他也没能赶上，因为那时他在加拿大。

对于埃沃来说，诸如梦见飞机坠落的情景这样的预示梦似乎是他父亲留给他的一种遗产。因为以前有一天晚上，父亲曾梦见一辆车在他家门口转悠，他把这个梦解释为死亡离他家不远了。第二天一位亲戚就去世了。

在"猎鹰"上，莫拉莱斯对我讲述了他对他的父亲悲伤的、断断续续的回忆。他想起了父亲以前喝完高度数的、有时泡有桂皮的白酒后醉醺醺或哭哭啼啼的样子，把孩子们叫过来告诉他们贫穷给他们带来的苦难。

埃沃从来不知道父亲的生日，但是他知道当父亲十六七岁认识母亲的时候，还随处小便。母亲玛利亚至少比他父亲大8岁，当岁月在她脸上留下痕迹时，迪奥尼西奥对他的孩子们说他们母亲以前是如何年轻漂亮。父亲讲述的最有意思的一件事是，有一年到了将羊驼群从奥里诺卡赶到巴列的季节，他把他的侄子阿森西奥弄丢了，很多年后找到他侄子时，侄子已经结婚生子了。

当埃沃享用着火腿奶酪煎蛋卷、黄油面包的丰盛早餐时，他预言：他与利比亚总统卡扎菲在尼日利亚的会晤将成为世界瞩目的焦点。

"这不会对你有负面影响吧？"我问道。

"不会的。"

"他现在和美国的关系开始缓和了。"

"是,但是并没有到对美国俯首帖耳、言听计从的程度啊。"

"伊朗总统艾哈迈迪·内贾德其人更复杂一些。"

"我已经和他联系过了。"

我赶忙将食指放在嘴唇上,像护士那样,对他发出"嘘"声。埃沃也做了同样的动作。两人心照不宣,都笑了。

在随埃沃进行国事访问中,我做了很多与记者身份不符的事情,所谓记者那些本分的工作包括观察、询问、告知,并努力记录每天的一点一滴。实际上,对于记者来说,最应该遵从的准则就是远离权力,因为权力会让人心腐化,但是如果行使权力的人,无论从为人还是行为来说,都是让记者觉得具有亲和力、易亲近的人的话,坚守这种准则就变得颇为困难了。

总统接着说:"我们需要卡扎菲给我们一笔5 000万美元的贷款。我们应该为此设立一个工作委员会。"

所谓的设立委员会,是一项很具埃沃特色的方式。

当得知阿根廷总统基什内尔要求议员就阿根廷国有石油公司私有化改革方案进行投票,以及了解了一些关于这位总统的背景并不是那么进步、那么左派时,埃沃显得很吃惊。此外,在获知阿根廷是通过经常进行民意调查来执政时,他显得更加震惊。"我们做的恰恰和他们相反,"昆塔纳说,"我们是每年才举行一次民意调查。"埃沃说。

一会儿,电话里他又和阿根廷球星马拉多纳聊上了。

"我想请你在我的政府执政一周年庆祝活动上来查帕雷踢场球。"

"老大,埃尔伯尔、泛美、菲迪斯电台广播里都说什么了?"他指的是全国最重要的三家广播电台。

电话里,他让副总统阿尔瓦洛·加西亚·利内拉在拉巴斯接待各地方官员。有人告诉他圣克鲁斯那些贵妇们把他首肯的那面彰显原住民荣耀和国家象征的旗帜烧掉了。"这星期要解决2/3的问题。"他要求着,决定好好利用这个时机。起因是反对派联合几个部门举行游行控诉政府,认为新宪法是否通过应按照立宪大会2/3代表通过的投票原则，而不应像政府所提出的那样按简单多数的原则。

几分钟后，玻利维亚代表团从飞机舷梯缓缓走下，走上红地毯。尼日利亚总统的代表对我说："欢迎，部长阁下。"

在阿布贾市，非洲和南美洲总统进行了第一次南南会晤，而大西洋那头的卢拉总统是这项盛事的主要推动者。往往像这样的高峰会议也会为了一些并不那么高级的琐事闹得不可开交。我们的这次尼日利亚之行便是如此。

总统阁下唯一的保镖劳尔·特赫里纳·科洛上尉突然想起所有的护照都落在飞机上了，但是那架"猎鹰"早就不见踪影了。第二个不幸事件与他的武器有关。当我陪他去海关进行武器申报时，一位穿着鲜红大褂、踩着凉鞋的尼日利亚人告诉这位保镖要想进入他们的国家，只能带16发子弹，因此我们另外的子弹只能暂时由他们保管或者放在飞机里。特赫里纳选择了后者。

"您怎么知道我们是否把子弹都拿掉了？"我问道。

"有人会跟着你们，并且拍照。"

最终所有的事情都搞定了：特赫里纳找到了我们的"猎鹰"，当然也就相当于找到了护照，然后那个跟着我们来照相的人也"见证"了我们的"说到做到"。

玻利维亚代表团在国外有一个特点：人数太少，以至于当地的接待人员常常是代表团的三四倍。莫拉莱斯曾到智利参加巴切莱特的就职仪式。智利政府对他发出善意的告诫，因为埃沃只带了一名安全部门的官员；智利方面为他增补了6名保镖。这次在尼日利亚，别的官员的保镖数量是我们这个7人代表团的3倍。

这次峰会的组织方为莫拉莱斯在希尔顿酒店预订了一套总统套房，包括三个房间，一位身高一米五的、穿着燕尾服的服务生和一面玻利维亚国旗。为了省钱，总统阁下大方地让我们和他分享这个总统套房。我很幸运地被安排与昆塔纳部长合睡一张床。

埃沃晚9点下楼在一间当地风味的餐厅吃晚饭时，卡扎菲的一位官员出现在餐厅。

他用西班牙语说道:"我们的领袖很希望今天与莫拉莱斯总统见个面。"

最开始,会面安排在玻利维亚总统套房里,在官方晚宴之后举行。但不一会儿,又说在我们现在吃饭的这个餐厅里,尽管一会儿很可能又变成原方案了。最后,在埃沃回到房间时,又被通知会面安排在晚宴结束一小时后,夜里11点,在利比亚使馆里的卡扎菲住处。计划几经改变,把埃沃搞得一会儿明白一会儿糊涂的,最后卡扎菲的那位西语顾问义正词严地说:"我们领袖说了,革命者之间是不需要那些繁文缛节的。"

在晚宴上,玻利维亚驻日内瓦大使安杰丽卡·纳瓦罗提到利比亚曾在峰会上寄来一份关于南南合作的文件,涉及国防安全问题。她问总统卡扎菲是否表示过希望就这份文件得到玻利维亚的支持。

"领袖"已不再以泛阿拉伯主义和泛非洲主义为主导了,1977年,"领袖"预见民众国家时代的到来,是社会主义的、人民的、民族的,是在资本主义和马克思主义之间所探求的第三种道路。1980年,在美国驻的黎波里❶使馆遭到洗劫后,卡扎菲同美国断交。1986年,美国轰炸了利比亚几座城市,其中包括总统府,卡扎菲的一个女儿因此遇难。1988年,这个非洲国家承认自己要为在苏格兰洛克比袭击一架泛美航空公司飞机的事件负责,并承诺对在空难中死去的270人的家属进行赔偿。卡扎菲的反美论调在90年代中期有所改变,利比亚国内伊斯兰激进组织不断挑衅,使政府希望寻求华盛顿的谅解,以期共同对付国内反对势力。2006年5月,布什政府宣布时隔25年后在利比亚重新建立美国大使馆,并称颂卡扎菲政府在反恐斗争中所做的努力。他并没有赞扬黎巴嫩提供的石油,因为供应量不大,价格又高。

在尼日利亚阿布贾市利比亚使馆院中支起的帐篷里,卡扎菲迎接了他的贵宾们。绣着骆驼花纹的绿色纺布、正播送新闻节目的电视、天花板上的磷光灯、一张茶几,最有趣的是一张铁质的椅子,两旁安装着风扇,这应该就是卡扎菲坐下来思考并传授思想的地方吧。保镖中有一个留着红色的八字胡、戴着

---

❶ 利比亚首都。——译者注

军帽的家伙。

那天晚上,卡扎菲戴着一顶红色的帽子、身穿一席棕黄的披肩闪亮登场,那一头黑黝黝的毛发,一看就是用了质量好过头的染发剂。他坐在切斯特登牌的椅子上,等候贵宾。当莫拉莱斯从车上下来时,他赶紧上去拥抱。

"很高兴认识您。"玻利维亚总统郑重地问候道。

埃沃曾因为领奖到访过的黎波里,利比亚政府授予他"卡扎菲人权奖",并颁发了5万美元作为奖金,但那次他没有与卡扎菲会面。

双方坐定后,卡扎菲对拉美左派政府上台及其反对新自由主义的政策表示祝贺与赞赏。"让我们感谢上帝的赐予。"他说道,脚边放着一个小垫子,这是为祈祷准备的。

"非常感谢。"埃沃回答道。

"没有国家能够孤军奋战,"卡扎菲继续说,"现在是成立一个地区集团的时候了,成立一个顺应民意、主张平等的机构。"

利比亚领袖说着拿出一张世界地图,上面并没有标记各个国家的名字,而是用不同颜色区分的各个地区。他边描述边不停地用手在地图上比划着,眼睛却从未向他的贵宾方向瞅一眼。

他建议与南大西洋国家签订协议,"建立一个和平、稳定、解除武装的地区,没有外国军事基地的地区。"他没有提美国,尽管外国军事基地的阴影勾起了他激进的青年时代的种种英勇事迹。

"利比亚是站在玻利维亚这一头的。"他表示了立场,并约定成立一个委员会,以促进两国关系的不断巩固。

最后,当利比亚领袖送我们出来的时候,我终于用英语跟他说了句"很高兴认识你。"

他拥抱了我。

在希尔顿酒店的总统套房里,凌晨1点,埃沃一行人正在就刚结束的这次会面进行紧张的讨论。如果当天晚上将此会晤公之于众将在玻利维亚媒体引起轩然大波,报纸上会出现诸如"莫拉莱斯到达尼日利亚是为了与卡扎菲会面"等题目，而这样此次峰会之行的目的就变味儿了。

埃沃问当时还有哪些记者参加了。摄像师诺亚回答只有利比亚官方媒体出席了这次会面。这时埃沃瞥了一眼电视里正直播的巴萨的比赛，然后明确地说：

"关于我跟谁会面，不应该遮遮掩掩。现在我们就将这个消息公布出去。"

玻利维亚希望向非洲输出民主文化革命。

实际上，莫拉莱斯对一些非洲国家颇有微词：那些国家，当地原住民执政，但当地人的贫苦生活迟迟得不到改善。他认为他会给非洲和美洲带去一股"去殖民地化"的思潮，即上台执政不仅表现出统一性与多样性，更要实行深入的变革。

讨论最后，我承担了一个新的工作：玻利维亚国家通信社编辑。清晨4点半我将总统在尼日利亚的最新情况发布了出去。

（玻利维亚国家通信社）阿布贾，尼日利亚：总统莫拉莱斯本周三晚上到达尼日利亚，将成为第一届非洲—美洲峰会的主要发言人……

写完稿子，进入卧室后，我听见了总统府部长的呼噜声。三个小时之后，莫拉莱斯问了问关于玻利维亚各大日报的情况，又点了杯咖啡。他几乎整晚都在床上打电话交代事情。

峰会上，混乱状况频出。头天晚上，几名保镖在电梯里发生了斗殴事件。清晨时分，在会议大厅的门口，整整40分钟，一名胖胖的、身上被汗水浸湿的光头警官一边不停地用英语嚷着"向后退，向后退"，一边拦着记者和宾客，禁止他们入内。因此造成了一系列问题：会议日程无法完成，记者招待会喧宾夺主，会议文件不能及时送达。

埃沃看到这么无序的会场环境，立刻联想到下星期即将在玻利维亚召开的科恰班巴峰会，那时也要接待多国元首。于是他让昆塔纳结束此次尼日利亚之行后，立即投入到科恰班巴峰会的组织工作中去，以保证会议正常有序进行。在嘱咐昆塔纳时，埃沃突然想起这位总统府部长曾有一段军旅生涯，便对他说道："会场的组织应该像军队纪律一样严明。"

他勾画出了下周峰会的一些设想，显得很激动：

"人们应该站在街道两旁夹道欢迎来访的各国总统，孩子们挥舞着各国的国旗，总统们应该前往体育场参加各项活动。我们还应该让克里斯蒂娜（阿根廷总统）穿上我们原住民的传统长裙。"

"克里斯蒂娜的衣着一向很时尚的。"我不禁善意提醒兴奋过度的埃沃。

在餐厅里，他正吃着煎鸡蛋，突然看到巴西总统卢拉在几名官员的簇拥下进入大厅。卢拉坐在轮椅上，因为之前踢足球受了伤。峰会上，巴西总统的发言很含糊，无论从内容上还是语气上都没有实质意义。

埃沃的发言安排在卢拉和卡扎菲之后。在发言中，他把他所实行的去殖民化政策，包括制定反对大庄园制的法律等，与旧体制政党治理下的殖民化政策做了比较。"以前，国际货币基金组织和世界银行强制推行其政策，很多英语原文的法案被引进玻利维亚，我国政治家的任务就是负责翻译它。"当他演讲时，巴西对外事务总统顾问，同时也是当年卢拉竞选总统活动的负责人马可·奥雷利奥·加西亚睡得格外香。

当我们在总统套房共进午餐时，埃沃提议组织一场新闻发布会。这是他一贯的作风：当没有会议安排或是想表明立场时，就会想到用这招儿。

厄瓜多尔记者在新闻发布会上出足了风头。我还特意给了几位非洲朋友和一位日本记者提问的机会。这位日本记者可能并不知道玻利维亚这个国家的存在，但看得出他想要了解这个国家的心情。

我本来应该在莫拉莱斯接受半岛电视台采访时做翻译，但是最后关头改成了尼日利亚国家电视台。当当地电视台记者告诉我收看这个节目的观众高达3 600万之多时，我突然紧张起来。就好像阿根廷全国人民❶都在收听我的英语，还要忍受15分钟。

下午5点，我又做了一次高端的政治公关行为：我让希尔顿饭店的首席执行官希望与埃沃·莫拉莱斯总统合影的梦想成真，而埃沃现在的愿望则是想在当地买些手工艺品回去送人，饭店里的纪念品价格高得让他咋舌，于是在向饭

---

❶ 阿根廷人口数量与尼日利亚电视台提到的3 600万观众相当，因此这里这位阿根廷的作者在这里做了一个比较。——译者注

店里的一位跑堂打听之后，便去了当地一个自由市场。但是感觉那里并不是一个好地儿：那里卖的榨汁机便宜得让人觉得可疑、成堆的冰激凌、老旧的手机等等。没过多久，我们就踏上了去机场的路。

埃沃在密不透风的贵宾室里候机。他坐在一张黄色的皮制沙发上，脚下是一条大红的地毯。房间里的陈设应有尽有，既摆放着黄灿灿的椅子，又不乏陈列着工艺品的玻璃橱柜。但是电视只能收到美国有线电视新闻网这一个台。

这时候，陆续有其他国家的总统来到贵宾室候机。首先是布基纳法索❶总统布莱斯·孔波雷，这个国家也是个内陆国，妇女的文盲率高达84%，人均国民生产总值只有1 300美元，仅是玻利维亚的一半。孔波雷总统穿着一袭黑西装，天蓝色的衬衫，没有打领带，他的指头上、手腕上都戴着明晃晃的金饰品。他问莫拉莱斯从尼日利亚到玻利维亚要多长时间，还问了关于西班牙语和玻利维亚方言的问题。

"您的国家主要作物是什么？"埃沃也提出了他的问题。

"棉花。"

可聊的话题就那么多，不一会儿双方就没什么话说了，两国总统的眼睛都不约而同地转移到电视播放的新闻上了，又不约而同地打呵欠。

莫拉莱斯双手交叉抱在胸前，跷着二郎腿，不时地用他特有的幽默方式抱怨着飞机的晚点。

"老大，他们不会把我们包围封锁了吧？"他抱怨道。

他显得有些焦急，想尽快赶到三洲之行的最后一个目的地——古巴共和国首都哈瓦那，再次去见识一下那里热带歌舞夜总会的风采。

这时圭亚那总统巴拉特·贾格迪奥进来了，我又充当了翻译。圭亚那总统隐晦地抱怨说他之前几个月一直想和莫拉莱斯总统联系，但是玻利维亚外交部显得并不友好。之后他又讲到与美国的一些问题——与那些跨国多边的信贷机构组织作斗争是很困难的事情。"我希望加强我们两国之间的关系，所以我想去一趟科恰班巴。"他表达了自己良好的愿望，但是这个夙愿显然已经来不及

---

❶ 位于非洲西部沃特河上游的内陆国。——译者注

更加深入地洽谈了,因为三个紧急消息接踵而至:"猎鹰"飞机无法提供良好的饮食服务,加勒比海上空狂风大作,10分钟后起飞。

在佛得角❶停留时,莫拉莱斯宣布:"很快我将解除费利克斯·帕西(教育部长)的职务。"

从佛得角飞往马提尼克岛❷时,我打开录音笔,以纽约《新闻周刊》杂志记者的身份对莫拉莱斯进行采访。当访谈结束后,莫拉莱斯向我抱怨,刚才我问了关于玻利维亚军队中存在的反智利情绪的问题。"你是知道我们原则的。"

"埃沃,我问我的,你想怎么答就怎么答。"我解释道。

总统府部长昆塔纳承认在一些军人中的确存在这种情绪,这也确实应该好好纠正一下。

为写这本书,我要求采访再延长一小时。

"还有什么问题,说吧。"总统府部长说道。

"关于女性的。"莫拉莱斯回答道。

"我们来谈谈那些被派到你身边为了当间谍,监视你或出卖你的那些女性吧。"我要求道。

这时,昆塔纳讲到一些女性年纪很小,她们是如何在街上追他:无论是要揍他还是要陷害他,趁他不注意,往他身上放毒品。

埃沃所遭受的第一次袭击是在1989年10月29日,纪念杜纳利镇大屠杀集会的前一天。这次集会,听他演讲的人多达3万。

"我那时很兴奋,因为很多农村地区军事巡逻队(军警组织)成员都被我们击溃了。但是,我仍遭到了他们肆意的拳打脚踢,他们打我时,我问他们美国佬们打了他们多少回。之后很多天我生活都不能自理,身体不能动弹。"

那时候,科恰班巴腐败成风,毒枭们和那些扫毒的官员狼狈为奸,获得了巨额的利益。

埃沃想起那些曾经针对他的人身伤害:曾经有人拿砍刀向他杀过来,还有一个疯子试图挑衅他。"我们不是复仇者。"他说。那些曾打过他、虐待过他的

---

❶ 位于北大西洋的佛得角群岛上。
❷ 法国的海外大区,位于安地列斯群岛的向风群最北部。

人，而今仍留在安全部队里。

"为什么你认为他们没想过杀害你？"我问他。

昆塔纳替总统回答了这个问题：当时总统桑切斯·德洛萨达的亲信卡洛斯·桑切斯·贝尔赛不敢将莫拉莱斯彻底清除，因为他顾及到这么做可能会引起群众激烈的反应。

而现在图托❶是第一大反对党社会民主力量党领袖，尽管想要害总统，但更倾向于将这种蠢事推给美国佬。

埃沃安静地听着昆塔纳的陈述，并点头表示认同。之后，埃沃讲到反对派们如何陷害他，欲将贩毒的罪名强加给他，一次是在去墨西哥的路上，有人试图往他的行李里塞毒品；还有一次，是在他访问欧洲归来，在秘鲁利马下飞机时，他发现他托运的箱子不见了。

"我狠狠地骂了他们一顿，我从未这样责骂过他们。我当时是议员，我冲他们嚷嚷让他们找我的箱子。从那时起，我就将东西装在随身的包里，不再托运箱子。"

所有一切收买他的企图，无论是通过律师、神父还是政客，统统落空了。他视金钱为粪土：绝对不碰、绝对不要。在登上总统之位前，他的弱点，或者更确切地说是他想放松一下的方式就是进行体育活动（打回力球或踢足球）或者出去享受周五美好的单身之夜。

他曾提到他喜欢去教堂，一位牧师曾表示希望在他的婚礼上当他的证婚人。

"在婚姻这个问题上我是个天主教徒。"他笑着坦言道。

我问他是否相信上帝。

"我信我的故乡、信我的父母、信古奇古奇，现在已经有一个古奇古奇节了。"

"因为古奇古奇山而得名吗？"

"老大，你去调查调查吧，你不是很喜欢什么事都打破沙锅问到底吗！"

---

❶ 豪尔赫·基罗加的别称。——译者注

小憩醒来，他看起来神采奕奕、精神焕发。

"从5点开始我就为了采访的事一直强打精神。"

他讲到现在玻利维亚国内捷报频传，反对党还没有从新颁布的土地法的打击中恢复过来。很奇怪，目前还没有收到坏消息。而当回到祖国时，将收到所有的情报。

不一会儿他又睡着了，后来他从梦中惊醒：

"美国毒品管制局在四处抓捕我，就在那儿，在山里面。"

当"猎鹰"在哈瓦那降落时，天空中划过一道金色的光。

车队将机场与黑暗笼罩着的这座城市联系在一起，一些人在等候公交车，另一些人数较少的人则驾驶着老爷车。

在玻利维亚代表团下榻的地方——小湖（拉吉托❶）国宾馆，这个名字是因那里一个很珍贵的人工湖得来：那里有成排的房屋、郁郁葱葱的棕榈树、湖上的小桥、停放的宝马奔驰车、欢快的弗拉门戈舞曲、在湖心畅游的小鸭子、茂盛的可可树、欢唱的小鸟、辛勤割草的园丁。住在这里的都是政府盛情款待的客人。

莫拉莱斯下榻的是一幢石质房子，有宽敞的走廊，并全天配备女服务员、厨师。他在一间古朴的大饭厅里享用了早餐。厨师很熟悉他的口味，为他奉上了一碗他最钟爱的鱼汤。

他喜欢对一些政客的履历指指点点。他说曾经接待过他的壳牌执行总监看起来很好沟通。他们明确地向他抛出橄榄枝，表示他们公司在玻利维亚的投资意向，但是对长期合作表示担忧。

他又讲到在荷兰访问的22个小时——与荷兰王储妃马克西玛·索雷吉耶塔的那次失败的会面。这位王妃向联合国咨询了有关小额贷款的事，并把此项举措视为"消除贫困的难得机会"，她向莫拉莱斯解释说想要得到贷款最重要的是要有较高的信用评级和较低的利率水准。总统阁下回应说这对于玻利维亚并不是问题。而此后，每当莫拉莱斯讲到其他话题时，这位王妃都要将话题引回

---

❶ 拉吉托，在西班牙语中是"小湖泊"的意思。——译者注

她对玻利维亚还贷信用质疑的问题。由于双方各执己见，莫拉莱斯的摄影师诺亚并没有将总统与王妃的合影公布。"因为他们的表情太僵硬了，照片没有一张感觉好。"诺亚无奈地抱怨道。

当喝到第三碗汤时，埃沃说道："西班牙国王感觉很不一样。他跟我说可以在我和布什之间进行调解，为此他会派个使团。"

但是之后莫拉莱斯在蒙得维亚伊比利亚美洲峰会上讲到关于玻利维亚在西班牙的移民问题时，这位皇帝陛下脸色显得有点儿难看。"要镇静，埃沃！"胡安·卡洛斯在过道里对莫拉莱斯嚷嚷道。

早餐过后，莫拉莱斯访问了世界上最大的朗姆酒企业——哈瓦那俱乐部。此外，他还想查看一下他即将送给卡斯特罗的礼物：一盒古柯粉制作的蛋糕，周围用奶油和古柯叶装点。罗兰多和路易莎早在几天前就从玻利维亚提前来到古巴进行蛋糕的制作。罗兰多是奥尔托市一家面包房的店主，他会用古柯叶做成奶油、香波、面包等各种东西。

罗兰多戴着个瓶子底儿厚的眼镜，他希望埃沃和菲德尔拿着他做的蛋糕来张合影，因为这样会使他名声远扬。

在古巴俱乐部的海滩上，总统在海边漫步，感受海的声音。看着海平面，埃沃问道："迈阿密在哪儿？"

"那里，一直往那边，90海里外。"身边陪同的古巴驻玻利维亚大使应道。

在驶入小湖国宾馆时，司机指着一个正在湖边钓鱼穿着橘黄色T恤的少年说道：

"那个就是埃连·冈萨雷斯。"

那是一个有传奇经历的孩子。1999年，他离了婚的母亲带着自己的男友和埃连离开古巴乘一艘铝船偷渡前往迈阿密，但是途中母亲及其男友溺水身亡，他只身一人到了迈阿密，之后他又被美国政府送回古巴，回到他亲生父亲身边，尽管佛罗里达的古巴侨民对遣返埃连表示抗议。

埃沃与玻利维亚阿拉维音乐组合，以及歌手兼争取社会主义运动党立宪大会代表胡安·恩里克·胡拉多共进了午餐，并向他们讲述了科恰班巴6个工会联合会狂欢节的盛况。所有的公务人员都拿出节日赏钱的一半作为联欢的费用。大部分男人，在联欢进行到一半时，就让他们的妻子赶快回家。狂欢一直持续到拂晓时分。2005年，庆祝埃沃·莫拉莱斯总统当选的一年，这个狂欢节持续到第二天早上7点。狂欢结束时大家在查帕雷一条记不得名字的小河边吃早餐，享用着鱼汤，畅饮着啤酒。

当天下午，在哈瓦那举行了讨论会，题为"记忆与未来：古巴与菲德尔——瓜亚萨明拥抱卡斯特罗"。在"卡尔·马克思"剧院里的"费德里科·恩格斯"厅聚集了很多歌颂古巴革命的拉美音乐人和其他一些新的、后来居上的歌手，比如阿根廷歌手皮耶罗。

会上，举行了伊格纳西奥·拉莫内的新书《菲德尔·卡斯特罗，以两种声音书写的传记》的发布会，作者对这位古巴领袖进行了长时间的采访。实际上，这已经是这本书的第三版了。此外，也展出了厄瓜多尔画家奥斯瓦尔多·瓜亚萨明的一幅油画，作品为我们展现了一个略带忧郁的菲德尔·卡斯特罗。在这之后开始了讨论会的正式内容。

海地总统勒内·普雷瓦尔首先发言，他希望菲德尔长寿，继续在政坛叱咤风云。委内瑞拉外长尼古拉斯·马杜罗在讲话时无意中说了句不怎么吉祥的话："领袖，直到永远！"尼加拉瓜当选总统丹尼尔·奥尔特加不慌不忙地说道："菲德尔是灵感的源泉，他教会了我们如何去战斗，我把我们尼加拉瓜桑地诺民族解放战线大选的胜利作为礼物送给他。"而在竞选时奥尔特加为了给他的竞选活动造声势，曾发表过一篇充满爱与和平的天主教式的演讲，还曾将一位右翼分子作为他的竞选搭档。

而玻利维亚总统的演讲，是那个晚上最受欢迎的，台下一遍又一遍地欢呼着："埃沃！埃沃！"莫拉莱斯在讲台上做着即兴演讲："菲德尔的人文主义情怀让我感到震撼。"他讲到了反帝斗争，讲到拉美和非洲好几个国家都投入到反帝斗争中。"为什么中东一些国家不能像我们这样进行反对美帝国主义的斗争呢？"这句话引起了美国驻玻利维亚大使私下的抱怨连连。

晚些时候，埃沃·莫拉莱斯作为特邀嘉宾出席了鸡尾酒会。在宴会大厅旁边的一个小厅里，显得很憔悴的菲德尔·卡斯特罗和他见了面，尽管只有仅仅几分钟。

从1992年第一次见面到现在，埃沃与卡斯特罗建立了情若父子的关系。巧合的是：这位玻利维亚总统出生于1959年，恰好是古巴革命获得胜利的那一年。

菲德尔给埃沃最重要的忠告，或者是埃沃自己认为最重要的忠告，是2003年还是在哈瓦那时，卡斯特罗曾说："你们不要重复我们已经做过的事，而是要进行一场民主革命。我们所处的时代不同了，人民更需要的是一场没有硝烟的深刻变革。"那时候他们在菲德尔·卡斯特罗的办公室里会面，那里摆放着古巴民族英雄何塞·马丁和美国前总统亚伯拉罕·林肯的雕像，还挂着一幅卡米洛·西恩富戈斯的油画，以及一张欧内斯特·海明威亲笔签名的照片。

埃沃曾经钟情于武装斗争，但是在听取了菲德尔·卡斯特罗的忠告后，说道："革命要么通过投票进行，要么就不要搞。"

"如果有一天我当选总统，而美国要对我们实行经济封锁，到时候我们该怎么办？"这是2004年他问菲德尔·卡斯特罗的一个问题。

"你不该对此感到害怕。玻利维亚不像古巴是个小岛国。你有友好的同盟国、丰富的自然资源，你们可以自力更生，不受制于美国。卢拉、基什内尔、查韦斯，还有我们古巴都在呢。而我们当时什么都没有，到最后连苏联都没了。"

2005年4月，埃沃再次来到古巴进行膝盖手术。术后，古巴医生强制他休息些时日，因为这么多年原本受损的膝盖已经变得不重了。正巧当年4月29日，查韦斯访问哈瓦那，因此，菲德尔要求他们三个人来一张被美国称为"邪恶轴心"的合影。

莫拉莱斯后来回忆道："当我听到合影这个消息时，我连拐杖都没拿，就开始走步了。结果主治医生都震惊了。好像是圣经上命令：'埃沃，起来走吧'。"

2006年5月1日，在石油工业国有化法案颁布前的一个星期六，莫拉莱斯又在哈瓦那美洲玻利瓦尔美洲替代联盟峰会上与菲德尔·卡斯特罗和查韦斯碰面了。当时关于国有化的事情埃沃没有跟查韦斯说,但跟菲德尔·卡斯特罗商量了。埃沃曾解释道:"不该有事瞒着卡斯特罗。"

"为什么你不在制宪会议召开后再颁布呢?"菲德尔建议道。

但莫拉莱斯这次坚持己见,提前颁布了国有化法令。

在与菲德尔·卡斯特罗相处的点滴记忆中,有一幕情景至今让埃沃记忆犹新。一天清晨,菲德尔·卡斯特罗在送他去机场的路上睡着了。"当时我真的很想拥抱他一下。"12月1日他回忆说。

第二天早上7点半,埃沃前往古巴革命广场参加阅兵式和群众庆祝游行,为了庆祝卡菲德尔·斯特罗80岁寿诞。

居民们、军人们和很多人都认为在这一天卡斯特罗会宣布告别政坛,此外,500多名特派记者以及特地为此而来的82个国家2 000名代表也都忧心忡忡。

主席台上,所有人按级别站位:最高的一层是各国领导人:劳尔·卡斯特罗❶、埃沃·莫拉莱斯、丹尼尔·奥尔特加❷、加布里尔·加西亚·马尔克斯❸和伊格纳西奥·拉莫内❹等来自各国的知名人士。下一层是古巴共产党和军队中最享有盛誉的元老级成员。第三层是一些特邀嘉宾:演员吉拉德·德帕迪约和电影导演皮诺·索拉纳斯等。主席台与对面的看台,中间隔着约50米的沥青路,是阅兵式检阅和群众游行的场所,还会看到马克思和列宁的巨幅头像。在看台的一面墙上写着:"这个国家在军事上坚不可摧!"另一面上画着菲德尔·卡斯特罗手拿步枪,站在各种武器、直升机、坦克、装甲车中间,下面有一行标语写着:"在帝国主义面前永不屈服!"

除了庆祝生日以外,这一年的12月2日举行了古巴建军50周年和古巴"格拉玛"号快艇成功登陆50周年庆祝活动,菲德尔·卡斯特罗和另外81名"七·二六"运动的战士就是乘着这艘快艇从墨西哥回到古巴的。

---

❶ 古巴领导人,古巴革命领袖菲德尔·卡斯特罗的弟弟。
❷ 尼加拉瓜总统。
❸ 哥伦比亚著名的魔幻现实主义小说家,1982年获诺贝尔文学奖。
❹ 西班牙著名反全球化运动领袖人物。

第一位发言者是一名15岁的女学生，她说这是"一个表达无限忠诚的日子"，在演讲的最后，她称颂："劳尔的忠言、切·格瓦拉的无畏、菲德尔的领袖魅力"。随后，劳尔·卡斯特罗发表讲话。他的讲话表明，他的特长是提出忠告。他讲演完，离开话筒，朝主席台大喊道："这就是我们要给美国佬的回应！"人群振奋地挥舞着国旗，热烈地鼓掌。

阅兵式的内容包括战斗机演习、步兵部队行进、直升机飞行检阅等。

武器装备展示后，开始群众游行，一群身着蓝色T恤衫的孩子走过主席台，他们一个个表现得好像看到了一片海，在海上"格拉玛"号快艇成功着陆。整个检阅持续将近2个小时，有几十万人参与其中。游行中有一幅标语写道："菲德尔，你的80岁也是我们的80年"，还有横幅上写着："我们勇往直前、永不停歇"。一个政府高级官员这样对我说："我们知道人终逃不过天命，但是对于卡斯特罗的陨落我们还没有做好心理准备。"

演员德帕迪约就站在玻利维亚代表团旁边，身着一条阿迪达斯运动裤、一件白衬衫，抽着烟，用法语和人聊着天。

从阅兵式回到驻地小湖国宾馆时，埃沃径直走进私人餐厅享用可口的鱼汤。他对我说，昨晚在招待会之后，他去民族饭店观看演出。他喜欢莫吉托朗姆酒和女舞蹈演员。

他看了看诺亚为他照的照片，选了几张准备做宣传品用。

"老大，我想回国了。"埃沃对我说。

"为什么？"

"我一直无所事事，今天只去了阅兵式。"

"让他们给你个电话。"我建议道，但他不乐意，"你不喜欢出访吗？"

"不喜欢，但是我喜欢出去做报告，早出晚归，不然的话，我老觉得我什么事也没干，闲得难受。"

头一天晚上，他一直在给玻利维亚国内打电话，睡了不到两个小时。给各个部门负责人打，又给相关官员打。他想知道为什么有些古柯农没有很好地发放胡安·平托政府教育补助金。"总统会处理他们的。"总统府部长昆塔纳保证。

关于上午的阅兵式，埃沃估计约有100万人从他面前列队走过。

"这种排场是为了纪念古巴革命胜利47周年。"昆塔纳解释道。

埃沃很喜欢这种军民整齐列队、整装游行的形式。他欣赏这种有组织有动员的形式，还希望游行队伍都披着斗篷、系着领结、穿着统一的橄榄绿色制服。

除了在政治理念上与卡斯特罗、查韦斯有相似的认知，埃沃还对他们动员民众的能力表示钦佩。"这就是领导：有独特的魅力可以动员他的人民。"

他算了算，如果在哈瓦那有100万人游行的话，那么，在科恰班巴怎么着也得有80万人参加吧，但是，在玻利维亚谁也动员不了这么多人。他说，在科恰班巴的峰会结束时，将有6万人到体育场参加闭幕式。

"执政一周年的集会我们应该可以动员10万人。应该会有2万古柯农参加，这个我来负责。"

中午他要与委内瑞拉和古巴的外长，还有古巴副主席卡洛斯·拉赫会谈。"这个会谈应该很快结束，我还想尽快回到拉巴斯。"

副总统阿尔瓦洛加西亚·利内拉给莫拉莱斯打了个紧急电话，告诉他周日上午应该颁布与石油公司洽谈的合约。

"老大，赶紧的吧。"

这次回玻利维亚，我没能与总统同乘那架"猎鹰"，而是被指派乘坐代表团乘坐的另一架更大的飞机。在去机场前，我与总统府部长的顾问玛雅·奈姆塔拉一起到了老哈瓦那城，司机跟我们说4点一刻来接我们。于是我在一家酒吧坐了会儿：这是五天来我第一次从陪同总统繁忙的日程中解脱出来。

但是司机并没有在约定时间来接我们，我们只好打车回到小湖国宾馆。"飞机已经离开了。"下午5点玻利维亚驻古巴的领事对我们说，并告诉我们当总统飞机起飞后，有人告诉他我们的飞机不是在7点起飞，而是在5点。我们飞机的委内瑞拉飞行员解释说，之所以起飞提前是因为我们的飞机不能在夜间飞行，其实真正的原因是离委内瑞拉新一轮的总统选举没多长时间了（这位飞行员非常关心这次选举的结果,急切地想完成飞行任务,回家看电视)。

一位名叫阿曼多的古巴官员向我们解释了为什么那位司机没有接我们:"他驾车是按命令行事,而命令就是他要先接12位玻利维亚音乐家,他们要和我们同乘一架飞机。因为飞机起飞提前了,所以先送他们上飞机了,他秉承以多数人的利益为重,而少数人的利益(我和玛雅)就要牺牲一下了。"玻利维亚总统府收到某位总统女秘书居心不良的报告说,"他们(我和玛雅)出去玩了,所以错过了飞机。"我明白其中的奥秘。

玻利维亚驻古巴大使一再说明,当天我们要乘飞机回拉巴斯是很困难的,于是我准备用老一套说服他:

"大使阁下,如果您能解决这个问题,您的玻利维亚政府会对您刮目相看的。"

果不其然,他给我们搞到了去加拉加斯的机票,当我们在加拉加斯着陆时,乌戈·查韦斯正要作为连任总统发表演讲。查韦斯在总统府"观花宫"内侃侃而谈,"观花宫"外大雨倾盆。周一午夜,我们得以从加拉加斯乘另一架飞机回到了拉巴斯,而在玻利维亚举行的南美洲峰会即将开幕。

从6日周三开始,莫拉莱斯就一直住在他在科恰班巴的老家。他是这个国际会议的东道主。自从执政以来,他一直与国内的反对势力作斗争,反对派们叫嚣着要求地区自治和制宪会议选举三分之二通过原则。而这抗议之声的集中来自圣克鲁斯省的精英们,在埃沃·莫拉莱斯决定将峰会转移到科恰班巴前,尽管圣克鲁斯一直是峰会的举办地。

"反对派想要毁掉峰会。"在南美各国总统到来之前他这么跟我说。他在房间里踱着步,他的房间只有一张有塑料贴面的桌子、四把革制椅子、一张床、几个不牢固的柜子和一台电视机。这天一早醒来显得格外紧张。在得知阿根廷总统基什内尔不能与会的消息时,他很生气。

而这时,不幸的是,一场科恰班巴有史以来最严重的暴风雨袭来,而这场灾难似乎比反对派想要葬送峰会的企图还可怕。周四一天就下了平均一年降水量的8%。暴雨造成4人死亡,整个城市风雨飘摇。而准备接待代表团的波塔雷斯宾馆的一些房间也被淹了。

埃沃把这场暴风雨看成一个不祥的预兆。

当暴风雨来临时,我被困在市中心,我在没过膝盖的雨水中艰难地前进,感到腿肚子一阵阵刺骨的寒冷。我看到一家殡仪馆的职工紧紧抓住漂浮的棺材,为了使死者不被洪水冲走,有一个人抱着棺材"航行"了近40米。一些孩子战战兢兢地爬上屋顶,眼中满是恐惧。在制衣厂附近,有人冲我大喊:"小伙子,快点儿过来,要不然就冻僵了。"他们给我一张尚温的缝纫机桌温暖我的双腿。

东部地区在闹事。反对党在周四和周五发起了5起袭击案件,其中有一起是针对亲当局的非政府组织——司法与社会研究中心的枪击事件;有700人进行绝食;大学生们占领了税务局;一些社会团体用地区独立自治威胁政府。但是反对党搞的所有这些事件都是搬起石头砸自己的脚,因为在举行绝食时,记者们偷拍到了社会民主力量党的议员们在津津有味地吃着鸡肉的情景。

"玻利维亚东部4省要求当地政府制定独立自治方针路线",玻利维亚《理性报》12月9日刊登了这样的标题。这天下午,离峰会召开还有几个小时,数千名圣克鲁斯人聚集在市中心广场上抗议莫拉莱斯并要求"独立"。而我们的总统阁下,则安稳地在自己老家科恰班巴待着,对抗议充耳不闻。他随时与副总统加西亚·利内拉通电话,副总统留在拉巴斯,目的是设法达成一项协议,使2007年8月6日那天能拿出起草好的宪法。

傍晚,各国总统陆续到来。

在科恰班巴"自由"大礼堂举行的开幕式的演讲中,埃沃首次提出将这个领导人峰会与探讨社会问题的峰会同时召开的建议,他说,这两个峰会不会发生冲突,也不会发生竞争。他也需要向当地公众说明,因此,他提到了贫民们和投机分子。同时想到了圣克鲁斯和他的盟友们,但是他没有明指。

在会场上发生了一场意想不到的争执,是他的保镖和查韦斯的保镖之间。尽管每位总统进入会场时可以配备5名保镖,但是委内瑞拉总统的保镖人数高达25名之多,他们想开个先例,但东道主的安全部门的警官并不买账。因此发生了冲突，几乎到了拳打脚踢的地步。"你们现在是在玻利维亚。"那位警官冲他们嚷道。

此外，莫拉莱斯平息了一场更为复杂的斗争：查韦斯与秘鲁总统阿兰·加西亚之间的冲突。一切都是由于委内瑞拉公开支持加西亚的主要政敌奥彦塔·乌马拉。奥彦塔·乌马拉是秘鲁民族主义运动一位领导人，主张祭拜安第斯祖先并赞赏太平洋战争时期对智利军队的抵抗运动。在与埃沃的单独会面中，查韦斯答应与秘鲁"休战"，但令莫拉莱斯吃惊的是，查韦斯火冒三丈，用拳头敲了好几下桌子，并说还得敲一会儿直到气消为止。

几小时后，查韦斯对秘鲁总统说："阿兰·加西亚，从现在开始你就是我的朋友了。"不一会儿，这位秘鲁总统向其他总统表明，他以前是左派人士，1986年曾为反对帝国主义而斗争，但他把反帝斗争看成是年轻时犯下的一个错误，随着日趋成熟他才开始懂得现实世界到底是怎么样的。

卢拉作为本次会议最大的调解员、和事佬也参加了科恰班巴峰会。事先在与埃沃会面时，他强调了在选举年份里搞选举活动时民主机制的运行，却没有提到选举可能出现的结果。在他的演讲中，说到一些很让人匪夷所思的东西：

"我上了飞机，突然想到玻利维亚正好在南美洲的中心地带。我们应该在科恰班巴成立一个南美洲议会。"

而与卢拉调和者论调大相径庭的是查韦斯，他摆出一副好战的姿态。他吻了吻科恰班巴市的钥匙，好像吻十字架一样。他就玻利维亚国内的形势发表了自己的看法（他说现在这个局势让他想起2004年他们国内反对势力对他发动政变前的那几个月）。在讨论会上，他还批评安第斯国家共同体、南方共同市场和南美洲国家联盟。"无论举行多少次会晤、召开多少次峰会，我们都不能确定到底我们应走向何方……"他提议南美洲国家联盟改名为"一个南方"，建议南美各国总统服一帖政治药剂。

卢拉与埃沃本人都试图制止他再说下去。"安第斯共同体和南共市都是有效的机制。"在会场上，莫拉莱斯为了缓和气氛，尽力以东道主的姿态扮演调停者的角色。尽管显得有点儿不自然，但是埃沃在叫每一个与会者名字前都亲切地加上了"同志"二字。在新闻发布会上,他又大放异彩:"亲临这次峰会的总统人数达到了三分之二,这让我很欣慰。"他说这话的目的隐含了反对派对他制宪大会三分之二通过原则的指控。

下午时分,在"菲利克斯卡普里莱斯"体育场,看台上的人数达到了5万余人,这让他感到莫大的欣慰:在之前整个古巴之行时他一直希望能这样。有2 000名代表坐在草地的塑料椅子上参加了这个峰会。

查韦斯保证说他不再多言,他做到了一半。委内瑞拉政府官员时刻警惕着反对党的袭击:"他们可能会纵火"。在演讲中,这位委内瑞拉总统忆起了1999年伊比利亚美洲峰会。待他演讲完,收到了菲德尔·卡斯特罗写给他的纸条,说"我觉得我已经不是唯一的魔鬼了"。

"现在魔鬼人数还在增加。"查韦斯在体育场大喊:"埃沃、丹尼尔·奥尔特加、拉斐尔·科雷亚(厄瓜多尔当选总统)。总有一天美帝国主义会变成纸老虎,而我们会成为钢老虎。"

埃沃演讲时谈起玻利维亚,自他上台后反对派不断地搞阴谋破坏,竟然还包括捏造副总统加西亚·利内拉企图篡位的谣言。"当我和我的副总统看到他们制造的谣言时,不禁捧腹大笑。我们从来都是'一根线上的蚂蚱'。我讨厌搬弄是非。在我们社会运动中是不存在这些的。"

当莫拉莱斯演讲完,阿根廷歌手皮耶罗与丹尼尔·奥尔特加拥抱了几分钟。"我们正在发生彻底的变革。"皮耶罗说。接着,他走上讲台,演唱了一首关于玻利维亚的民歌,歌曲述及出海口、安第斯印第安人的旗帜和其他。

已经没有时间对埃沃的这次环球之行与科恰班巴峰会进行评价了。

"他们(美国毒品管制局)又来追捕我了。"在登机前埃沃对我说。他又做了同一个梦,和之前到古巴时做的那个美国对他追捕的梦很相似。

"他们来追我,我抵抗。他们觉得我是第二个卡塔里❶。"

---

❶ 图帕克·卡塔里,18世纪玻利维亚反西班牙殖民统治的革命者。——译者注

● 与玻利维亚主要盟友古巴领袖菲德尔·卡斯特罗和委内瑞拉前总统乌戈·查韦斯在一起

第四章 古柯农岁月
（1995~2003年）

历史上，艾玛拉人居住在海拔4 000米的高原上，俯瞰宽广的山谷，分布着赭土和石块垒砌的矮墙，那里就是拉巴斯。当时，拉巴斯由一群带围墙的泥砖屋组成，是连接库斯科与波多西之间贸易的纽带。

18世纪末，统治西班牙的波旁王朝实行了一系列改革，在高原、谷地和沿海地区激起民变。西班牙王室开始实行一种新的君主制统治，力图通过改革使殖民统治重新走上正轨，改革包括增加贡赋等不得民心的措施，在推行一年后，如辛克莱·汤姆森所说，民变引发共鸣，催生了西班牙统治美洲以来最为波涛汹涌的反殖民主义运动。

1781年革命蔓延至整个安第斯南部山区，在艾玛拉人居住的拉巴斯地区的战斗最为惨烈。印第安人领袖图帕克·卡塔里（西班牙语"闪光之蛇"）发动起义，率领部众围困拉巴斯城，战斗经历两个阶段，持续184天之久。他宣布，艾玛拉人是自己土地和财富的绝对主人。卡塔里的妻子巴尔托丽娜·西萨描述说，参战的勇士们谈到了"仅由印第安人统治"的时代。

最后，从新总督区首府布宜诺斯艾利斯赶来增援的西班牙军队击溃了义军围困拉巴斯的，并以神和西班牙国王的名义将卡塔里逮捕后残忍肢解。他的右臂被送往阿尤阿尤地区展览、左臂在阿恰卡奇示众，而右腿和左腿分别被运往楚鲁马尼和卡恰瓦利。

无论是艾玛拉人、克丘亚人还是其他祖祖辈辈生活在玻利维亚这片土地上的土著民族都无法获得官方认可，甚至无法在那些土生白人精英眼里获得尊严。那些精英领导了反抗西班牙殖民者的解放运动，并在1825年建立了美洲唯

——一个有幸冠以解放者西蒙·玻利瓦尔名号的国家。

后来,在20世纪玻利维亚发生的最重大的事件——1952年民族革命中,印第安人被边缘化的事情再次发生(当然是由多种因素造成的)。尽管这次革命建立了普选制度,扩大了民众对政治的参与度,但是在之后的50年里,从未出现过一支农民或代表印第安人的力量在大选中成为主角。

农民和印第安人被长期排斥在政党政治、选举、议会斗争等体制政治之外,他们就建立社群组织、工会等。与玻利维亚其他民众阶层一样,他们只能活跃在街头和公路上,封堵道路。

埃沃·莫拉莱斯对政治同样心存畏惧,一向讨厌"政治"这个词。1995年,他还未走上政治舞台,并一直忌惮从政这条路,他觉得从政就像个一旦进入便无法逃脱的牢狱。埃沃曾形容过:"身处政坛让我觉得就像个罪犯"。

1992年10月12日,唯一一届印第安部落大会召开,会上就如何运用"政治工具"展开了讨论,因为当时工会运动已经显现出局限性。那时候,莫拉莱斯就指出了一个问题:在与政府签订协议之后,由于没有一个政党,协议便无法保障实施。他主张把政治手段作为工会斗争的辅助工具。而那些卡塔里主义激进派因为坚持认为,国家仍然是殖民主义性质的,因而,在大会上提出印第安部落自决的主张,在目前国家的体制规则下,拒绝一切形式的政治参与。

1994年,在玻利维亚农民劳动者工会统一联合会代表大会上,莫拉莱斯的主张得到了大多数人的支持。他所经历的第一次选举是1995年的市政选举。当时古柯农和其他农民组织都团结在阿莱霍·贝利斯领导的人民主权大会的旗帜下。他们获得了很好的战绩,特别是在科恰班巴:获得了10个镇长席位和49个市议员席位。莫拉莱斯拒绝做镇长候选人,他的理由是"我们仅仅希望能够为自己人投票"。

1996年,莫拉莱斯在农民工会实现了他的近期目标:成为科恰班巴热带地区6个工会联合会的协调员。此后,他任此职达十年之久,直至成为国家元首。当年6月,他公开表示愿意成为玻利维亚工人中央工会领导人。由于当时矿业和制造业部门的工会陷入危机,他要求扩大农民在该组织领导层的参与。

几个月后，当时的执政党革命民族主义运动希望莫拉莱斯与胡安·卡洛斯·杜兰组成竞选班子，参加1997年大选。杜兰是时任总统戈尼❶的衣钵传承者。就像拒绝其他职务一样，莫拉莱斯拒绝了这次邀请。

"我和维克多不一样，我不是背叛者。"他跟德洛萨达总统派去游说的使者这样说道。

他提到的"维克托"全名叫维克多·乌戈·卡德纳斯，曾是艾玛拉人的首领，卡塔里主义的创立者，最终却成了桑切斯·德洛萨达政府的副总统。像这样的例子在卡塔里派中屡见不鲜。

1997年，在一次农民代表大会上，有人建议推选莫拉莱斯为总统候选人。这让他十分困惑：他觉得这是在嘲弄他，以至于几宿都辗转反侧，难以入眠。后来，在古柯农代表大会上他提到此事，并表示拒绝推选时，一位领导人抨击他，说他之所以这样做是因为与那些传统政党暗中勾结，做私下交易。埃沃的追随者们气愤至极，想把这个乱讲话的人狠狠地揍一顿，还有一些女人气得直哭。

最后，他同意与玻利维亚统一左翼组织建立联盟，参加国会议员竞选，在查帕雷第27选区，以创纪录的70.1%的选票当选国会议员。

对于玻利维亚和整个拉美来讲，1997年的大选是不同寻常的：一位70年代的独裁者凭借民众的选票又回到了总统宝座，这是史无前例的。1971年8月，乌戈·班塞尔·苏亚雷斯发动政变上台，废除了玻利维亚20世纪以来最重要的左翼纲领之一，开始了他的铁血政策，直到1978年。马塞罗·基罗加·圣克鲁斯提起诉讼，追究班塞尔的罪行、腐败行为和盗窃国家财富的责任。这本来是可以将其投入监狱的。为了逃避司法追究，班塞尔成立了自己的政党——民族主义民主行动党。1982年民主制度恢复以后，班塞尔的政党与桑切斯·德洛萨达的革命民族主义运动以及海梅·帕斯·萨莫拉的左翼革命运动党轮流执政，形成了一种成功的平衡博弈和联盟，获得了一个并不从来都是贬义的名字"协议民主"。根据协议，21060号法令所奉行的新自由主义共识以及与美国的

---

❶ 桑切斯·德洛萨达的别称。——译者注

同盟关系占据主导地位。

班塞尔是亲美派，毕业于美国的美洲学院。当年他发动政变时，如同皮诺切特[1]，得到了华盛顿方面的支持和指导，在他独裁统治时期，同样接受了美国的财政和军事援助。美国国务院已经解密的一批档案披露了当时他与美国的亲密关系："他很了解和喜欢美国，他不止一次地违背自己的初衷，逢迎美国在西半球，乃至全球的领导地位。"

1997年，班塞尔脱下军装，换上灰色礼服。比起他的暴虐历史，他现在更喜欢告诫人们："对于朋友，我会两肋插刀；对于不买账者，绝不施舍；对于敌人，坚决打击。"他坚持和美国穿一条裤子：在共产主义运动转入低潮时，贩毒是玻利维亚和西方世界的重大威胁。班塞尔获得了苍天的饶恕。尽管有证据表明，无论他自己还是他党内成员都与贩毒有关联，但他仍旧是美国政府在这个问题上的忠实盟友。

他担任民族主义民主行动党的领袖后，便积极推行"原产美国"的"尊严计划"，即秉承彻底消灭古柯的原则，将全国4.7万公顷所谓的古柯种植田彻底铲除，并将5 000~20 000户古柯农家庭从查帕雷迁移到"人文安置区"。

作为国会议员，埃沃将班塞尔称作"玻利维亚历史上最糟糕的政客"。埃沃将重点集中于捍卫古柯种植，揭露强制性消灭古柯的行动，支持工会运动。他刚到拉巴斯时，与统一左翼组织的其他四名议员合住在一套小公寓里，饮食和起居仍旧保持着农民的习惯。1997年10月他在庆祝自己38岁生日之时，请了一支管乐队来公寓助兴，有人送了他一条真丝领带作为生日礼物。不过，后来他从未佩戴过。

他花费了很大气力来适应新的议员生活。在最初几个月里，埃沃周一清晨便赶到议会，之后才知道这一天不工作，后来，他发现直到第二天下午，才有一些议员乘飞机来到拉巴斯，提着公文包走进议会大厅。周三他参加人权委员会会议，周四结束这一星期的工作。之后，大部分议员拿着行李准备搭晚上的飞机回去。"我觉得自己就像学校的学生。"很多年后他回忆道。一段时间以

---

[1] 奥古斯托·皮诺切特：1973年在美国支持下推翻了民选总统阿连德，建立军政府，1973~1990年为智利军事独裁首脑。——译者注

后，他不得不开始效仿他的同僚们，和他并不愿意打交道的人建立人际关系。比起议会他更关注自己的故乡查帕雷："在议会里，人们都孤立我。"

由于美国的"尊严计划"并不限于清除古柯种植，而且强迫迁移所有农民，1998年，莫拉莱斯领导了一次新的游行示威活动，耗时23天，从查帕雷徒步游行到拉巴斯。当时美国大使多纳·赫里纳克女士阐述了美国官方的立场——将这次游行定义为"贩毒游行"，玻利维亚内政部部长吉多·纳亚尔拒绝与莫拉莱斯进行辩论。当时，班塞尔政府的官员与这位美国大使的私交甚好：在她生日那天，他们欣然接受邀请，和她骑摩托环游拉巴斯城。

在班塞尔政府执政的4年间，支持他的大型联盟自身混乱不堪，国内经济停滞不前，贪污腐败层出不穷，政府裙带关系严重。为了转移视线，官方把埃沃当成攻击的靶子，最完美和最合意的打击目标。

他们指控埃沃是毒品贩子，贩毒网络的源头，毒枭最亲密的盟友和最大代言人，毒品化学药剂走私商的庇护者；以下述罪名将他起诉：实施凶杀、怂恿犯罪、造成公民失踪、武装暴动、窃取人民的权利、参加犯罪组织、攻击运输车辆和公共服务、破坏国家财产等；指控他拥有200公顷土地，要不就是占有60公顷土地，并且得到游击队和外国政府的非法资助，醉酒驾驶，在查帕雷地区专横跋扈、老子天下第一，环游欧洲吃喝玩乐，他的记事本上记有哥伦比亚游击队员的地址；在公开场合嘲笑他不会加减法，嘲笑他讲话的口音和内容；他们经私人企业主之手，送给他一本圣经和一部宪法来讽刺他没有文化，把他约到摆放十字架的房间进行谈判。

莫拉莱斯承受着一波又一波的攻击，而他的形象却越来越高大。查帕雷地区内外的拥护者对他提供无条件的支持，使他更加强大。他控告玻利维亚政府和美国使馆对他进行人身攻击，控告他们是造成30名古柯农死亡的罪魁祸首，控诉他们不人道的"零古柯"计划。他号召人民拿起武器，抵抗政府清除古柯的行动。2000年10月他严正声明："如果班塞尔清除古柯，我们就进行武装斗争。"

国家民主行动党企图以煽动叛乱、藐视权威罪名将他逐出议会，抓住他说的总统与贩毒有关系，死死纠缠。执政党公开发出剥夺他"公民权"的建议。政府内阁的一位部长要求埃沃收回所发表的言论，而他则表示："让你的祖母收回吧"。军队要求他"彻底退出"议会。

班塞尔政府执政末期曾宣称已经实现"尊严计划"铲除古柯种植的目标，只剩下600公顷古柯田。工会农民则用古柯叶封堵了查帕雷的公路，以此表示，在政府清除古柯的同时，将仍旧而且继续种植下去。

除了应付古柯农和莫拉莱斯的抵抗运动外，班塞尔还面临两场因街头镇压政策而引发的政治危机：科恰班巴"水资源战争"和由费利佩·基斯佩领导的高原起义。

为了应对科恰班巴地区对水资源日益增加的需求，世界银行说服政府放弃了修建引水工程，并建议政府将卫生工程私有化。图纳利水利跨国公司得到政府的租让权，自2000年初开始哄抬水价，引起工人、学校学生、失业人员和居民们的反对。他们组成捍卫水资源和生活联盟。莫拉莱斯也带着4 000名古柯农参与其中。参加斗争的一位古柯农说："在查帕利，子弹横飞，在科恰班巴，催泪瓦斯弥漫街头。"

班塞尔政府宣布戒严，派去1 200名士兵进行镇压，造成175人受伤和6人死亡，但是并没有能够平息抗议浪潮。最后"水资源战争"以意想不到的方式告终：图纳利水利公司于2000年4月失去了租让权，转由一家合作社负责水资源的出售和分配。由阿尔瓦洛·加西亚·利内拉、路易斯·塔皮亚和拉克尔·古铁雷斯等人组成的社群组织撰写了一本书，名字叫"玻利维亚平民阶层的回归"，书名体现了科恰班巴事件的特点。

这是第一次有那么一伙人将农民大会的活动与街头斗争结合在一起，挫败了资本积累和私有化。同时也在未来几年里，在玻利维亚国内催生了一种思潮：在这个历史上曾惨遭洗劫的国度里，重新拿回属于人民自己的自然资源。

科恰班巴的起义以及此后发生的一次警察暴乱使班塞尔萌生了辞去总统职务的想法。政府内阁也发生了小小的麻烦，但并没有造成致命的后果。班赛尔的妻子约兰达·普拉达在总统府邸发现了一颗春药药丸，这一丑闻让这位总统的艰难处境雪上加霜。

同年9月,费利佩·基斯佩又起事发难,仿效卡塔里包围战,号召封锁和向拉巴斯进军,抗议者坚持认为,不应该为水源、土地支付费用,拒绝取消古柯种植。班塞尔政府四面楚歌。但是,由于埃沃·莫拉莱斯、费利佩·基斯佩和奥斯卡·奥利韦拉无法达成一项共同方案,政府逃过一劫。奥利韦拉是在"水资源战争"中崭露头角的工人领袖。随着时间的推移,莫拉莱斯和基斯佩之间的竞争和对立日益加深。

2001年8月的一个星期日早上6点,基斯佩与我会面,他与我握手寒暄,眼神中充满了严肃,加西亚·利内拉陪着他,当时利内拉是基斯佩在图帕克·卡塔里游击队时的战友,两人曾于1992~1997年一起坐过牢。那天早上,基斯佩一直处于犹豫不决状态,一方面,思考是否发起一次武装起义,担起农民领袖的责任;另一方面,时而陷入沉思,时而刨根问底地询问。他发誓要入主火烧宫,除了要实施一系列国有化和剥夺政策外,还要废除农民事务部,建立白人事务部,在拉巴斯建立白人储备基金。把卡塔里模式作为将来实施的典范。

他讲到,"我们现在正处于汹涌澎湃的革命时期",革命浪潮"来势凶猛"。

在谈话中,基斯佩骂莫拉莱斯是机会主义者、叛徒,指责他既不讲克丘亚语也不说艾玛拉语,整天围绕在他身边的都是些白人或是混血人。

2001年8月,班塞尔因身患癌症辞职下台。豪尔赫·基罗加(别称"图托")上台执政。基罗加是一位受过美国德克萨斯大学教育的工程师,有技术官僚派头,深受美国支持,美国把他视为解决政府反腐败问题的一剂良药,以及扫毒战争和清除古柯种植的最佳盟友。

这位新总统对美国更是充满好感。美国9·11事件后,布什政府在全球范围内打响反恐战争。在玻利维亚,基罗加则将十项反恐协定变为法律条文。根据美国国务院的一些解密文件,2001年12月基罗加总统在第一次对美国进行国事访问期间,受到了相当多的称赞。

一个月后,在美国使馆和国会各党派的支持下,基罗加将莫拉莱斯从国会驱逐，借口是在萨卡巴（科恰班巴）关闭一家贩卖古柯的批发市场时，治安力量与莫拉莱斯领导的工会农民发生冲突，造成4名警察和5名农民死亡。

政府强加给莫拉莱斯的罪状依据的是报纸上的报道，其中一条报道声称，莫拉莱斯曾号召"烧毁整个查帕雷"。莫拉莱斯在后来的辩护词中澄清道，他的原话是，如果政府不废除关闭古柯市场的法令，整个国家会燃起怒火。在审理本案时，众议院所制定的道德法中规定的被告的两项权利，莫拉莱斯都没有享受到：允许被告在5天时间里进行辩护（莫拉莱斯只被允许24小时）；整个驱逐过程须给予17天的期限（对莫拉莱斯而言，这个时间被缩短为48小时）。

尽管基罗加深知对莫拉莱斯的指控没有足够的证据（报纸的报道不构成证据），但是他相信美国政府会制造出对莫拉莱斯不利的有力证据来。

在对埃沃的神速审判中，一名玻利维亚官员登门拜访了美国使馆的政务参赞帕特里克·达迪，并从他那里拿走了一袋文件，期盼着这些文件和录像带能够充实埃沃案件的卷宗，成功地送到总统办公室。

"您知道这是极其机密的吧？"达迪参赞说。

莫拉莱斯曾经宣称古柯农的触角已经深入美国使馆，对此，这位美国官员当然不相信，但还是不厌其烦地嘱咐那位玻利维亚官员注意保密。那位官员越来越不耐烦，看了交给他的文件后显得十分沮丧：卷宗记录的是埃沃·莫拉莱斯与菲德尔·卡斯特罗会面的英文文件。文件暗示埃沃·莫拉莱斯与哥伦比亚革命武装力量有染，此外，还有他在利比亚领奖的记录，但并没有针对政府给埃沃冠以罪名的证据。

离开美国使馆，那位官员拨通了基罗加的电话：

"图托阁下，我们什么也没得到。"

政府因良心发现，没有使用这些材料。于是基于原来报纸的报道，国会以104张赞同票做出决议，把国会议员莫拉莱斯驱逐出国会。赞同票都来自这些党派：民族主义革命运动党、左翼革命运动党、民族民主行动党、共和国新力量党、公民团结联盟。

埃沃在国会举行绝食静坐示威时揭露道:"这是一场对艾玛拉人和克丘亚人的审判,那些驱逐我的人是毒枭和腐败分子,他们因投我的反对票每人获得了1 300美元的好处费。"在埃沃睡觉的床垫上,摆放着一块要求国会休会的标语牌。

尽管被驱逐出国会对他是个不小的打击,但是从中期来讲,给他带来了意想不到的好处。这种臭名昭著的政党所把控的臭名昭著的议会驱逐了他,反倒使得日后他的争取社会主义运动在即将进行的选举中不断发展壮大。

美国大使曼努埃尔·罗查想要提名桑切斯·德洛萨达作为6月30日总统选举的候选人。罗查原来是美国驻阿根廷使馆的商务参赞,来到拉巴斯后,他的行为让当地的政客、企业家和记者都感到吃惊,因为他下车伊始便指手画脚,玻利维亚应该怎样,不该怎样。他在与桑切斯·德洛萨达及其领导班子会面时,便毫不掩饰地表达了对他的支持。

美国为桑切斯·德洛萨达的选举团专门提供了格林伯格昆兰罗斯纳咨询公司作为顾问,这家公司曾为纳尔逊·曼德拉和托尼·布莱尔提供过服务。这位民族主义革命运动党的总统候选人为此支付了200万美元作为报酬,而另一方面,他的政党还拨款200万美元,用于选举活动的其他开销。

《我们的王牌是危机》的纪录片讲述了那家咨询公司的顾问们是如何为桑切斯出谋划策的,最初,他们抱有强势取胜的想法,宣传只有桑切斯才可以将整个国家从经济危机中拯救出来。美国人提供的竞选班子与当地人开会商议是通过同声传译进行的。与会的当地人是一群政治老手,特别是绰号"老狐狸"的卡洛斯·桑切斯·贝尔萨因,他不同意美国顾问所提出的以诋毁对手曼弗雷德·雷耶斯为手段开展竞选活动。

曼弗雷德·雷耶斯·维拉是共和国新力量党提名的候选人,在民意调查中获得了35%的支持率。他是科恰班巴市前陆军上尉、现任市长。他的致命弱点是他的财产在成倍地增长(包括一座豪宅)。这次诋毁行动不遗余力地动用了资金,贿赂记者,买通了阿根廷《第十二页报》前驻拉巴斯记者奥斯卡·吉索尼,寻找这位共和国新力量党候选人的污点。

而埃沃恰恰相反,从来就没担心过戈尼❶,也没担心过曼弗雷德·雷耶斯,甚至离选举只有两周时,仍然如此。当时的民意调查显示,埃沃的支持率却从6或8个百分点上升到14个。

那些天,罗查大使与桑切斯·德洛萨达、桑切斯·贝尔萨因和副总统候选人卡洛斯·梅萨在贝尔萨因家中共进午餐。罗查见到梅萨后便决定"将他纳入竞选班子"。美国大使当时就断定,他们的敌人是埃沃而不是曼弗雷德。他说:"莫拉莱斯是我们潜在的最大政敌。如果我们放任他,以后有我们后悔的。"

尽管这位大使对曼弗雷德·雷耶斯·维拉也很赏识,但是他还是把他排在桑切斯之后,因为他在做生意时留下污点。而曼弗雷德·雷耶斯使尽了浑身解数,吸引美国大使的注意。他竞选阵营的战略顾问,美国使馆官员里卡多·帕斯曾对美国国务院的官员们说过,曼弗雷德·雷耶斯可以保证实行国家所需的渐进变革,但却认为他要想取悦罗查大使那比登天还难。

当曼弗雷德·雷耶斯与罗查大使会面时,表示自己与桑切斯一样可以信任,他将尊重现状。还表示他与美国交往甚密,在美国拥有财产和投资,孩子们也在美国生活。表示很高兴加入在佛罗里达有资产的玻利维亚人俱乐部。玻利维亚亲美的那些政客一进美国使馆,便常常失去平日里的道貌岸然相。

而罗查正相反,出了美国使馆大门往往就没了正人君子相。他在竞选活动中引起了很大的骚动。首先,在2月份,他把古柯农与塔利班相提并论,枉费心机地在玻利维亚发动了一场"反恐战争"。

6月26日,选举前的第四天,在基罗加总统陪同下,参加查帕雷一个机场的落成仪式时,罗查又发表了爆炸性的声明:"我想提醒玻利维亚的选民们,如果你们投票选举力图使玻利维亚再度沦为可卡因出口国的人,那么你们就别指望继续得到美国的援助了。"他还声言:"如果从贩毒中受益的人赢得大选,玻利维亚就别考虑美国对其出口的纺织品开放市场。"而他的这些发言都得到了美国国务院的默许。

---

❶ 桑切斯·德洛萨达的别称。——译者注

埃沃对此戏言道："如果美国大使做我竞选班子负责人，我将很高兴。"但他又表示没有钱支付他的薪水。

副总统候选人梅萨在听了罗查大使上述言论几小时后不久，诘问桑切斯·贝尔萨因：

"为什么罗查发昏要说那些话？这是对埃沃有利嘛。"

"伙计，别担心，这是经过精心策划的。"

这样策划的目的就是让曼弗雷德·雷耶斯从民调支持率第一的位置滑落到第三，因为戈尼的拥护者们认为，"就连布鲁托也能赢莫拉莱斯"。

实际上，那些政党一直对莫拉莱斯的潜力不屑一顾，认为他的影响力只限于查帕雷地区，不会成为国家的一种选择。而且莫拉莱斯的竞选运动是以游移不定的方式启动的。

莫拉莱斯并不热衷于结盟。他曾希望与同样是原住民领袖的费利佩·基斯佩组成联盟，达成协议，但是未能如愿。艾玛拉人的领袖基斯佩认为自己年纪大、资历老，理所当然应做总统候选人。后来，他在公开辩论交锋时声称，"埃沃·莫拉莱斯就是反复无常的变色龙"。

埃沃被一个问题困扰着：酝酿自己的竞选组织的名称。国会拒绝了他递交的申请注册方案：捍卫人民主权大会和政治组织党。最后，他以戴维·阿涅斯·佩德拉萨的名义注册了"争取社会主义运动党"。佩德拉萨是一位玻利维亚左派领导人，曾是玻利维亚社会主义组织的成员，现已退出该组织。玻利维亚社会主义组织更贴近于民族社会主义，而非马克思主义的社会主义。

在挑选副总统候选人时，争取社会主义运动党费了很大周折。2月，莫拉莱斯在记者发布会上宣布：多元出版社的主编何塞·安东尼奥·基罗加将成为他的竞选搭档。埃沃把他看成是吸引中间阶层和中上阶层眼光的绝佳人选，因为这些阶层常常对埃沃抱有成见，持不信任态度。何塞·安东尼奥·基罗加在报纸上读到了这一消息。他是社会主义运动领导人马赛洛·基罗加·圣克鲁斯的侄子，年轻时曾加入左翼组织。

当埃沃去何塞·安东尼奥在索堡卡奇的办公室拜访这位主编时，他很感谢埃沃的推荐，并希望了解竞选方案的内容，比如争取社会主义运动是否会变成一个政党，是否会选择结盟政策。莫拉莱斯回答他，一些专家将制定纲领，争取社会主义运动是玻利维亚农民劳动者统一工会联盟的运作工具，不是传统意义上的政党。埃沃在谈到最后一点时，毅然决然地说："争取社会主义运动将独立自决，这是毋庸置疑的。"

经过一个星期的考虑，基罗加觉得他的出版社经受不住一场竞选运动，而且他在一些观点上与争取社会主义运动有分歧，尤其是对于埃沃拒绝结盟这一点。但埃沃一直在试图说服他，最终他接受了埃沃的提议，成为竞选团的一员。

在拉巴斯克利塞欧剧场里，举行了争取社会主义运动动员大会，会上要提出最终的副总统候选人，埃沃要求基罗加出席。在会上，基罗加站在台下，站在争取社会主义运动理论家菲莱蒙·埃斯科瓦尔旁边。当台上各位演讲者说得起劲的时候，埃斯科瓦尔走上台，在埃沃耳边悄悄地说了一句："基罗加接受你的邀请成为你竞选团的一员，是言不由衷的。"于是埃沃拿起话筒，让基罗加上台讲几句。这位主编显得有些犹豫，但是他发现已无法拒绝5 000名在场听众热烈的掌声，于是走上主席台，很谦和地说道："争取社会主义运动将在国家民主化进程中扮演重要的角色，也将实现内部的民主化。"于是莫拉莱斯接过话筒，对在场的听众说道：

"既然要求我们实行民主，我们现在来投票表决吧。诸位希望何塞·安东尼奥·基罗加同志成为我的竞选搭档吗？"

所有人都给予肯定的回答。他们给他献上花环，撒满彩色纸花，各位领导人纷纷与他拥抱。就这样，基罗加被推选为争取社会主义运动副总统候选人。从克利塞欧剧场出发，埃沃带着这位十分风光、显得有些不知所措的竞选搭档在拉巴斯最繁华的大道普拉多大街上游行，受到群众的欢呼和问候。途中，这位主编不断地小声对埃沃说他已经拒绝了副总统候选人的提名。埃沃回答说："老大，你不能这么做啊，你看群众都为你欢呼了。"

第二天，何塞·安东尼奥·基罗加大概还在解释昨天被推举为副总统候选人的事并不是真实的。这时,埃斯科瓦尔气冲冲地来到他的办公室,说道:"埃沃要把我驱逐出组织,他说我在为美国中情局工作。"他坦言那天在大会上对埃沃说谎了,因为他估计像基罗加这样的中产阶级是不会面对5 000名农民说不的。他的估计错了。

基罗加赶忙给莫拉莱斯打电话,告诉他这时候驱逐埃斯科瓦尔是个很严重的错误,对今后的竞选运动也是极为不利的:在两天之内,失去了副总统候选人,还失去了竞选运动的主要顾问。于是,埃沃决定先不驱逐埃斯科瓦尔。2007年5月,埃斯科瓦尔在受访中对我这样说道:"这是我政治生涯中所犯的最大错误之一:当时真应该拿枪架在基罗加脖子上强迫他就范。"

副总统候选人的位子给了安东尼奥·佩雷多,他是玻利维亚著名游击队领导者吉多"因蒂"的兄弟。吉多曾参加过南卡华苏游击队,是格瓦拉主义者、捍卫人权活动家。就像多年后埃沃所承认的那样,争取社会主义运动的执政纲领就像是按照工会要求制定的文件,而不是一种纲领主张。

最初,埃沃对这种全国性的竞选活动并不怎么热衷,他的主要目的是争取更多人当选议员,率领他们再次进军曾经驱逐他的国会,再说,争取社会主义运动的大本营也限于科恰班巴峡谷地区。

他开始奔走全国,大部分旅程都是乘坐一辆灰色的尼桑小卡车,这是用1995年他争取诺贝尔和平奖时有人赞助的15 000美元购买的。

他在广大农村地区获得了热烈的拥护。比如在安第斯山区的永加斯地区,他本来计划3天举行15场活动,但是最终的数字是39场。他深信,自这次选举开始,在玻利维亚,"农民会投票给农民"。而在国家东部,正相反,由于缺少资金,在那里,他们几乎没搞过什么像样的竞选活动。佩雷多访问了里韦拉尔塔,而莫拉莱斯前往圣克鲁斯,据莫拉莱斯当时的竞选搭档回忆,"在圣克鲁斯,人们看我们就像看外星人,几乎都不和我们打招呼"。离选举还剩15天,莫拉莱斯已经处于非常亢奋的状态了:"我们用这么点儿钱就能赢。"他对佩雷多说道。

争取社会主义运动指派了一个可靠的人做经济事务负责人,他就是机械工程师伊万·伊伯雷。埃沃视他为经济学家,因为伊伯雷成天与表格演算打交道。虽然争取社会主义运动从官方获得了110万比索宣传经费,但最后还是决定只花70万比索。第一次以争取社会主义运动的名义开设了银行账户。

有时候争取社会主义运动没有钱来做媒体宣传,因为联系采访等不能依靠国家补助的资金。沃特·查韦斯是负责争取社会主义运动在拉巴斯做宣传的记者,可是他只获得了450美元捐款(来自基罗加和他自己的腰包)。这种捉襟见肘的困难形势与他的对手——那些百万富翁的竞选运动形成了鲜明对比,他们花在媒体宣传上的资金高达1 700万美元。

于是拮据的记者沃特·查韦斯利用美国大使罗查设计了这样一个标语:"玻利维亚人,你来决定谁来主导国家:是罗查还是人民。我们是人民群众,是争取社会主义运动的成员。让我们6月30日为我们自己投票吧。"

莫拉莱斯很好地利用了时机。他说,当其他候选人为了美国签证不惜出卖自己的一切的时候,他却因为没有美国签证而感到自由,更有尊严,更有主权感。当要求埃沃与其他候选人进行辩论时,他答道,他更想和罗查交锋,因为他是"这场竞技的幕后主宰者"。

争取社会主义运动的表现在选举中让人大跌眼镜。尽管最初的官方数字显示第一名是桑切斯·德洛萨达、紧随其后的是曼弗雷德·雷耶斯,其次是埃沃,但是最终结果是埃沃以21%的支持率名列第二位,只比桑切斯低1.5%,比共和国新力量党的曼弗雷德高出721票。波托西省的投票结果也出来了,由于当地下暴雪,统计结果来迟了。在波托西省的一些国会议员选区,争取社会主义运动领导人推举不出值得信任的候选人,那里几乎为空白,不指望有什么好结果。竞选班子估计,在全国范围内,可获得7~15个议员席位,结果获得了35个。

莫拉莱斯信心十足,认为在选举中将获得第二位,他和记者马里奥·埃斯皮诺萨打赌,赌注为500美元。莫拉莱斯在菲莱蒙·埃斯科瓦尔家里得知了选举结果。当时电视里还在重新计算选票。

据卡洛斯·梅萨透露,当时,民族主义革命运动党在选举中做了手脚,以便让争取社会主义运动上升为第二名。当时没有证据，但是5年后，梅萨在本书的采访中说道："我深信民族主义革命运动党把曼弗雷德·雷耶斯从身居第二的位置上拉下来了，他们对那721票做了手脚。"此外，美国大使馆为桑切斯造势的活动也对选举结果带来影响。根据一项调查结果，造成曼弗雷德和左翼革命运动党的候选人海梅·帕斯·萨莫拉失去3.5%的选票。一项调查显示，14%的选民投票给莫拉莱斯是为了表示对美国大使罗查言论的不满。

玻利维亚与南美其他国家选举规则不一样，如果在直接选举中没有任何候选人超过半数选票，在议会中进行则第二轮选举，由议员投票选举总统。6月30日之后的一天，一位匿名专栏作家总结了玻利维亚的选举机制，反映了普遍存在的一种情绪："您选议员，美国大使馆挑选总统，您选的议员要选美国大使馆选择的总统。"

桑切斯与埃沃最后的角逐格局形成后，罗查决定把之前投给居第四位的总统候选人帕斯·萨莫拉的选票争取过来，将桑切斯推上总统宝座。

"喂，曼努埃尔❶，但是他❷连理我都不理啊！"桑切斯·德洛萨达对美国大使抱怨道，"如果你能说服他，我就去科巴卡巴纳❸膜拜，感谢上帝的恩赐……"

罗查见状安慰道："我会说服他的。"

帕斯·萨莫拉对桑切斯很反感，因为他认为，这位民族主义革命运动党领袖已经将这种先入之见注入玻利维亚与美国民众之中，即他的左翼革命运动党与贩毒团伙有关，其实，与贩毒有关的只是左翼革命运动党的几个成员。而毒贩奥斯卡·埃查瓦里亚与左翼革命运动党的几名领导人，特别是与帕斯的得力助手奥斯卡·艾德"有关系"，这造成了该党全国性的丑闻，使得艾德入狱四年。帕斯一直认为桑切斯·德洛萨达和桑切斯·贝尔萨因是冤案的幕后黑手。

左翼革命运动党最初成立是为了反对前总统班塞尔政府的暴政，班塞尔杀害了该党很多的成员。但是该党却在1989年和1997年与独裁者达成协议，结

---

❶ 美国大使罗查的名字。——译者注
❷ 萨莫拉。——译者注
❸ 玻利维亚的的喀喀湖畔的宗教圣地。——译者注

果，帕斯·萨莫拉和班塞尔携手登上了总统之位。"回报我们已经牺牲的同志的最好方法就是他们的血不能白流，应该换得胜利。我们怎样回报先烈们？也就是不断前进，夺取政权。"1999年12月，帕斯·萨莫拉在阿根廷的一家宾馆对我这样说道。

罗查很清楚如何对待左翼革命运动党的领导人，任何关于与贩毒集团有勾结的指控都会让他们恨之入骨。"你们也不希望一个毒贩的盟友入主火烧宫吧？"罗查这样向帕斯暗示道。曼弗雷德·雷耶斯没有参加7月4日美国大使馆举行的外交酒会，因为他将这次选举的失利归咎于美国使馆从中作梗。但是帕斯·萨莫拉却不那么倔强，他出席了酒会，并利用记者在场的机会，揭发"埃沃·莫拉莱斯选举时的小动作"，并表明他的议员团的投票立场，试图在新政府内阁中争取更多的职位。

埃沃没有受到美国使馆的邀请，但是他送去了几片古柯叶，作为纪念美国独立日的礼物。

埃沃决定不与那些政党订立合约。"纯洁的投票选举是不容做交易的。"他说道。如果那些政党都为他投票，他的争取社会主义运动会怎样？会组成一个过渡政府，着手组织立宪大会，通过竞选选择公共部门的负责人，以三选一的方式挑选各市的监察官。这一方案是由何塞·安东尼奥·基罗加和埃沃·莫拉莱斯的律师埃赫尔托·阿尔塞制定的。

埃沃还是创立了一个政治小组，与民族主义革命运动党、左翼革命运动党、共和国新力量党的各位领导人进行磋商。民族主义革命运动党的一些人建议各方达成一个协议。埃沃回答道："绝不可能与他们达成协议。"而共和国新力量党的与会者们对选举中的舞弊行为一直愤愤不平。埃沃·莫拉莱斯和曼弗雷德·雷耶斯都是受害者。他们揭发说，受到了来自美国使馆的巨大压力，要求支持桑切斯。而左翼革命联盟却未与争取社会主义运动做任何友好表示。其领导人奥斯卡·艾德曾在本书采访时这样说："对于我们来说，埃沃处于一个被禁止的世界里，如果他当选总统，那现存体系将崩塌。"

奥斯卡·艾德与桑切斯·贝尔萨因都曾为避免现存体系崩溃出过力。他们从未回忆过坐牢的不愉快年代。就像任何时候一样，选举过后自然就该瓜分部长、大使的肥差了，国家海关的肥差也是热门货。在拉巴斯南部的客栈和饭店里，那些政党开始分赃。奥斯卡·艾德与桑切斯·贝尔萨因二人在穆里略广场的巴黎酒店会面，经过漫长的谈判，最终达成一致：民族主义革命运动得到60%的官位，左翼革命联盟得到40%。

埃沃则利用那几天与各国外交官和国际多边信贷机构的代表频繁往来。中国和葡萄牙大使分别会见了他，建议他发展加工古柯叶的工业化产业。

此外，他还与国际货币基金组织主管西半球事务的负责人韦恩·刘易斯进行会晤。莫拉莱斯对他说："我们一直敞开与诸位进行对话的大门，因此受您的邀请，介绍一下我们的纲领：我们的基础是相互对等的原则。"菲莱蒙·埃斯科瓦尔使用了带有安第斯印第安社会交往特点的相互对等的概念，还自告奋勇地就此进行解释。国际货币基金组织的官员们纷纷感到有些吃惊，但还是默许了。

刘易斯表示，国际货币基金组织支持公社式国家，并把扶贫反腐作为工作的重点。听到这儿，埃沃的脸色愠怒，回应道：

"贫穷问题的恶化不正是由于国际货币基金组织的财富过度集中的政策所致吗？"

埃沃谈判的方式常常是在理解的基础上伴有剑拔弩张的氛围。

离国会最终选举新总统还有24小时，我和埃沃在托里诺附近酒吧见面。那是一家旅店，以一晚两美元的廉价供往来的背包客歇脚，也是我们这位进入第二轮选举的总统候选人的竞选总部。

在那里的外国人大多一身玻利维亚穷人打扮，却弄不懂这里发生了什么事情。在那些日子里，游行示威者从国家各地赶来，要求成立立宪大会，实施国家变革，收回自然资源。

我问埃沃是否进过美国大使馆。

"从来没有。"

我建议他和我一起到那里，把我对他的采访拍成电影，给英国广播公司的辛恩·兰根的纪录片提供素材。

"咱们走吧,去看看那些美国佬在干什么。"他起劲了。

路上,我们聊到了足球。此外,他突然说,如果他当选了总统就任命我为驻阿根廷大使,这着实吓到我了。

"埃沃,我可是阿根廷人,你们宪法是不允许的……"我说道。

"兄弟啊,规定就是让人改的。"

这句话充分反映出他激进的一面,以及他希望与老传统决裂、重塑国家的意志的决心。

在美国大使馆门口,看门的警卫让我们出示有效证件,并对埃沃说了一句很让人哭笑不得的话:

"先生,您不能在美国大使馆门口搞政治。"

美国大使馆已经在自己的大门外操纵了50多年别人的政治了,而且在这次总统选举中显得格外有激情。

当晚,当议员们用手中的选票将桑切斯·德洛萨达变为这个国家的新总统时,美国大使馆一位拥有双重国籍的官员与我在面向庭院的凉台上聊天。他对我讲,埃沃的失利使这些议员们大松一口气。他还补充了一句:"我们美国想要最好的经纪人,像比森特·福克斯❶和桑切斯·德洛萨达,传统政客们很快就会找到工作了。"

没几分钟,神采奕奕的新当选的副总统来向莫拉莱斯打招呼:

"我来和你打声招呼,希望今后我们共事愉快。"

"我觉得和你们这种卖国求荣的政府共事是不可能的。"埃沃毫不客气地答道。

那天下午,埃沃在国会走廊里和我说起了他当前的一个苦恼:是否该去祝贺桑切斯·德洛萨达。这个问题让他陷入了两难境地:作为国会最大反对党的领导人,他应该如何面对这位新当选的总统呢?最终,埃沃没有祝贺桑切斯。

晚上,莫拉莱斯得以认识了乌戈·查韦斯。他满怀渴望地等待着查韦

---

❶ 时任墨西哥总统。

斯。英国广播公司兰根导演的镜头里留存了这首次会面的场景。

查韦斯与埃沃谈论了圣经,并对他说:"埃沃,要有耐心。革命需要时间,你必须有耐心。"

而与此同时,新组成的政府内阁却几乎告吹。当距新内阁宣誓就职的仪式还有不到30分钟时,桑切斯·贝尔萨因收到了一份传真,上面是革命左翼联盟领导人帕斯·萨莫拉挑选并要求任命的7位部长的名单。里面的一些人的名字,这位新总统连见都没见过,这可把他气坏了:

"见鬼!我不干了,我再也不能忍了,这是对我的蔑视,如果我同意这份名单,我就是大脑进水了。"

一旁的梅萨试图安抚怒气冲冠的新总统。

"你要去就职仪式告诉所有人你不干了吗?"桑切斯·贝尔萨因提醒道。

"让这婊子养的给我打电话,我不干了!"他仍旧没消气。

贝尔萨因一直在试图说服帕斯·萨莫拉跟总统通电话。"他要想辞职,随他的便。"帕斯通过艾德向总统传话。

晚上11点,也就是刚才的一幕发生5小时后,新总统接受了革命左翼联盟提出的这7位部长的任命,此外还任命了自己党的9名部长。而建设、海关、税收这些肥差的争夺并没有那么激烈,这是因为对于这些"油水多"的部门,副总统梅萨负起"使其制度化"的责任,"制度化"是含蓄委婉的说法,说白了,就是表示那些肥差不会变成贪污腐败的巢穴。

埃沃成为议会反对党的首领,反对派的力量举足轻重:拥有8名参议员(参议员共27名)、27名众议员(众议员共130名),但是这些议员很多他并不熟悉。有印第安人、艾玛拉人、克丘亚人、格瓦拉主义者、马列主义者等等。反对派组织各种培训班和研讨会,将这些人聚在一起,加深相互了解和联系。他们每一个人都要将工资的10%作为党费上交。

埃沃钦点的经济学家伊万·伊伯雷也在其中,争取社会主义运动的议员们每周五都要抽时间在小山丘上祭拜他们的女神巴恰玛玛,希望她能保佑埃沃。

而美国大使馆一方,另有针对眼中钉埃沃·莫拉莱斯的计划。根据解密文件透露,他们将工作重心转向压制埃沃领导的争取社会主义运动。他们操纵政府进行政党改革,力图使之更加民主、透明,以避免公民上街游行抗议。将埃沃涂抹成非法种植古柯的煽动者,在政治上把他边缘化,排斥在法律秩序之外。此外,还拒绝承认他反对党首领的身份。

埃沃已经开始从古柯农领袖向全国性领导人方向转变。他与传统左翼党派诉求拉开距离,代表着工会农民和80、90年代被排斥性民主边缘化的民众的利益。埃沃拒绝各种贿赂,具有个人魅力,充满战斗激情,但是弱于形成自己的纲领。他的演说充满了对现有体制的否定:反对现任政府、反对帝国主义、反对根除古柯种植计划、反对美洲自由贸易区。他明白仅靠否定是不行的,在桑切斯·德洛萨达就任总统后,埃沃制定了一个新战略:从表示抗议到提出建议。

在竞选时期,桑切斯·德洛萨达就面临着很严峻的与民众沟通的问题。他并不知道国内蔓延着很浓烈的反桑切斯潮流,反对力量甚至远远超过当初他所得到的赞成票数(仅仅为22.5%)。他上台以后,更加孤陋寡闻,仅限于总统府邸、火烧宫、官方飞机场三点一线。当他上车,有人为他系上安全带,甚至还有人为他戴上墨镜。以往每届总统每年都要参加至少10次活动:9个省的纪念日和8月6日的国庆日。但桑切斯·德洛萨达只在国庆日和圣克鲁斯省的纪念日出现。他不愿与民众接触。政治上只依靠两个人:一个是他的左右手、总统府部长桑切斯·贝尔萨因,陪着他莅临每一次会议;另一个是他的内阁部长玛利亚·保拉·穆尼奥斯。为他安排每天午餐的菜谱、午睡的时间、要听的歌剧等等。

2002年8月到2003年1月,总统希望与埃沃·莫拉莱斯进行对话并达成协议。与此同时,他试图让美国方面放松打击贩毒的斗争,但是华盛顿立刻回绝了他的请求,即允许每户家庭种1 600平方米的古柯,如果不成的话,可以减半。

他寻求与埃沃达成谅解的目的在于消除反对党对他的掣肘。然而,政府最初提出的对话建议是有限度的:不能接受争取社会主义运动在清点古柯种植田的工作结束前,中止清除古柯种植的行动。因此二人进行的5次会晤均以失败告终。

2003年1月,埃沃警告说,与政府的谈判不会取得任何进展与成果。埃沃灵敏的嗅觉告诉他,政府迫不及待地要达成协议,这恰恰证明了政府的软肋所在。

在国会的工作令埃沃沮丧。他的议员团队提出了60项法律草案,其中包括降低公务员工资和收回自然资源的自主权。"我们的提案他们连瞅一眼都不会瞅的,甚至连一个市镇的行政设置的提案都无法通过。"莫拉莱斯曾抱怨过,因为执政党及其亲信会阻碍争取社会主义运动提出的任何东西。他承认自己党议员的局限性:"坦白说,我的同伴们在思想、文化、政治方面的演说力都非常好,但是我们欠缺的是技术层面的东西:我们党的议员都来自农村,没什么文化。"另外,埃沃对一位议员收取贿赂感到十分愤怒。

由于在议会上遇挫,莫拉莱斯又把目光转到了街头民众斗争上。1月13日,他组织了一场封堵道路的抗议活动,要求进行结构改革。在提出的11项要求中,包括谴责议会阻挠通过争取社会主义运动提出的议案,以及政府向智利出售天然气。

1月份的这场抗议死亡人数达到十余人。自此,桑切斯·德洛萨达总统下定决心毁掉莫拉莱斯,但是苦于没有能力和方法达到目的。

几个星期后,政府又经历了一场更大的危机:黑色二月。基于2001年12月阿根廷债务危机的经历,国际货币基金组织要求桑切斯政府把财政赤字从8.5%降到5.5%。因此,政府于2月9日宣布增加税收12.5%,税收起征点是最低工资,即105美元。这引起了全国范围的抗议活动,其中包括警察发动罢工,要求提薪。2月12日早晨,总统宫处于无人把守状态,警察和军队发生冲突,造成11名警察和4名士兵死亡。与此同时,市民抗议高额税收,袭击了政府机构大楼,包括总统宫。

那天,桑切斯总统破例早上9点(他一般10点半开会,因为常常晚上工作到凌晨)召开内阁紧急会议。他说根据情报部门提供的信息,曼弗雷德·雷耶斯资助了这场骚乱。会议的结论是，只有美国的经济援助才能弥补财政赤字。他坐在总统府的床上，给美国财政部副部长约翰·泰勒打了个电话：

"我们正遭受一场严重的警察叛乱，"他边用英语说着，边聆听着外面石块砸玻璃的撞击声，"我们需要至少1.5亿美元，这礼拜就要。"

这个请求超过了每年华盛顿给玻利维亚提供援助的总额。泰勒答应只能给他1 200万～1 500万美元。

桑切斯总统大发雷霆：

"可恶，美国这么做太无耻了。这点钱都不够我买雪茄的！"

这场动乱造成了33人死亡、189人受伤。新政府前景一片惨淡。玻利维亚解决不了面临的经济危机，桑切斯·德洛萨达孤立无援，人们上街抗议，要求他下台，而华盛顿方面也似乎对政府的联盟提出了一系列的限制。

美国大使罗查的敌人并没有发生变化。3月14日，美国的新大使戴维·格林利走马上任，立刻要求与副总统会晤，这位新角色并没有他前任傲慢的架子，而是平和地和梅萨说道：

"我们得到了一条刺杀埃沃·莫拉莱斯计划的情报。和任何一个得知了关于一场政治谋杀计划的官员一样，我有义务将计划告知受害对象。因为我们美国与莫拉莱斯并无关系，所以我将这项计划告诉您，希望您去转告他。"

他交给梅萨一份文件，上面既没有抬头，也没有落款，只有一行用大写字母写的话："这是一份关于争取社会主义运动可信、真实的情报：他们正在策划一场政变，今年4月推翻玻利维亚现任政府。党内领导人埃沃·莫拉莱斯和安东尼奥·佩雷多·莱克是策划的主谋。"而根据这份情报，有些争取社会主义运动成员希望自己党内两位领导人莫拉莱斯和佩雷多，在这场即将到来的4月政变中被谋杀。

实际上，并不存在什么政变计划，争取社会主义运动内也没有起如此规模的内讧。美国大使馆要么就是得到了假情报，要么就是想在争取社会主义运动内部制造紧张氛围，或者二者兼有。

最后，报告这样说道："我们请你们提供合作，告诉莫拉莱斯这起暗杀阴谋,让他采取必要的措施进行自我保护。此外,希望你们将消息送达后给我们确认回应,并告知我们莫拉莱斯对此事的反应。"

于是梅萨和埃沃见了面,这之后,埃沃对外宣布美国中情局计划谋杀他:"美国大使馆想让我消失。"

他认为暗杀他是玻利维亚当局和美国政府的阴谋:"去年,农村地区军事巡逻队的士兵明明知道我在伊特雷萨玛人权办公室,仍然用机枪进行扫射。"他在接受《新经济》杂志采访时这样说道。

桑切斯·贝尔萨因负责在政治上摧毁埃沃·莫拉莱斯。他在与政府各部门官员的一次会议上提出了一个计划:"我们要看看他是否与贩毒有关。实际上,我们有三条调查线索:可卡因、财产、私生活。"

几星期后,贝尔萨因决定终止对埃沃私生活的调查,因为他觉得没有意义。他指出,最重要的线索是第二条——财产调查:"我们正在调查,看上去一贫如洗的莫拉莱斯是否真的拥有200公顷土地。"

但是他们仍旧败兴而归。

在那场会议上,贝尔萨因承认,埃沃是不可能用钱来收买的,但是费利佩·基斯佩是可以贿赂的。

一位官员跟他说:"我不知道你给他多少钱,但是屁事不顶。你都得到什么了?"

贝尔萨因答道:"你呀,不明白。我这么做是利用基斯佩平衡力量,他到时候是会站在我们这一头的。"

而事实证明基斯佩并没站在政府一头,也许是他没拿什么钱,是贝尔萨因在撒谎,也许他的确收了钱,但却没有办事。

桑切斯总统并没有从黑色二月的事件中吸取教训。他对他的亲信们说,与其做一个人民的总统,不如做一个好总统。这也许就是指他一意孤行推动能源计划,将天然气以低得让人不可思议的价格通过智利卖给美国和墨西哥。这一计划激起了民众的民族主义情绪,更激起了反智利、反美帝的情感,无论桑切斯政府还是华盛顿都无法缓解。各个社会团体纷纷扛起捍卫本国自然资源的大旗，就像之前科恰班巴所进行的"水资源战争"一样。人民发动了桑切斯·德洛萨达在位的最后一次资源战争：天然气战争。

"总统阁下，这有可能演变成全面内战。"桑切斯总统身边的一位政治分析家在一次私人会面中提醒道。

"我不知道你站在哪边，但是我要赢得这场战争。"总统这样回答。

7月份，曼弗雷德·雷耶斯·比利亚加入了政府阵营，尽管在78%的民众眼里，这是个愚蠢的选择。当时，在艾玛拉高原普卡拉尼镇，发生了一场表面看对全国形势没有什么影响的事件：可塔克塔村的村民打死了两个偷牲口的窃贼。司法部门马上下令，拘捕带头人埃德温·万卜。

民众要求释放万卜，还呼喊着其他的口号，如"反对出售天然气！""反对北美自由贸易区！"等。9月8日，一场联合农民、司机、周边居民、学生、失业者各行各业的大型抗议活动爆发了，人们呼喊着这些口号，一路从奥尔托市走到拉巴斯。万众齐呼："如果桑切斯想要钱的话，就把自己的老婆卖了。"几天后，万卜仍然没被释放，于是基斯佩率领几千人进行绝食静坐，并在高原各地四处阻断道路，以示抗议。奥尔托各地社群委员会都宣布进行无限期罢工。而之后由于运输工人的罢工，奥尔托的国际机场与首都拉巴斯之间的航班中断了。

这时，莫拉莱斯宣布："将于19号发动天然气战争"。此外，他还揭发政府已经开始对社会组织的各位领导人进行追捕行动，他自己也被调查是否与哥伦比亚革命武装力量有关联。甚至教皇约翰·保罗二世也呼吁，能够以和平方式解决冲突。9月19日，由奥斯卡·奥利韦拉和争取社会主义运动领导的捍卫和收复天然气资源协调委员会在拉巴斯动员了5万人、在科恰班巴动员了2万人走上街头。

桑切斯总统的发言人称，埃沃是起义的总头领，并谴责他图谋政变。但是他显然搞错了，莫拉莱斯既不是奥尔托市那些罢工社会组织的负责人，又没有领导抗议活动，更不要谈策划政变了。当被埃沃称为一场"正在进行中的和平革命"如火如荼地展开时，他出访了利比亚和瑞典，并因此受到人们的责难。

在瓦里萨塔市，军队杀害了3名平民，其中包括一个8岁的女孩。"现在是发动内战的时候了。"这是艾玛拉民众共同的口号，他们并不是处于埃沃或是争取社会主义运动领导下，而是属于图帕克·卡塔里游击队。奥尔托市区四处响起在阿根廷为人熟知的呼唤埃娃·庇隆的歌声："回来吧，成千上万的人追随你！"奥尔托市80万居民中四分之三都是艾玛拉人，他们与该市工会团体和社群委员会遥相呼应，奥尔托居民凝聚成一个有组织的、激进的队伍，具有强大的动员能力。

拉巴斯遭到了围困，起义队伍切断了输往首都的天然气供给线。为了清理被起义军封堵的奥尔托与拉巴斯之间的高速公路，政府派出了坦克、直升机和上百名士兵与起义者交战，造成25名平民和1名士兵死亡。反政府的事态不断扩大，中间阶级也加入了在教堂和广场举行的绝食静坐。

在政府这次血腥军事镇压之后，拉巴斯更加孤立，由于食物供给中断，人们过着饥肠辘辘的日子。这时，梅萨宣布与总统桑切斯拉开距离，准备替代总统。尽管梅萨多年来一直对桑切斯·德洛萨达很是钦佩，但是在发生这一连串大规模骚乱后，如二月危机、天然气战争、腐败丑闻频仍，他做出了这一决定。当然，这个决定也包含了自己的野心。

梅萨做出这一决定后，接到了很多电话，其中包括来自美国国务院负责西半球事务的副助理国务卿彼特·德斯恰索的通告。70年代，德斯恰索曾任美国驻玻利维亚使馆文化专员，那时就认识梅萨。他电话中的语气并不是那么友好：

"我们以美国政府的名义通知你，我们不会接受在任何形式、任何情况下，从桑切斯·德洛萨达倒台中产生的新政府。"

美国方面认为，梅萨正在搞一场篡位的阴谋。他们的策略是竭尽一切努力，继续支持桑切斯政府。然而他们的坚持还是抵不过历史必然的规律，桑切斯总统倒台已无可挽回。

10月16日，来自全国各地的20万人聚集在圣弗朗西斯科广场，要求桑切斯总统辞职。他们有高原地区奥鲁罗省的矿工，永加斯的古柯农，奥尔托的青年、学生、居民、失业者和妇女等。天然气战争已经造成76人死亡，400人受伤。

领导奥尔托市运动的新领导人号召民众徒步向首都进军，从围困行动转变为夺取首都拉巴斯。他们垒石块，设障碍，封堵道路，同时，夜晚派出治安巡逻队，防止抢劫行为。他们之中的很多人没有穿鞋子，而是凉鞋，常常是用橡胶加固的凉鞋。

拉巴斯市民和反对派也参与了。埃沃领导的争取社会主义运动和玻利维亚工人中心也都加入其中，甚至在某种程度上起了主角作用。

那一天，梅萨邀请美国大使到家中做客，向他坦言并没有策划阴谋反对桑切斯，并希望一旦他上台，美国方面可以提供支持。副总统坐在会客室烟道对面，孤身一人，他的夫人在隔壁房间侧耳聆听。这次谈话最有力地证明了美国大使在玻利维亚陷入极端危机的时候是如何采取行动的。

为了拉近距离，他对美国大使用"你"相称："戴维，无论你的意愿如何，如果我当上了总统，我希望你可以承认我。现在的形势是，美国政府继续支持桑切斯做总统，这已是无济于事的了。"

"卡洛斯啊，我希望你支持桑切斯，不要把他看成累赘。要改变你现在的看法，并对民众宣布你不会抛下他，因为你的忠诚要求你这样做。你为民主做的最好的事应该是加强这位岌岌可危的总统的势力，而不是成为他倒台的导火线。"大使的话让梅萨绝望了。

在梅萨与美国大使谈话时，桑切斯总统还在垂死挣扎着，他认为自己刚刚制定的一系列措施，如天然气政策、石油工业修订法案，将立宪大会列入宪政体制等，进行全民咨询性公投会使上述政策得以实施，并使他起死回生。而他还准备了第二套方案，这套方案可用贝尔萨因的话加以概括："如果999名死难者还不能使人民畏惧，那1 000名就差不多了。"当时的国防部长问总统，他准备坚持到什么时候。他答道："坚持到像阿连德那样的境地。"其实，两者之间没有任何共同之处，无论是人格还是历史境况。但是这却给桑切斯·贝尔萨因鼓足了劲头，认为总统会坚持到最后一刻。这时政府军报告了新的死亡数字:"我方死者达2 000名,代价惨重。"桑切斯·德洛萨达家族向总统施加压力,要求他不要模仿任何人,因为2亿美元的家产才是最该优先考虑的。

在拉巴斯街头,游行示威者们高呼口号:"混蛋桑切斯,枪毙他!""桑切斯见鬼去,权力归人民!"成千上万的示威者从全国各地涌来,拉巴斯医学院发布全面警讯,成百的旅游者被疏散出拉巴斯。

梅萨与美国大使的谈话气氛变得非常紧张:

"我觉得很不合常理,"这位副总统继续抗争着,"对桑切斯表示愚忠,他的政府正在制造流血事件、死亡无数,我不应该再……"

"你不要跟我说这些蠢话,"戴维·格林利大使打断了他,"你别再为你想当总统的野心做掩饰了,你无非就是想当总统。"

"戴维,你不明白,因为你是来自美国这样具有双重标准的国家。"

"我不能再忍受了,你怎么能这么侮辱我的国家和我自己!"大使生气了,抬起屁股就要走。但是主人急忙制止他:"你是怎么做的?这是一报还一报:你不侮辱我,我就不侮辱你。"

一阵沉默以后,大使讲到他对玻利维亚内心里有很大的认同感,因为他的妻子就出生在这里,现在玻利维亚国内发生的一切,他也很痛心。

"这个国家的精英阶层管理国家的水平很糟。我从没见过一个国家带有如此严重的种族主义情结。诸位,作为这个国家的统治精英,却在国内搞排斥性民主。你们没能进行自我反思,没能树立起制度意识,还沉溺于腐败之中。"

最后,言归正传,格林利大使重申了自己的主要立场:美国绝不承认一个从动乱中产生的总统。

"桑切斯还没辞职,尽管他面对着街头骚乱。美国政府是不会允许民主制度因那些组织民众抗议、把总统拉下台的不法分子而被改写的。"

10月17日,桑切斯·德洛萨达终于引咎辞职。下午时分,桑切斯的一位顾问告诉了梅萨这个决定,并通知他说,将去他家商谈某些条件。但是他们连这点时间都没有了。在完成一系列辞职手续后,桑切斯逃跑了,他从拉巴斯军事学院动身,从拉巴斯到奥尔托,再到东部富饶的圣克鲁斯,那里不同于首都的混乱，而是一片宁静，从那里飞往迈阿密。几天后，桑切斯在华盛顿宣布：玻利维亚很可能有人以非民主形式上台，并把它变成输出可卡因的动乱国家。

在17日当天，总统辞职还没有公之于众的时候，美国国务院负责西半球事务的副助理国务卿彼特·德斯恰索又给梅萨打了电话：

"美国国务院对这场危机进行了深入的研究，如果你可以登上总统之位，美国政府将全力支持你。"

头一天晚上，巴西总统卢拉和阿根廷总统基什内尔派来的代表到达拉巴斯，来商讨和平解决危机的方法。17日，各国总统也聚集在阿根廷的卡拉法特，声称他们为解决玻利维亚的危机做出了贡献。这与事实大相径庭。阿根廷驻玻利维亚大使曾在外交部对记者沃特·库里亚说，他几乎开始执行自己的出逃计划，逃回阿根廷的家乡胡胡伊省。

桑切斯·德洛萨达的出逃为全国民众起义画上了休止符。游行者们带着胜利的喜悦回到家乡。当然，掩埋了10月事件中的死难者，让死者得以安息。

毋庸置疑，这次天然气战争断送了桑切斯的总统之路，废除了政府出口天然气的政策，开启了国家天然气国有化和立宪大会的议事日程。

埃沃取得了胜利，但是他并不是这场起义的领导者。不是天然气战争的头领，而是一系列社会运动的组织者之一。如同在水资源战争中一样，民众走在他的前头了。这一次高原艾玛拉人、奥尔托居民、成百个基层民众团体主导了这次起义运动。

11月第一个礼拜，莫拉莱斯去了趟哈瓦那，与菲德尔进行了长达4个小时的会面。"埃沃，印第安人民善于推翻政府，但是现在他们应该学习如何进行自我管理。"总司令对埃沃说。埃沃有信心深入研究纲领方针。

一个月后，天然气战争弥漫的硝烟仍未彻底散去。在埃沃称之为他在拉巴斯的小屋中，我再一次对埃沃进行了采访。小屋位于曼柯卡帕克街的拐弯处。

他坦言道："以前我讨厌政治，但是现在我明白了搞好政治是至关重要的。"他回忆起1995年时他对政治的恐惧心理。

他谈到他的孩子们看到敌人对他袭击时流露出的恐惧神色。他的两个孩子：埃娃和阿尔瓦洛每当有两天没在电视里看到他就会很担心。他们不知道，10月15日那天，警察逮捕了一名怀揣左轮手枪试图靠近争取社会主义运动领袖的可疑人物。

他换了话题，讲到他曾偶然听到西班牙歌手胡里奥·伊格莱西亚斯的歌，很喜欢他流露出的那份浪漫情调，但是他更喜欢印第安人本土歌手组合萨维亚·安迪纳。之后我问了他一个很傻的问题：是否看过2001年在阿根廷首映的艾德里安·卡埃塔诺的电影《玻利维亚》？他回答我，从出生到现在他只去过一次电影院：当时他很想看一场关于球王贝利的电影——"那么大的荧幕，真让我震撼"。

晚上10点，阿尔瓦洛·加西亚·利内拉和菲莱蒙·埃斯科瓦尔来了。埃沃看起来很疲倦，双眼布满了血丝。"这几个月真是辛苦啊，但是经历了很大的变革。"他总结道。

玻利维亚国内无可挽回地分成两派：西部和东部。西部派主要是印第安人聚居区，天然气战争的起义者，主张通过发动运动实现国家去殖民化、自然资源国有化以及废除消灭古柯的21.060法令；东部派以圣克鲁斯省为中心，主张扩大地区自治，将该省蕴藏的自然资源带来的利益最大化，要求国家行使权威，制止封堵道路和街道行动。

我问埃沃，如果有一天他入主火烧宫了，国家的名字是不是要改一改。

"我不想说这个问题……，这很敏感。"他答道。

"人民共和国？"我坚持。

"不，我觉得玻利维亚原住民共和国这个名字可供参考，不是吗？"

在埃沃看来，国家的名字和规则都是可以改变的。

● 身陷囹圄

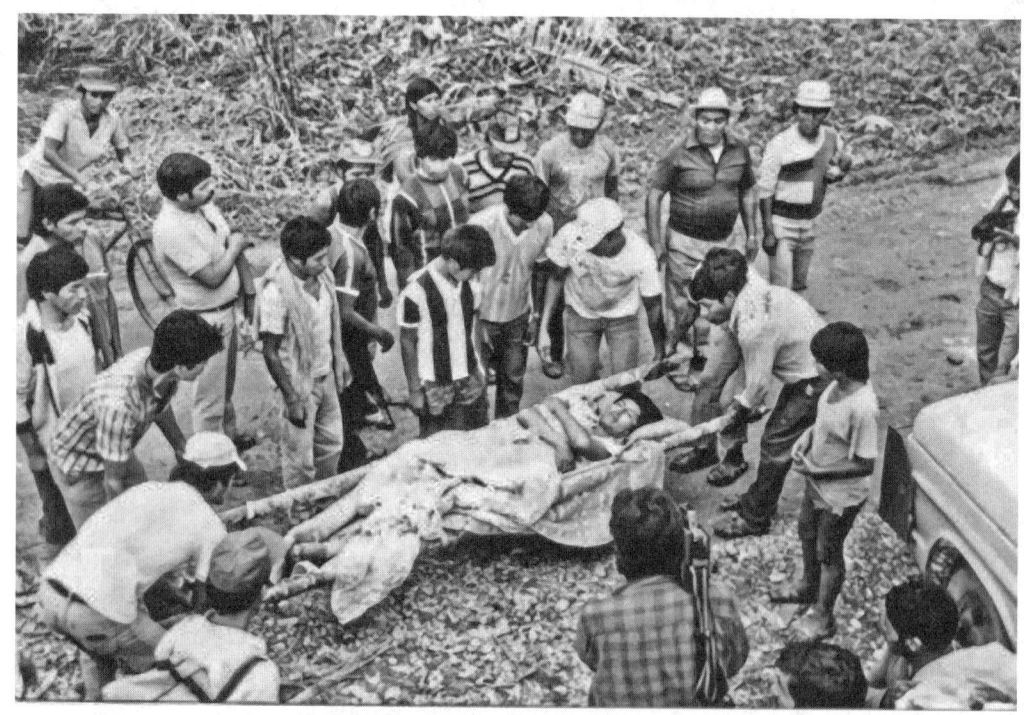

● 被奇摩雷农村地区军事巡逻队士兵殴打后的情景

● 参加农民抗议游行

● 当选玻利维亚议会议员

第五章 总统府里那些事
（2007年4～5月）

埃沃的办公桌背向穆利略广场。那是一张木制的长方形办公桌。出于安全原因和他当工会领袖时的习惯，他很少独自在办公室待着，这似乎是一间公用办公室。地板是由菱形木块拼砌而成的。窗户上悬挂着绒毛窗帘，地上铺着波斯地毯，玻璃上镶嵌着玻利维亚的国徽。房间中的摆设有新有旧，新旧之间既保持着格调和谐，又显露出冲突。在电视桌上，摆放着一台电视机。

2007年4月的一个午后，埃沃·莫拉莱斯刚刚从小憩中醒来，午睡的习惯是在3月得的一场病中被医生强制养成的。他的古巴医生在给他检查后，确诊为窦炎，要求他每个下午都要休息。他一直没把身体健康放在心上。

从那时起，他就每天下午在他办公室旁边的屋子里躺上1个小时或1个半小时。没有人知道他到底睡了多长时间，因为他躺在床上的时候总是用手机打电话，向谁嘱咐着什么。此时通常是他相对独处的时候。

"老大，你这段时间跑哪儿去了？"他看见我，上来迎接。问候一句"你怎么样？"之后，便滔滔不绝，不给我插嘴的机会。就像在公共场合演讲似的，他的话题常常是穿插在一起讲，但是彼此间都有很强的联系，只是有时候听众们并没有发觉。现在他看起来比去年（2006年）更有干劲、更有执行力，也更注重管理。

"他们免去了玻利维亚一半的债务。我觉得这次之后，以后怕是很难再借到贷款了。以前我很反对借贷，因为我觉得应该使用自己已有的钱去做事，这就足矣了……我与管理资金的部门有些意见不合：我觉得人民应该成为掌握并管理这些钱的主人。13年来，保留性开支已花费了2 500亿美元。而部长基本工资高达3 000美元，外加其他收入3 000美元。而对于我的工资，我只想要5 000比索（625美元），作为我子女的抚养费足够了，但是有人跟我说，如果我只想要这么点的话，部长们都得挣得比我还要少才行……就像当时在工会里作为领导，我只需他们给我支付出行和吃饭的钱就行了，当总统也一样，他们给我支付出行和餐饮的费用，我觉得不再需要更多的钱了……一些官员仍旧摆脱不了官僚主义作风，还有一些人成天盯着挂钟，盼着及早下班回家……我想将教师的工资水平提高15%，但是经济部门的那些人告诉我，那样的话国库会承受不了。去年工资提高了7%，今年6%（通胀水平在4%左右）……我刚刚懂得什么是财政赤字，什么是财政盈余：当总统之前我并不知道……自1970年以来，国库一直处于赤字状态。我们没向美国要求施舍，而是提前支付了工资……当然，我们也没求世界货币基金组织或是世界银行……国库每收入10美元就有2美元收入来自天然气……外汇储备已经从17亿美元到现在的35亿美元。而玻利维亚比索也升值了……民意调查显示，我的支持率达到40%，而第二名只有8%……我们刚开始执政时的外债是50亿美元，每个玻利维亚人约合500美元，而现在只有不到200美元了……在我们上台执政的1年半时间里，改变不了延续了500年的模式，或延续了20年的传统管理模式……之前，我只知道古柯，而现在还知道了关于石油工业的知识。今年2月将维托的矿场国有化之后，30天之内，收入立刻就增加了。我们钱多了，有些部门就狮子大开口……我希望青少年从16岁起就拥有选举权。在农村，孩子刚会走路就下地干活了：大概在六七岁的时候，比如为了保护庄稼将鸟吓走，这活儿我就干过……自16岁开始就应该拥有选举权或被选举权……政府各位部长应该多听取古柯农的意见……农村与城市之间修筑道路问题应予以重视，不解决城乡往来交通问题，就解决不了玻利维亚的问题……在城市里，常常因为很多细枝末节的小事就变得毫无章法和规矩，而这在农村是不曾发生的……我从未想过有朝一日会成为市长，而现在我却变成了一国元首。"

那天下午，他和我畅聊了一番。他执政第一年以喜忧参半的形势告终：经济表现很不错（30年来第一次没有出现财政赤字，而且还略有盈余，外债减少了一半，贫困率和失业率下降），而另一方面，政治上遇到困难，与地区以及不同的社会部门发生冲突。

在这个午后，他把这些政府管理上的烦恼一股脑儿全发泄出来了。在总统府里，他总是担心这个地方会束缚他，像个监牢，成为外国政府操纵的囚犯，因此他希望重新塑造它。

2007年4月，埃沃已经把管理者的关注融入他的激进而雄辩的演说中了。过去，他很害怕关在总统府，受礼宾仪式束缚，现在总统府的生活开始重塑他。

此外，一些部长工作上的不良表现也使他很是不安。在一次工作评估会上，一些女部长竟然忍不住哭了。"你知道的，女同胞们都比较敏感。"他要求她们做出工作承诺。如果任由他来选部长的话，他会挑那些没有家庭牵绊的、除了从政没有任何其他兴趣的人。这是他生活的选择：为公共事业而活着，很少投入私人生活。

埃沃非常执著地强调细节。一天下午，他给拉巴斯市长打电话，叫他把总统办公室前穆里略广场的灯修一修，接着又打给科恰班巴❶市长，让他在市里维修道路。

莫拉莱斯在总统府执政的第一个月，感受到了作为总统的日常生活是怎样的：参加内阁会议，与部长、市长、议员、企业家、国际组织的代表会面，与这些国家最高政治圈的相关人员共商国家大事。当然还有一些并不是那么正式的活动，比如看电视、享受足球的快乐等。我们刚才说的是作为总统的日常生活，当然还有他个人的一些乐趣，比如作为单身汉，闲暇时修炼一下厨艺什么的。

"我没想在总统府里的秘密会议室会面。"我又说了傻话。

"老大，秘密会议不是在这里召开。"他笑道。

他坦言想要坐稳总统的位置就要常走出去。他认为总统府是政府的所在地，却不是权力的保留地。而且总统府里的空气让人感到窒息：没有足够的空

---

❶ 科恰班巴省首府。——译者注

气流通，有时候甚至分不清是白天还是黑夜，连室内的陈设也大多显得那么沉重。

在中央大厅，那里一群孩子自发组织了模拟参众议院的会议，埃沃坐在他们中间。首先"众议院议长"埃克托尔·马玛尼讲话，那是一名16岁的少年，看上去非常像埃沃，但是感觉像个纤瘦版的埃沃，鹰钩鼻子，像鹦鹉的尖嘴。"我想告诉您：我们非常希望投入到国家改革建设中去"。

近百名小参议员、小众议员喝着热巧克力饮料，争相拍照，还有一些孩子看着一名保镖的脸窃笑。

而我们的总统阁下告诉他们自己今天的日程：五六点钟要和顾问讨论即将在委内瑞拉召开的能源峰会的事，然后讨论关于克罗克罗矿场目前的形势。"我们如何才能获得1亿美元，重振矿场活力呢？从今天一大早起来，我就一直在想这件事了。孩子们，我希望你们能够获得第一手信息。"

之后，他给总统一职下了一个埃沃式的定义：

"总统就像一个家庭的家长，不停地工作，为了整个家庭的温饱，以及儿女们可以得到良好的教育。"

很多"孩子"继续讲他们的笑话，喧闹声回荡在大厅里。

"孩子们啊，我以前没能学习经济学或者法律，而现在我并不后悔，正在这里不断学习。我小时候，父母常常教导我做一个可敬的、谦逊的人。我的父亲曾这样对我说：'小埃沃啊，你要想获得尊重，必须先学会尊重老人和孩子'。"

这时，服务员拿来一盒糖，分给孩子们。

之后，埃沃又要到动身前往3个城市视察：在卡拉克略和科恰班巴做短暂停留，然后到塔里哈。他的摄影师诺亚·弗里德曼·鲁多斯基一直伴其左右，此外还有社会运动协调会部副部长，实际上也充当了他的私人秘书。

直升机上，他戴上了耳塞和墨镜，因为眼睛刚做完手术。到了第一站，卡拉克略镇，这是联结拉巴斯和科恰班巴之间公路的要塞。在那里，莫拉莱斯分发了计算机。他的到来在当地引起了轰动，在欢迎的人群中，当一个孩子看到他触景生情、失声痛哭时，大声喊道："原来他是一个人，不是神啊！"埃沃用当地特有的黑啤向人民敬酒，当然他不曾忘记将一些啤酒洒在地上，敬他们永远的神——巴恰玛玛。

与媒体紧张的关系已成为总统日程中的常事。在科恰班巴，在接受当地印第安广播电台采访时，埃沃坦言，90%的媒体记者对争取社会主义运动抱有好感，但是媒体公司的老板们却是我们党的反对者。他抱怨道："我父母教我闭上眼睛进行祈祷，而电视台却说我做弥撒的时候睡着了，还老是拍我抓鼻子的不雅照片。"在采访中，他充分发挥了他"事无巨细"的性格，为印第安社群广播电台的节目表提出了规划建议：

"每天6点到9点：国家节目；9点到12点：地区节目；12点：新闻。长此以往，如果做得好的话，我们就建个电视台。"

一刻钟后，他进入科恰班巴热带地区6个联合会协调委员会的所在地。那里还保留着他以前的办公室，在那里，他定睛看了看仍旧贴在墙上的2002年总统选举候选人的宣传海报。他说出了上面那些妇女议员和部长们目前的情况，我对他说，他那时看起来要年轻得多。

"伙计，你这么说是什么意思？"他问道。

他看到当总统后的照片，身材显得发胖了，与那些老照片相比，他才发现自己的啤酒肚到底大了几圈。

埃沃上了四楼，准备和科恰班巴体育场施工方洽谈。那里已经有15个当地负责人坐在等他。

他告诉他们，这个项目政府只能支付100万美元。

他看着在座的每个人的眼睛，说道："我倒要看看，这个工程是否可以花费的比你们要求的少。我已经是这方面的专家了，你们别想糊弄我。"

他的语气与在公共场合差别很大，现在更加果断、干脆，更加切中要害。他指示他们，取消这项工程占用私人用地的建设部分。

"但是我们得说服附近的居民。"一个工程负责人提出了问题。

"这个责任我来担。你们去告诉附近的居民我的提议。这周末我们最后敲定。"

两辆保镖汽车停在大门口迎接埃沃。他上了第一辆车，汽车离开时车轮发出刺耳的声音。第二辆耽搁了10分钟，一名保镖忘记带上在第上一站卡拉克略进行午餐时当地人送给埃沃的羊蹄。

第二天清晨5点，科恰班巴大雨倾盆，负责总统飞机的上校问相关负责人目的地塔里哈的天气怎么样，因为机场没有做任何回答。上校从床上爬起来，看看天空，答道："晴天"。于是飞机顺利起飞，前往最后一个目的地。

塔里哈位于山谷的炎热地区，那里的人们抱有期盼，极为丰富的天然气资源使这里成为玻利维亚的科威特，很快富裕起来。国家85%的天然气和84%的凝析气出自这个地区。石油工业的收入从1997年600万美元上升到2007年的2.37亿美元。

总统率领的这个部长团下榻在当地的木棉花四星级酒店。在那里，埃沃召集市长会议，他们将得到委内瑞拉政府资助的一个专项基金，金额达700万美元，这笔钱将在国内9省分配。

莫拉莱斯与各位市长共同审议市长们递交的工程项目书，他们都是反对党的人。在一侧，技术人员正在分析各项工程，旁边还摆着一张桌子提供饮料。

莫拉莱斯提出并解释项目的审议操作流程："我们先分析它的花费以及所需时间。今天下午我告诉你们哪些方案我们审议通过了，到时候会为通过的方案拨款。"

第一个市长提出关于向南方共同市场出口洋葱的项目。以前这个项目得到过资金援助，所以这次只能获得1.6万美元。第二个市长提出的是校舍建设项目，分别需要3.5万、2.4万和2.5万美元。第三个项目申请18.8万美元，为了搞土豆品种培育工程。第四个皮尔可玛约河市的市长大言不惭地索要1.19亿美元，来搞葡萄种植和出口工程。

总统要求在一年内实现这些项目目标。"我们从修这条路开始做起。"他对一位市场说。对另一个市长，埃沃通过了他提出的6项请求中的4项。还有一位市长，埃沃让他调低价格。只有一位市长反驳道："这么点儿钱根本没法出价。"

这次行程中，埃沃没有涉及政治问题。

之后，总统乘坐汽车到布埃纳比斯达镇的圣彼得村参加住宅竣工交接仪式。在那里，由于缺少参加者，仪式几乎没搞成。实际上，修建的是几间未加粉刷的房子，对面山坡上是绿油油的玉米田。

埃沃在讲话中说："我曾经租房住过，我刚到奥鲁罗时就住在租来的一间房子里，不能叫喊，不能来客人，你们不要往坏了想（他笑了，其他人也笑了）。有一次，我到达科恰班巴已经是夜里11点半了，我睡在市场里。其他人在嬉闹，我躲到墙边独自睡到天亮。我知道没有居所意味着什么。"

他在公众讲话中常提到他的生活经历，诉说痛苦，国家的贫困，政府应该采取行动，解决这些问题。因此，作为玻利维亚人民的儿子，他又渴望被人们看作父母官。

在塔里哈巡视四百年纪念区时，他发现了设施匮乏问题。埃沃为一所学校剪彩。校舍为天蓝色，教室内灯光昏暗，摆放着黑板、玻璃柜。校舍四周有围栏。校舍外是简陋的民宅。

总统乘飞机又飞往帕的卡亚。这是一个拥有2万居民、与阿根廷接壤的边境小镇。总统在那里参加了一个残疾人康复中心的开幕式，并向中心赠送了电脑。尽管其间话筒一直运作不灵，但是所幸扩音器还运转正常。在一位盲人小提琴手演奏了一个曲子后，莫拉莱斯在讲演中又叙说了他的一段人生经历，以烘托仪式，解释政府采取的相关行动："在我第一次去欧洲时，我必须用那个很费钱的国际长途打电话，因为当时我还不会用网络呢。现在我才了解电脑对于沟通的作用到底有多巨大。"

在直升机第二段飞行途中，埃沃发现自己的衬衫上有块儿在之前仪式献花环时弄的绿色污渍，突然觉得应该专门为参加仪式活动准备一件衬衫。当飞机降落在一片玉米田时，淤泥甩在了他的脸上。一位农民兄弟安慰道："别介意，这里的泥土是最神圣的。"他们已经到了恩波鲁肃村。

为了在全国、全民范围内扩大影响，埃沃觉得应该深入那些甚至被地图绘制员所忽略的小地方巡查。恩波鲁肃村的活动现场没有媒体记者,只有200多名村民。这时已是黄昏时分,橙色的阳光和灯光洒在卡车的拖车上。当地的合作社举办的柑橘加工厂落成典礼要开始了。

中、小企业生产部女部长塞林达·索萨说,从德黑兰购买的机器无法使用。莫拉莱斯提醒他们,如果合作社的管理失败了,私人公司便会卷土重来。"我们应该借重联合会和合作社做经济臂膀,仅靠工会是不够的。"

最后,埃沃一行人回到塔里哈的四星级酒店,亲手把总价值1 388 996美元的支票交到了各位申请项目的市长手上。他对各位解释道,这项资助没有任何政治附加条件。而之前那位大言不惭要1.19亿美元的老兄"识时务"地改成了89 363美元。最后,莫拉莱斯要求各位市长为委内瑞拉鼓掌,表示感谢。

几天后,塔里哈省的一位市长将分给他的支票影印件送到了美国大使手里,这引起了这位美国大使的严重不满。这在反对派里也引起同样反应。这意味着埃沃·莫拉莱斯没有将委内瑞拉赠送的款项送到国库登记,违反了现有财政制度。总统拒绝这次指控,并将那些被资助的项目的资金监控交给国家审计部门负责。当时审计部门的头巴勃罗·古斯曼提醒他可能会产生丑闻时,他回答道:

"如果要把我抓进监狱,我听从安排。但我更想做一些变革,这总比什么都不做强。就算我入狱了,有朝一日人民也会把我救出来。"

支票交付仪式过后,总统把我叫到他的房间让我对这次全国巡访做一个"国际视角的评估"。他的发言人亚历克斯·孔特勒拉和副部长约兰蒂在一旁陪同。在客厅的一面墙上挂着一张跨太平洋航线地图。"我没多少时间研究它了。"埃沃有些遗憾。就在几天前,进行过一次从瓜亚梅林到科维亚长达5个小时的飞行探查,目的是证实跨洋航行路线开通所带来的巨大益处。

很多妇女都表示愿意为埃沃献出生命。几个月前,还有一位妇女表示非常担心有人谋杀埃沃,担心他被杀从很多年前就开始了,甚至在登上总统之位后也没能消减半毫。他本人却并不在意,只是让他身边的人学习如何保护他,从而减少官方派的保镖数量。

闲暇时分，他神秘地向我透露了择偶的条件：运动员、左派、年轻、人品好、活跃、亲切。他希望自己的另一半可以照顾他，抚摸他的头发。"我希望和她一起在厨房做饭，这看起来并不是大男子主义吧？"他补充了一句。

正在这时候，他接到一个女人的电话——智利总统巴切莱特打来的。他连忙拿起电话走向卧室。

"周二我要和巴切莱特会面。"埃沃接完电话回来时说道。

我们之后的谈话很政治化，我问他为什么搞权力集中，为什么每天都要决策这么多事。

"我不得不处理这些事。我希望像菲德尔和查韦斯似的：事无巨细——对所有事都了如指掌。而且，我还经常产生很多想法。"

"你曾对古柯农说过古柯的生产不再增加了，因为会压低古柯价格。总统的讲话不也是这样吗？你每天有这么多的发言、新闻发布会、通告，你的话会不会也因此掉价？"

"我想时刻与人民保持联系，到他们中间去。人民从未跟一位总统有过如此亲密的关系。其实我甚至都不想让媒体报道宣传我的活动。"

我提出了我的反对意见，认为埃沃有时候会不加区分地对媒体进行攻击。他接受了我的观点"应该保持对话"。这就是他很可贵的一面：既能当主宰游戏的玩家，又是一名能听得进别人意见的谈话对象。

塔里哈的行政长官马里奥·科西奥是反对党的成员，他告诉莫拉莱斯，收到一个蓄谋反对他、制造混乱的计划。但总统并不相信，并坚持要他与社会基层组织沟通，以这种方式保障秩序。科西奥临走前，莫拉莱斯向他要当地足球场的钥匙，以便去踢足球，并使用足球场举行拖拉机交接仪式。这位长官答应得好好的，最后却没做。

埃沃说："我不会给他打电话，去乞求他。"他改变了想法，把交接仪式改在城市集贸市场举行。第二天举行群众活动时，委内瑞拉和伊朗制造的拖拉机展览和装满水果的卡车都格外出彩。警察将一名举着"争取社会主义运动不要再贪污腐败了"标语牌的示威者强行架了出去。

前一天，与科西奥不愉快的经历并没有让莫拉莱斯改变和解的态度。傍晚7点半，他会见了塔里哈市民委员会——另一个反对派组织，莫拉莱斯还是希望与他们和平相处。他试图用提供资金支持、优先管理等方式，吸引他们参与政府的项目。

此次视察以一场网球赛和烤肉聚餐的方式愉快结束。晚上9点，总统开始在一个旧的水泥球场练习击球。身着一件上面印有"坎昆"字样的黑T恤，下身是玻利维亚足球队短裤。他和别人玩起了双打。之后，又邀请总统视察团所有人，包括保镖，一起享用了烤肉大餐，并且畅饮了一番。

午夜时分，埃沃踏上飞往委内瑞拉玛格丽塔岛的旅程，参加第一届南美洲能源峰会。在那里会见到卢拉和查韦斯。

刚下榻到希尔顿酒店的总统套房里，埃沃就向巴西总统提出玻利维亚希望购买巴西石油公司在玻利维亚开设的几家炼油厂。这是玻利维亚能源政策的重要一步，旨在加强政府在石油生产各个环节的参与度。

这是两国有史以来最艰难的一次会面。卢拉答复道，如果是这样，巴西将不会在玻利维亚投资。巴西石油公司总裁何塞·加夫列利说："我们宁愿出售所有一切。"前景不容乐观，巴西为炼油厂出价2亿美元，但是玻利维亚只能付6 000万美元。

最后，卢拉试图缓和一下气氛：

"我们不要因为这么点儿小生意就把关系弄得这么剑拔弩张吧？"

他要求莫拉莱斯理解他在巴西国内的处境："在议会我党不占多数，而媒体都对我充满敌意"。双方表示将继续会谈。

峰会上，对于使用生物燃料的分歧让埃沃很苦恼。巴西、哥伦比亚、智利对生物燃料使用很热衷，而委内瑞拉和玻利维亚持反对态度。最后，查韦斯和卢拉会面，双方同意以巴西利亚立场为基础，签署一份最终文件。查维斯对莫拉莱斯说："如果没有这份文件的话，这次峰会就是失败的。"埃沃仍然不高兴地回答道，他仍坚持不同意态度，因为他以保护母亲大地为重。

在峰会最后一次会议上，宣布了最终宣言，与会者"肯定了生物燃料对于南美能源多元化将发挥巨大潜力"。玻利维亚总统在他的签名旁边写下：对使用生物燃料持"保留意见"。

埃沃带着对峰会结果的不满回到拉巴斯，他的心情更糟了，因为在他出发去委内瑞拉几个小时之后，爆发了一场冲突：塔里哈省的两个州为了争夺奇麦欧镇发生了对抗。西班牙雷索普尔油气公司在当地开发玛加丽塔主油田（玻利维亚全国储量为480亿立方英尺，而这里占去130亿立方英尺）。当地居民与保安力量发生对抗。大查科两个村镇比利亚蒙特和亚奎巴的镇长都在静坐示威，要求在交付委内瑞拉支票时解决问题。尽管情势严重，莫拉莱斯仍觉得是可以控制的。事实上，省政府和中央政府在互相推诿，认为应该由对方解决冲突。

从玛加丽塔岛回来后，埃沃与亲近助手在圣豪尔赫住所召开紧急会议，几分钟后，从电台广播中得知一位名叫德尔曼·路易斯的男子在抗议中死亡的消息。他左腿中弹，失血过多，不治身亡。根据官方的报道，路易斯与其他示威者力图关闭特兰斯勒德斯输油管道的阀门。这是一条向阿根廷和塔里哈输送石油的管道。这一消息令与会者沉默不语，气氛十分尴尬。莫拉莱斯低着头，思考着。一会儿他说，这是一场内部阴谋。指责的矛头首先指向了分权部副部长法维安·亚科希奇。"我说他应该到事发地去，可他却没去。"

中央政府的思路是塔里哈省政府应该承担这次冲突的责任。根据塔里哈领导上交的一份报告，有一位副区长用金钱雇人参加示威游行。政府要求邻省波多西从中调解，并宣布副总统加西亚·利内拉将领导这次和平对话进程。

总统深信这场危机已经超出了地区冲突，威胁到了国有化进程和对国家领土的控制。

面临地区斗争危机失控，甚至占领工厂的风险，莫拉莱斯想了解进行军事干预的条件。国防部长沃特·圣米格尔提醒他说"形势很困难"，他害怕会有更多人丧命。星期三6点半，埃沃仅仅睡了两个小时，就召开内阁会议。他对部长们下了结论："我们上台执政并不是要成为染满鲜血的刽子手。又有一个玻利维亚人死亡了。"他让每位与会者对当前形势做出政治评估。很多人要求使用强硬手段。最终，总统也没有想到最适宜的解决办法，气恼不已。抗议者占领了玻利维亚天然气运输公司，叫嚣着要炸毁那里，并关闭为阿根廷输送天然气的阀门。在亚奎巴抢劫和对抗行为仍在继续。下午5点，总统收到情报部门的一份传真，上面确认有60名安全部队警察被抓去做人质，而混乱的人群抢劫了玻利维亚天然气运输公司的天然气液压车间。或许是礼仪人员忘记点灯，火烧宫现在一片昏暗。

军队首领弗雷迪·贝尔萨提被莫拉莱斯召来，向他解释平民伤亡情况。贝尔萨提保证说，他的军队并没有开枪射击，尽管有迹象表明实际情况与他所说不符。他还补充道，他的军队与警察合作每次效果都很糟糕。比起警察部队和情报部门，埃沃更信任军队，所以他让贝尔萨提出动军队平息亚奎巴的骚乱。

在下午的内阁会议上，总统府部长胡安·拉蒙·昆塔纳建议军事行动从晚上开始。军队需要催泪弹，但是政府并没有储备这种东西，因为之前曾承诺过不采取镇压行动。政府紧急求助于阿根廷政府，请求阿根廷驻防边境的部队提供些催泪弹。埃沃问了问油气井占领者的人数规模，当得知他们拥有汽油弹时，他显得格外紧张，问道："他们是否会毁掉什么？"他还担心，占领油井会发展成家常便饭。

时间一点点地流逝，埃沃相信科西奥得到跨国公司的支持。外国大石油公司开始对政府施压。通过给总统府的传真，巴西石油公司、西班牙雷索普尔油气公司都在询问：如果中断石油供给，将发生什么。由于这场危机，天然气的出口锐减，玻利维亚已经损失了98万美元。

这场斗争使反对玻利维亚政府的很多势力纠集在一起，在发生的一系列事件里，包括反对派掌管的省份的行政长官的挑衅、国内势力对自然资源的争夺、要求保障天然气供给的外部压力，国家在抑制社会冲突中处境艰难。

周五，军队收回了玻利维亚天然气运输公司的控制权，卷入其中的各市镇开始进行新的谈判对话。

周日，总统的焦点已经从被平息的动乱上移开，开始关注其他事情了。

上午7点半，总统听到在火烧宫门前穆里略广场上传来了奥鲁罗帝国乐团的奏乐声，这勾起了埃沃年轻时的回忆——他曾在那个乐团担任小号手。一个孩子向他走来，问道：

"你好！你是胡安·平托吗？"

胡安·平托是政府为孩子们提供的教育补助金的名字。

总统沿着河边走下去，到华奇亚带有花园的一栋寓所参加政府工作总结会，就像和参议员和众议员召开的会议一样。他开始发表讲话。

"现在来的人还不到一半，已经是上午9点了……请各位关掉手机。"

很多与会者戴着棒球帽和草帽。忽然有手机铃声响起，他刻意地瞪了打手机的人一眼。

在又一轮的演讲中，他提出了很多要求，如不要一直盯着他的小错误不放、要更加政治化、为民主进程的两大支柱而奋斗：国有化法案和立宪大会。

"诸位仍旧是领导，应该像领导一样努力工作。如果不能胜任的话，就趁早走人吧。"

离开会场时，他吩咐说午饭在下午1点开始，还问了问关于收音机里听到的消息：一位反对党成员揭发他的姐姐爱斯特·莫拉莱斯在一次私人会议上宣称，新宪法已经秘密地制定好了。埃沃对提到他的家人十分敏感，让他的姐姐不要再参与到公共事务中。

他回到办公室，看了一眼一会儿准备出席市长会议的名单：拉巴斯，80名市长中来了34名；科恰班巴省，90名中来了60名；奥鲁罗省，15名中来了9名；圣克鲁斯省和贝尼省，没有一个。他看起来很生气：

"应该强调一下纪律。否则，我们应该中止这次会议。会议上要是有人睡着了，我就扣发他的工资（笑声）。"

之后，市长们发言，有些略带困意的人也发言了。他们在向莫拉莱斯汇报工作时，都习惯以"总统先生"开头，埃沃纠正道："罢了，直接切入重点。"有人汇报说现在已经不提外债问题了；有人要求政府每星期出一份官方的信息与分析资料；有人坦言道，他们缺乏人才培训、加强团结、必要的政治信息和自我评估体系；有人抱怨媒体被收买了；有人要求出版政府纲领的十大要点；有人很遗憾副总统没有给他们关于国有化法案的材料；有人主张电信部门实行国有化等。总之，在总统面前，市长们都表现出过分的尊重，甚至畏惧。没有进行讨论。

埃沃结束了长达10个小时的市长会议。会议中间只有一个简短的休息。在这期间，埃沃享用了自己的午餐：炸肉排和薯条。

他总结说：“有时我把部长们叫到我办公室，要求他们发掉尚未发出的信件……我们工作的另一薄弱环节就是信息。我现在在想，如何让我们成为焦点，让我们的思想在社会中产生反响。对于一些表示拥护我们的广播电台，我们又不能进行资金扶持，因为这是违法行为，况且他们也开不出发票。我们也买不起一家电视台：ATB在出售中，但是售价2 000万美元……希望出现一份左派报纸，或者信息周刊什么的……应该对信息加以传播。”

每天早上，总统都会收到一份关于可能威胁到玻利维亚政府的社会斗争形势报告，这份文件命名为"社会斗争预警系统"，是社会运动协调部副部长特地为他准备的，内容包括涉案机构，危机的内容；是危机还是危机前兆，初步危机，还是尖锐危机；危机发展趋势在加强、减弱，还是保持势头；诉求；施加压力的措施；应对策略；目前的状况；应对危机的政府相关负责人等。

4月24日的报告显示，全国范围内共发生11场冲突，均处于升级状态，但是并没有达到红色预警标准。各种性质不同的斗争采取的形式有罢工、抗议、游行，斗争诉求包括：旧衣商贩要求延长3年成衣自由进口的规定；残疾人希望每年增加5 000比索补助；教师和医疗卫生工作者要求提高工资。

从对外关系上看，收购巴西炼油厂的谈判仍没有进展，购买意大利电信公司部分股份的谈判也复杂化了。

2006年5月1日，国有化法令颁布，它的出台为所有庆祝"五一节"的劳动者们带来了福音。美国大使菲利浦·格德堡显露出不安，让他的秘书致电总统的内阁部长保拉·萨帕塔，提出希望与总统共进午餐。而萨帕塔的回答是这份请求需要以书面形式呈递。

"但是我们已经通过电话表达了这个意思。"大使秘书仍旧坚持。

"我们等着您的书面申请。"内阁部长也不示弱。

这次请求将测试出美国大使与玻利维亚总统的关系改变了多少。

4月30日，意大利电信公司发给莫拉莱斯一份英文传真，要求政府解决在里约热内卢、圣保罗和迈阿密的各种争端，此外还抗议玻利维亚政府2007年4月蓄意展开媒体宣传攻势，煽动玻利维亚人反对意大利电信公司的不满情绪。

看了翻译过来的传真文件，埃沃决定"我们既不会去迈阿密，也不会去圣保罗"。

在五一节前3天，巴西石油公司和意大利电信公司达成协议：警告玻利维亚，如果采取单方面行动，他们将诉诸国际投资争端处理中心。

国际投资争端处理中心是一个隶属于世界银行的美国组织，主要负责调和各大跨国企业与各国政府的矛盾争端。对于玻利维亚和意大利电信公司的问题的裁决，埃沃显得极为不满："（该组织处理企业与国家矛盾时），偏袒的唯一一个国家就是美国，所以取缔的应该是该组织，而不是古柯。"埃沃应对意大利电信公司和巴西石油公司争端的战略是，拒绝美国的国际投资争端处理中心的裁决，并且在玻利维亚打响法律战。

5月1日来临，政府却面临一系列国际争端和国内问题。

在那天的内阁会议上，各位部长阐述了将要采取的措施，并将于几个小时后公之于众：新增23万个就业岗位（16万临时岗位、7万正式岗位）；玻利维亚矿业公司在国有化改革方案中恢复运营，以增强国家在采矿业的分量；提高国家最低工资水平：由500比索上升到525比索（合65.6美元）；禁止租让新的矿场；宣布玻利维亚土地为财政储备资源。

玻利维亚与巴西石油公司因收购炼油厂而产生的争端（或许是最复杂的问题）仍旧无法解决。劳动节头一天晚上，有传言说玻利维亚政府要占领并收回巴西石油公司在玻利维亚的炼油厂，这事让巴西大使费德里科·塞萨尔·德阿劳霍吓白了脸，慌了手脚，竟然问玻利维亚军队首领是否会有军事行动。在收到对方的答复"我不知道"以后，慌乱中，巴西大使认为这个回答与"是"无异。他担心第二天莫拉莱斯乘直升机过去宣布占领炼油厂。

埃沃力图颁布一项激进的法令，让巴西石油公司交出炼油厂，不再是炼油厂的所有者，而成为纯粹提供服务的企业，以此改变它的法律身份。当天召开了到目前为止最剑拔弩张的一次内阁会议，埃沃向各位部长阐述了自己的想法。埃沃指出："我准备收回炼油厂。"巴西并不愿意与他的政府合作，也不愿意为了促进双边关系而做出努力。但是由于石油部长卡洛斯·比列加斯坚持调解立场，埃沃做出让步。

尽管情报部门的两份文件提醒莫拉莱斯，他会遭到矿工和医务工作者们的攻击和喝倒彩，他还是决定结束内阁会议后，与玻利维亚工人中心的人去游行。上个礼拜，工会领导向他提出要求涨工资、建立自己的办公大楼，以及成立一家自己的广播电台。埃沃与工会领导面对面地谈话，责备他们落后于当前的进程，要求他们跟上形势。因为矿工们的权力和影响与当前玻利维亚的状况不相符。

埃沃在墓园附近加入游行队伍，与游行群众一起高呼："力量，力量！斗争艰巨，我们必胜！"在社会运动协调部第二副部长约兰蒂和政府协调部副部长埃赫尔托·阿尔塞紧紧护卫下，在群众的呼声中，总统沿着大街走着，一路看到街头小商小贩增多了，根据有关统计，非正规经济比率已经高达70%。

穆里略广场的集会组织得一波三折，以至于录音师从头天半夜就开始准备，到总统演讲的前一刻才最终完成。当总统先生走上火烧宫阳台时，他看到大屏幕映出了他的面容，看到了等待的军人和农民，也看到了献给帕恰玛玛的祭品，以及玻利维亚石油矿藏公司的工人们。在人民的"万岁"呼声中，他开始了演讲："卡拉纳威市长曾对我说国有化是神的祝福，是埃沃神赐予的，我当时很惶恐，我只是埃沃，其他的什么都不是。只是有时候我被视为魔鬼，就像菲德尔和查韦斯一样。"

活动后，埃沃前往埃尔南多西雷斯体育场，准备踢场足球，为比赛负伤的足球运动员奥斯卡·桑切斯募捐。比赛进行得酣畅淋漓，仿佛又看到了1994年玻利维亚足球队在世界杯上所取得的巨大荣誉，其中包括曾是球星的米尔顿·梅尔加，现在是埃沃内阁的体育部副部长。

比赛结果埃沃的球队以2比1获胜。他拿球时，看台上时不时传出嘘声，但埃沃说他并没有听到。

比赛过后，埃沃坐在休息室木制的椅子上，看着来访的玻利维亚曾参加世界杯比赛的前国脚们对着他们的前队友、现任体育部副部长梅尔加开玩笑，有人对梅尔加说："副部长啊，您忘了要淋浴的热水了。"他们没能洗成澡，但是却逮到了和"拉巴斯小姐"选美比赛的5名参赛者合影的机会。一股汗臭味充斥整个休息室。桑迪，当地足球队有名的粗野运动员问埃沃总统，是不是吃了很多炸猪皮，因为他觉得那是总统"大腹便便"的原因。

下午6点，莫拉莱斯与约兰蒂回到了位于圣豪尔赫的总统住所，坐在一层的客厅里，埃沃身穿一条蓝色裤子，上身是一件印有"国家总统府"字样的T恤。他们兴致勃勃地聊着欧洲联盟杯半决赛利物浦和切尔西在加时赛那扣人心弦的最后几分钟。

侍者送来了冷饮和咖啡，埃沃又要了些水果。"纯天然食品！"三个猕猴桃下肚他这样评价道。这时埃沃电话铃响起，但是因为是约兰蒂接的，对方把电话挂了。不一会儿，电话铃又响了，这一次埃沃决定自己接了。约兰蒂这时觉得他应该在刚才的电话里学会说："您好，亲爱的女士。"

这一日埃沃经历了紧凑的日程安排，让人喘不过气来：凌晨4点半洗澡，召开紧急商讨关键性法案的会议，与国家工人中心成员一起游行，在公众面前演讲，在国家最重要的体育场参加足球赛。一个人的身体不能承受持续的过度亢奋或极度疲倦，在这一切活动过后，吃吃水果，看看电视，讲讲笑话，他又度过了很普通的一天。

晚上7点，财政部长路易斯·阿尔塞来访，他身着一件橘色衬衫，一件深褐色外套，准备与总统讨论关于城乡教师和医疗卫生工作者要求涨工资7%的要求。政府方面，打算为他们分别加薪6%。

阿尔塞说，除了涨工资的要求，还有一些其他问题要解决：约500名乡村教师抱怨他们每个月的工作时间长达120小时，要求缩减为104个小时。

"你有什么建议？"埃沃问道。

"可以在104个小时基础上往上提一点儿：108个小时，工资不变，明年商议一项更加全面的法案，这是很有效的做法。"

莫拉莱斯表示同意，又问，政府满足所有这些要求总共应该出多少钱。

"共2亿比索（合2 500万美元）。"部长答道。

"只能付1.6亿比索。"埃沃命令道。

玻利维亚城市教育体系看上去更复杂：教师要求每年奖金共增加5 000万比索。针对这一形势，莫拉莱斯制定的策略是，先与农村地区教师商量达成一致，迫使城市教师放弃自己的要求与立场。他对教师们要求的金额还存在疑问，于是用约兰蒂手机里的计算器重新算了一遍。

教育部长维克多·卡塞莱斯来访，一脸堆笑地问总统，今天是否在体育场取得了第三场胜利，他把之前的两场活动游行和群众演讲也看作总统的胜利。但莫拉莱斯这次并没发笑。

在送走了各位部长后，他对约兰蒂说"我们开饭吧"。饭前，他给约兰蒂讲了家中的侍者曾给他说过的很多奇闻逸事，如前总统班塞尔的妻子约兰达·普拉达很喜欢露富；一位前总统有恋童癖，还曾任命他的母亲当大使；急救车装满钞票，成为运钞车。在圣豪尔赫总统宅邸，埃沃把这位侍者讲述的事一五一十地讲给大家听。

这时，这位侍者进来了，他个子很高、皮肤黑黝黝的，看起来并不像隐藏了这么多秘密的人。端上来的有猪肉、鸡肉、菜汤、奶酪米饭、木薯、土豆、桃汁。埃沃要了碗藜汤，并问对方，汤是否是头一天午饭吃过的那种。

吃饭时，埃沃谈了谈今日最大话题之一：关于巴西石油公司炼油厂的法令。"我还没签署，因为还有些技术上的问题有待解决。"早在2006年5月1日，埃沃对卢拉的信任就开始逐渐瓦解了。但是埃沃表示对卢拉还是有感情的，尽管他有些怀疑卢拉是否本着互惠互利的原则与别国交往。

与巴西的情况正相反，与阿根廷或者说与基什内尔总统的关系的发展已经超过埃沃的预期。他想象着在阿根廷博姆博内拉体育场举办活动，询问租体育场需要多少钱以及基什内尔是否愿意踢上两脚。"我跟基什内尔说过，今年的大选推出克里斯蒂娜做候选人，是他在与反对派周旋。估计最后候选人还是他。"他打赌，这位阿根廷总统肯定会寻求连选，赌注100美元。

之后半个钟头，电视里播放在里约热内卢举行的秘鲁与法国的沙滩足球比赛，比赛吸引了埃沃的注意力。

2007年5月2日，国有化法令已经颁布一年零一天了。政府决定，在火烧宫的大厅里举行石油合同签字仪式。在明镜大厅，莫拉莱斯对各大企业家说道：

"法律保证是至关重要的，但也是互相给予的：诸位也应该遵守玻利维亚的各项法纪……以前，诸位和玻利维亚的前政府签订的协议是秘密的，但是现在我们与诸位的协议是符合宪法的，具有透明性的……如果我们有钱，我们是不会寻找资源开发的合伙人的……我祈求我的母亲大地、祈求帕恰玛玛女神，让这里蕴藏更多的石油。"

其实，他更应该祈求帕恰玛玛，让他与巴西目前的紧张关系得到缓解，尽快达成共识。

6日，星期日，颁布了石油部长比列加斯秘密制定的关于巴西炼油厂的法令：授权刚改组的玻利维亚国家石油矿藏公司垄断石油出口，目的是压低巴西石油公司炼油厂产品的价格。

这项法令在巴西引起了极为消极的反响。巴西石油部长西拉斯·龙多大骂比列加斯是个不诚实的人，他应该提早告诉他关于法令的事。对外，巴西政府宣称将与玻利维亚就购买炼油厂问题完成谈判。1999年，巴西石油公司花1.4亿美元买下了玻利维亚这几个炼油厂，而2007年，该法令颁布后，它最开始要求玻政府支付2亿美元，之后降到1.8亿，接着降到1.53亿，1.35亿。最终决定出价1.12亿。卢拉在5月8日宣布："如果我们没有得到一个公正的价格，我们将诉诸国际法庭。"一天后，再次发话，评价莫拉莱斯是"口头激进主义者"，并且警告对方"不要破坏巴西与玻利维亚历来的友好关系"。

针对这一情况，莫拉莱斯从科恰班巴给予了回应：

"我不知道这么生硬的讲话是从哪儿来的。我们还是应该通过对话解决问题。"

埃沃与比列加斯和副总统利内拉碰了面，讨论1.12亿美元价格问题。以该金额为参数，他们计算了一下，建一个新炼油厂至少花费6.3亿美元，需要4年才能建成。6.3亿对1.12亿，他们赚大发了。

"我们进行的是双赢的交易。"总统总结道。

10日，周四，正式宣布了这一振奋人心的消息。

同一天，埃沃与玻利维亚小姐见了面，但很快他又飞往玻利维亚最贫困的地区视察工作。

2006年6月，杰西卡·乔丹在玻利维亚选美比赛中拔得头筹，之后将代表玻利维亚参加世界小姐选拔赛。当年国内选美比赛的应邀嘉宾有来自8个省的行政长官，其中最突出的当属塔里哈省省长马里奥·卡西奥。感叹于玻利维亚政坛的多变，此前一年，他还是众议院议长，离国家元首的宝座只有一步之遥。

"你认为自治很重要吗？" 埃沃十分在意作为评审委员，他问杰西卡。

"是的，但不是对圣克鲁斯人来说的，而是对所有玻利维亚人而言。"

在火烧宫，杰西卡完全接受官方的政策。总统亲切地称她"同伴小姐"，并嘱咐她在世界小姐的选拔中要提到玻利维亚国有化政策和改革进程。

会面结束后，埃沃飞往萨卡卡——玻利维亚最贫穷的地区之一，拥有1.8万居民的小镇，位于波多西省的北部。在飞机上，看着越过的一座座崇山峻岭，埃沃突然忆起了他的童年。

"我在那里放过羊驼，那时我才13或14岁。"

他用食指比划着当时他在山区蜿蜒走过的小路，所经之处，石丛遍野，荒无人烟。"我当时穿得很暖，并不觉得冷，但是有时会觉得饿。"他回忆了半个小时，而这段时间飞机飞过的路程是他还是牧羊人时10天的旅程。

在萨卡卡，炽热的太阳烤晒着干涸的土地，几乎寸草不生。在埃沃发表演讲时，镇长告诉他，镇里已经拥有了一辆急救车，将有两辆拖拉机，此外，还开设了技术培训班。当地居民还希望拥有更多的东西，比如一家村镇广播电台、一条从这里通往奥鲁罗的柏油路、更加完善的医院设施等。

莫拉莱斯应该记下这些要求。他戴着花环，一笔笔数着他为这里提供的援助数字：政府对萨卡卡划拨的预算已经从10万美元上升到110万，这多亏了国有化法令给政府带来的经济效益。政府收入的增加应该为人民生活提供更大的福利。

莫拉莱斯这时又抱怨教师和医疗卫生工作者的抗议活动："我们农民们根本不知道什么工资啦、津贴啦什么的。"他大声说。他提议建一个体育馆。"我们来踢场球，如果我输了，就再建一个体育馆。"

埃沃回到拉巴斯，发现他的鞋子脏了。总统府擦皮鞋的服务员没在火烧宫，他的保镖给他在穆里略广场上叫来一位擦皮鞋的小伙子。他头上裹着一条红头巾，穿着印着迈克尔·乔丹的T恤。进了总统府后，他感觉十分新鲜，以前他只从外面看到总统府的大门。

晚上9点，争取社会主义运动的所有众议员开会，总统看了看出席名单，有很多缺席者，比如奥鲁罗省的8名议员。

演讲开始了："从塔里哈地区的动乱到现在，石油公司的种种行为都是政治性的，都需要一个政治性的解决方案⋯⋯昨日我见到了波多西北部的同志们。那里我们的部长们并没有给予足够的重视⋯⋯我与合作社的同志们会面时，他们告诉我，他们与部长达成了共识，但是那位部长并没有跟我提起过⋯⋯现在我要求马丁同志，不要再写了。"

他笑着看着我。这显然是一个玩笑，因为他说的是此前在公共场合已经提到过的：各省行政长官甚至有一些当过总统候选人，他们记恨他，所以在各地煽动冲突。

"那些社会运动，"他继续说道，"缺乏新的领导与纲领。"

埃沃要了杯咖啡。

"人们对那些不断要求涨工资的医务人员和旧衣商贩感到不满⋯⋯最近的几场斗争是政治性的⋯⋯我们的弱点就在于掌握的信息太少⋯⋯但是，人民信任我们。就算我们撒了谎，人民还是会相信的。但是我们不应该去欺骗人民，我们也绝不会欺骗他们⋯⋯"

"议员们，我们应该批准法律……让我们周末也努力工作，要产生影响，增加新颖的东西……如果你们不予通过，我会公开地抱怨你们啊……我知道，你们很多人在私人活动中赚了不少，但是你们现在是在这儿，在为国家工作。"埃沃又要了杯咖啡，加了四勺糖，却没搅拌。

副总统阿尔瓦洛·加西亚·利内拉发表讲话："在国会里我们缺乏锦囊妙计……在沟通上有问题……如果诸位不加入这场战斗的话，那总统就该出面了。"

在副总统讲话的时候，8名议员进入了梦乡。几乎在场所有人困得眼睛充血，而总统先生的眼睛也不例外，一如既往地布满血丝。差一刻钟就夜里11点了。除了分发塑料杯装的咖啡，还有加餐，奶酪三明治和香肠。

议员们在莫拉莱斯面前都表现得很恭顺。一位议员主动进行自我批评。另一位抱怨坐地铁出行有多么困难，还有一位议员建议挨家挨户地到老百姓家造访。埃沃听到这个建议的时候禁不住打了个喷嚏。身边的人赶忙递过手纸。他趁此机会做了结束语：

"要实行这些变革，我看不用等到立宪大会召开了，改革是否施行，决定权在你们手上……我理解诸位很多人为了我们这个大家庭，放弃了和自己家人在一起的时间（笑声）。"

几近午夜时分，埃沃与委内瑞拉大使共进夜宵。第二天早上7点，他召开内阁会议，我也参加了：

"早上好啊，各位领导！今天我们有什么日程？"

会议在内阁大楼的大厅里召开，部长们围坐在一张椭圆形大桌前。大厅里有几个大柱子、几幅名人的水彩画，角落还悬着未织完的蜘蛛网，醒目的灯光使整个大厅笼罩在一片白晃晃的氛围中。

总统座位的正对面是一个巨大的屏幕，用作电脑的幻灯演示。

国防部长在陈述汽车购置问题，埃沃在自己的记事本上记着什么。埃沃开始插话，毫不留情地批评教育部长维克多·卡塞雷斯：

"你真的很让我恼火。就是因为你和教师团体签署了什么协议，导致整个国家的国库都受影响。这么大的事你却没跟我说。我和阿尔瓦洛都问过你这件事,但是你都否认了。伙计,这可是不忠的证明:你表现得就像抗议教师的头领。我是不会兑现你和他们签署的协议内容的,尽管教师们声称要全年罢工。"

这位部长梳着分头,戴着一副灰框眼镜,穿着栗色毛衣,眼睛直勾勾盯着总统,一声不响地听着埃沃严厉的斥责。他的颜面已经丢尽了,连辩驳的勇气都没了。

埃沃出去接电话,三分钟后回到座位上,给每人发了一枚徽章,上面有玻利维亚国旗、土著居民旗帜、古柯叶和争取社会主义运动的党旗。

"必须戴着它。"他给部长们下了命令。

他重新回到座位上,又开始发泄对那位可怜的教育部长的愤怒。他向其他部长发出警告:如果涉及国库资金问题,必须同财政部长商量。"一定要保证政府预算的盈余,"他要求道,"如果反对派要求你们做检讨,你们不用理睬,这说明你们工作做得好。"

检讨是玻利维亚政治体制的一项机制,通过这项机制反对派可以要求部长做检讨,这时总统必须对该部长进行批评指正,或者撤掉他。

这时侍者端着各式各样的菜肴:面包、果汁、饼、煎鸡蛋、腌猪肉,进入大厅。

总统继续他的演讲。演讲更具政治性,而非技术性:

"各位部长对沟通这个环节都十分不重视,这使我非常忧心。如果有人对部长提出指责,他们就应该出面应对。当人们在出租车上听到攻击我们的流言而我们却没人出面澄清时,右派就会兴风作浪。昨晚我要求议员们每天都接受一次采访,而对你们呢,我要求每天接受5次(笑声)。新闻官员就应该像司机,每天都跟随部长出行。每个月我都要对你们进行检查。"

会议间隙,埃沃一边津津有味地享用着煎鸡蛋,一边问副总统利内拉。

"我们现在正制定什么法律?"

"政党融资法。"副总统答道。该法律规定,为政党拨款总额为3 000万。

"我们党能拿到多少？"埃沃问道。

"大概1 600万。"副总统回答。

"很多政党经常用这笔钱来从事反对政府的勾当。我建议拨款减少50%。"政府协调部副部长赫尔托·阿尔塞建议道。

"可是我们在选举年份需要很多资金，我们应该务实一些。"公共工程部长赫尔赫斯·梅尔卡多申辩道。

"那我们修改一下法律，把财政紧缩与我们党的路线结合起来，这对于社会也是有益的。"总统府部长昆塔纳来了兴致。

"我们很有道德观，但是却没有钱。"埃沃总结道，"每次看到花的钱多了，我就头疼。所以财政削减要提高1倍。我会再和各社会运动组织和我们党内领导层商量一下。"

看上去副总统对财政削减的幅度并不支持。

埃沃告诉他们，也要给军队拨5万美元，为了军营里日常的维修和设备更换。

埃沃双手撑着桌子，把话题转到了农牧业方面。他对两位与会的女部长说：

"塞林达同志（生产与小企业部部长），我很担心缺乏奶制品生产机械。巴西致力于发展生物燃料，甘蔗的价格将上升……苏珊娜同志（农村发展部部长），应该建立一个大型的国营合作糖厂……国家生育事务部副部长（也是女性，没有与会，名叫玛鲁哈·玛恰卡），她很让我生气。就算她是我们的同志，我也要撤掉她，希望妇女联合会为我们提供几个候选人。"

第三位与会的女部长是司法部长，同时也是古柯农领袖，名叫塞利玛·托里克，她穿着哥伦布式的鞋子，绣花长裙，白色汗衫，绾着头发，很少说话。但还是比水利部部长阿韦尔·马马尼好些，那位老兄从来就没张过嘴。

财政部长提议进行一场信息革命：

"我们没有掌握数据、资料。如果来一位投资人想开一家药店，他连玻利维亚到底一共有多少家药店都无法知道。"

"我们现在采取的措施都很有效，"埃沃总结道，"但是我们应该有监督，有检查，记住，你是部长（看了一眼那个挨骂的教育部长），不是抗议人群的领导人……感谢各位与会。"

一些人鼓掌。

不一会儿，总统召开了新闻发布会，发布会上都是外国记者，虎视眈眈地准备在国际舆论上挑起反对玻利维亚司法裁决的媒体宣传战争。"玻利维亚现在存在着严重的不公正现象，司法部门现在被视为国家最腐败的政府部门。"

5月21日，星期一，是我在莫拉莱斯身边采访的最后一天。他刚从午睡中醒来，眼睛眯成了一条缝，坐在床头。当下午5点的微弱阳光射进房间时，他已经开始在规划一周的活动计划了。

他的日程记录在一个带有总统府抬头的黑色记事本中，里面密密麻麻地记录着从清晨4点到次日凌晨1点的总统活动行程。

"你应该是唯一一个做会议日志的总统。"

"我只是对秘书们的记录工作不太满意，有时候他们会耽误工作。"

他的大脑每时每刻都塞满了各种活动日程：足球赛、开幕式、大型活动、视察工作，如果他忘了一个学校的名字，他就给外长戴维·乔盖万卡打电话，要对方提醒他。

有一次，他在记事本上写下了"剧场（coliseo）"这个词，同时问我第五个字母是c还是s，就是这样，埃沃会问很多拼写方面的问题。他并没有感觉不好意思什么的。这是他儿时生活的那个年代造成的。玻利维亚总统当选的潜规则历来是除了白人或者混血的人种之外，还应在大学里、军队里或是一定的社交圈里获得过丰富的学识与经验。但是埃沃不具备这些学识，也不具备中产阶级或上层社会的那些文化背景。这时显露出他的弱点，不具备接受过教育的国家元首的文化要求。

中午时分已过，埃沃十分恼怒，他得知，波多西北部的农民来到火烧宫，解决一场冲突事务，中午没给他们提供午餐。埃沃解释道："我们农民可是要吃很多的。"从很多这样的细节可以看出总统在农民中的威望：总统认为一定要照顾好这些到访的农民,而农民们也知道总统十分关心他们。

第二天早晨,总统极为严厉地训斥了警察最高长官:"是你们保护我,还是我去保护你们?"事情的缘由是,上个礼拜总统身边的一名警察护卫秘密透露给了媒体总统时常休息的地方。所以埃沃决定撤掉那些警察,换成一般平民来守护火烧宫的第三层。警察最高长官向总统表示歉意,同时要求对警察加强训练和装备,也就是变相要钱。

总统的传媒顾问维克多·奥尔杜纳靠近桌旁,手中还拿着当天玻利维亚《理性报》刊登的关于委内瑞拉总统查韦斯对莫拉莱斯产生所谓影响的文章。总统问奥尔杜纳是否应对此给予回击。奥尔杜纳答道,这篇文章依旧是翻旧账,歪曲事实,其中有一个错误荒谬得让埃沃哭笑不得:委内瑞拉人在拉巴斯利兹酒店里搞阴谋。

莫拉莱斯打电话给委内瑞拉大使胡里奥·蒙特斯。

"是的,找胡里奥,我是埃沃。"

他把这篇错误百出的文章当笑话念给胡里奥大使听。这时,副总统加西亚·利内拉问,美国有线新闻网想要就这篇文章采访他,他是否接受。"没有必要。"埃沃答道。

约兰蒂告诉总统,波多西人用掷硬币的方式选出了第一名总统护卫团的成员。总统趴在木制的桌子上,问道:"是谁呀?"每每出现这个动作,都表示他来了兴致,除此之外还有一些也表示同样的意思:用拳头敲桌子,提提裤子,整理整理,问问侍者有什么可吃的没有。

这时内政部部长阿尔弗雷多·拉达走进来,这是他所有亲信中最严肃的一个。他给莫拉莱斯带来了一个坏消息:运输部门工人举行罢工。

"不用改变我们的计划,明天交通还不会被封锁,因为他们会来和我们谈判的。"总统说道。

拉达还带来了其他坏消息:合作社威胁要封堵道路。政府又面临着社会组织和工会带来的新冲突。

众议院议长埃德蒙多·诺维略也加入了讨论,他报告了教育法谈判的进展情况。埃沃一边看着奥鲁罗和波多西的日报，一边说："继续努力，老大。"此外，议长还反映，反对党试图在众议院下设的委员会里谋取职务。

约兰蒂指出，上个星期，政府对司法不公正的批评在由电台组织的民调中收到了良好的反响。根据民意测验，在接受调查的人中，有62%的人认为，教会应该做弥撒并从政。他们回顾了教皇的声明。教皇在出访拉美时声明，基督教的福音书在拉美并没给这些国家强加一种外来文化。尽管没有点出名字，但是这句话暗指拉美的专制政府曾经对基督教发表的激进言论。为了大局着想，利内拉极力劝阻总统，不要对教皇的言论给予反驳。埃沃回忆起多年前在科恰班巴，一位天主教神父是如何想要收买他的。

人们给埃沃送来一份官方简报。副总统对他说，在立宪大会的安全委员会，争取社会主义运动获得了多数地位，但是两位该党议员却维护警察的利益，而非本党的利益。埃沃要求副总统去找他们谈谈。他们又回到原来的话题。总统说，他十分关心农业和人民合作协定。还提出了出席维护人类研讨会讲话的几点意见。埃沃问道："除了伊拉克和生态问题，我还可以讲些什么？"

埃沃建议我陪同他出访苏克雷，就像访问塔里哈一样，不要返回阿根廷。"喂，我可以封锁机场，不让你走。"

当我答应说争取和他一起去后，埃沃和我握了握手。我明白，他希望我不再参加会议了。"我并不是赶你走。当我希望某人离开总统府时，我会对他说：请离开吧。"说完这话，埃沃就离开了。

● 与农民同伴一起阅读报纸

● 与委内瑞拉前总统乌戈·查韦斯在火烧宫

第六章　从现在做起
（2003～2006年）

对玻利维亚的精英阶层来说，国家东部象征着现代化、自由企业、成功之路、与世界接轨。那里的人们都认为自己是热情好客的、有进取心的、有信仰的。而在他们眼里，西部意味着落后、印第安人、左翼势力、与世隔绝。东部地区以全国首富圣克鲁斯省为傲。那里气候炎热，从广袤的查科平原延伸到亚马孙地区和安第斯城堡，圣克鲁斯省盛产大豆，工业以加工提炼天然气、石油为主。西部，以首都拉巴斯为中心，是一座建在冰冷高原上的城市，出产银矿、锡矿，采矿业是那里主要的财富来源。

2003年10月前夕，正值桑切斯·德洛萨达政府风雨飘摇之际，玻利维亚人，乃至整个世界，见证了东部和西部这两块素来互相敌视的土地，第一次产生直接的冲突与碰撞，不仅仅是意识形态的冲突和碰撞。当时很多圣克鲁斯人把电视里播出的拉巴斯和奥尔托的民众起义当作娱乐节目来看。圣克鲁斯市街道上，两派人发生了冲突：农民、印第安人、学生上街游行，要求桑切斯总统下台。而保卫圣克鲁斯委员会及其他有关组织则支持桑切斯政府、支持通过智利向美国出口石油。双方在圣克鲁斯市的主要街道9月24日广场上发生冲突，保卫圣克鲁斯委员会这一派最终取得胜利，占领了广场，在那里高唱圣克鲁斯省的省歌。

保卫圣克鲁斯委员会自称"圣克鲁斯人的精神政府"，是圣克鲁斯精英的最高代表，在与西部的冲突中集中体现了圣克鲁斯的立场。2003年，这个委员会有着广泛的社会支持和群众动员能力，因为它吸引了中下阶层。

在拉巴斯10月起义期间，这个委员会经历了一次激进变革。在桑切斯总统下台后，该委员会要求进行彻底的政治体制改革，"为了圣克鲁斯不从玻利维亚分离出去"。该组织认为，整个国家处于变化之中，西部的社会运动推翻了一个总统，实现了要求自然资源国有化的10月改革，召开了将重建国家的立宪大会等。东部精英阶层也提出了一系列纲领性主张：要求自治，选举地方行政长官，停止封堵道路等。时任委员会主席的鲁文·克斯塔斯声明："现在是将西部人进行东部化的时候了。"

从圣克鲁斯精英们的视角来看，历史上圣克鲁斯与西部打交道的特点是轻视、蔑视和独断专行。

19世纪时，圣克鲁斯人曾一度感到被中央政府歧视，于是曾两度揭竿而起，要求与中央建立新的关系。1876年，联邦主义者安德烈斯·伊瓦涅斯率众起义，他的平等主张遭到圣克鲁斯精英们的反对。1891年，爆发了多明戈革命，原因有二，开始时间是在星期日❶，此外领导革命的军官里有两位的姓氏都叫多明戈。尽管这两次起义都以失败告终，但是却开了圣克鲁斯向中央政府提政治诉求的先河。

在此之后，到了20世纪前半叶，圣克鲁斯人开始主张国家东西部融合，在前30年，圣克鲁斯优先修筑了联结东西部的铁路，目的是使西部高原人可以来到东部平原上。此后，玻利维亚爆发了民族主义革命运动党领导的1952年民族主义革命运动，这场革命在圣克鲁斯和西部其他省份之间形成了巨大的凝聚力，使之空前团结一致。民族主义革命运动党推行了"向东部进军"的运动，寻求经济上的多元化发展，减少对采矿业的依赖，开垦圣克鲁斯和毗邻省份的大片土地。以1950年成立的保卫圣克鲁斯委员会和玻利维亚社会主义组织为代表的圣克鲁斯精英阶层与民族主义革命运动党经常发生对抗，曾于1957年至1959年间执掌圣克鲁斯市，而当时中央政府通过武力夺回圣克鲁斯执政权，该组织遂于1965年终止了活动。

从20世纪60年代起，圣克鲁斯开始走向现代化。在现代化进程中，他们要求中央政府提供公共服务，如水资源、水利设施等，由于中央政府并没有满足

---

❶ Revolución de los Domingos，星期日在西班牙语中发音为"多明戈"。——译者注

他们的要求，他们开始用自己的资源建设基础设施。也正是因为如此，圣克鲁斯精英们一直认为他们地区今日取得的巨大成就与国家政府无关。像水、电供给以及其他的公共服务都牢牢地掌握在他们自己办的合作社手里。这些合作社掌控在该市东方绅士和托勃洛奇斯这两个秘密组织手里。

1971年8月，圣克鲁斯精英们与政变上台的乌戈·班塞尔·苏亚雷斯进行合作。班塞尔是玻利维亚历史上3位来自圣克鲁斯的总统之一。班塞尔在其统治时期（1971～1978），推动圣克鲁斯迎来了第一次巨大的经济繁荣，班塞尔为自己的家乡提供了各种实惠：国家贷款、货币贬值（有利于该地区农业出口）等。而当时新闻媒体和学者的研究显示，当时毒枭在经济扩张中所起的作用也着实不小。

圣克鲁斯省所经历的第二次经济腾飞是在1985年新自由主义政策实施后。大力引进石油、天然气工业的外资，如西班牙的雷普索尔公司、巴西石油公司，乡镇企业的崛起，使圣克鲁斯成为当时玻利维亚经济发展的火车头，并成为国内人口迁徙的首选：30年间，省会圣克鲁斯市的人口从5万增加到120万。社会学家费尔南多·卡尔德隆认为，20世纪末，圣克鲁斯看上去"比以往任何时候都更加玻利维亚化"。但是到了21世纪初，突然出现了一股前所未有的与西部对抗的强烈意识。埃沃·莫拉莱斯，作为西部高原的化身，成为东部地区进行攻击的直接目标，虽然不是唯一的目标。

2003年10月17日，接替桑切斯总统职位的卡洛斯·梅萨扮起了和事佬的角色，力图在东西部之间保持平衡。这种平衡也表现在国会。在国会里，传统政党保持着多数席位。此外，梅萨顶住了来自企业和外国政府的压力。梅萨的劣势就在于他没有一个自己的政党做依托，也欠缺从政和作为管理者的经验。

当年12月份的第一个周四，梅萨在办公室里接见了我。当时的火烧宫很冷清，没有什么人，这似乎预示着他希望长期坐在这个宝座上的前景并不妙。

各国的总统似乎都不怎么待见梅萨。11月15日，在圣克鲁斯举行的伊比利亚美洲峰会上，梅萨约定与基什内尔会面，但是这位新走马上任的玻利维亚总统却被放了鸽子，不仅如此，阿根廷总统乘此机会仿佛成心与其对着干似的，在同一时间与埃沃·莫拉莱斯会了面。

这次会面几天之后，美国一位官员给阿根廷外交部送去了一份文件，将埃沃·莫拉莱斯这位古柯农领袖正式定义为"贩毒恐怖主义者"。

埃沃与梅萨政府之间的关系到了关键时刻。在桑切斯政府倒台后，梅萨曾坚决反对过莫拉莱斯建立一个革命委员会的主张，以及实行一系列激进措施（如将一些跨国石油公司在玻利维亚的资源收归国有）的提议。梅萨不惜一切代价阻挡左翼的脚步。埃沃在加快总统更迭的进程。

最初，莫拉莱斯希望与梅萨和平共处，他曾在他的党内会议上表示支持新总统，目的在于通过该政府实现自己党派的一些要求，像召开立宪大会，制定新天然气法律。但是他公开表示，不在政府中担任职务，尽管梅萨力邀他入阁。从中期考虑，并考虑到2007年的总统大选，埃沃努力整顿自己的政党，赢得省市政府的选举，为管理国家做准备。

埃沃与总统梅萨的关系十分僵硬，尽管当过记者的梅萨曾和这位争取社会主义运动的领袖有过一段交情。埃沃一向与那些普通记者相处得很好，但是很少与那些主编、出版社老板打交道。实际上，当梅萨还在任副总统时，私底下就曾邀请过埃沃共进晚餐，希望可以与他建立更深的联系，但是对方拒绝了：他所建立的关系都是政治性的。甚至吃一顿烤肉，他也只与他的同志们、信赖的人一起吃，而梅萨从来都没让他信任过。

梅萨总统迫切需要实现社会稳定，而这只有埃沃和争取社会主义运动的国会议员才能向他提供保障。梅萨当上总统后，他们最初的几次官方会面是恭恭敬敬的，但保持着距离。梅萨力图以诱人条件作为交换：如果他与总统合作，总统也会为他实现自己的希望提供便利。

对于与美国关系的问题，梅萨总统在火烧宫接受采访时曾表示，以保证本国"最低的尊严"为基础。美国每年提供9 400万美元，用于玻利维亚各种社会援助，但是要求铲除古柯。此外，华盛顿方面也同意了梅萨政府与莫拉莱斯共存的局面，因为这位争取社会主义运动的领袖已经成为玻利维亚政坛的一个主角。但是美国大使坚持不把埃沃看作对话者，因为仍旧认为他是贩毒问题的合谋。

梅萨在两者间实现了平衡,与莫拉莱斯签署了一份协议:批准每个古柯家庭拥有1公顷古柯田。

随着莫拉莱斯与梅萨的关系趋缓,引起了一些闲言碎语:有人管莫拉莱斯叫官方主义者,这令他很恼火。在一次采访中,他指出:"有人称我是官方主义者、警察、吹鼓手。美国白宫称我为贩毒恐怖主义者。称我是官方主义者的人不明白,对于一些国家提案,争取社会主义运动是有权利支持政府的决定的。如果问我我怎么看梅萨,我会说他是一个屈从于传统经济模式、屈从于美国使馆、屈从于外国跨国企业的俘虏。他想与所有人保持良好关系:既和跨国公司,又和人民。"

2004年5月,莫拉莱斯与梅萨的关系产生了危机,这是由于国会通过了一个法案,进入玻利维亚的美国军队有豁免权。这也引起了莫拉莱斯和老托派领袖菲莱蒙·埃斯科瓦尔关系的彻底破裂。埃斯科瓦尔曾长达14年投身于查帕雷古柯农运动,对古柯农进行政治和意识形态培养,并为其领袖莫拉莱斯开拓了政治道路。在参议院最后表决时,身为参议员的埃斯科瓦尔和其他争取社会主义运动的参议员都没有到场表决。在这次会议上,该项议案获得通过。

"这简直是背叛。"莫拉莱斯这样发泄道。之后,他揭发有人用5万美元收买了埃斯科瓦尔和其余几名议员。他骂埃斯科瓦尔是美国中情局的间谍,骂其余几名参议员是"钱奴才"。

埃斯科瓦尔十分坚定地拥护与梅萨政府达成的谅解,并拒绝莫拉莱斯的那些指控,声称自己那天并不是故意缺席,而是参议院议长利用他在与争取社会主义运动参议员碰头之时擅自通过了法律。并且骂莫拉莱斯是"没教养的小子"。从那时开始,他们就一直在相互指责、相互攻击。

梅萨在2004年7月对其制定的石油天然气政策进行的全民公投中与莫拉莱斯产生了严重的分歧。

在公投所涉及的5个问题公之于众前,梅萨先让莫拉莱斯看了,后者只同意前3项:废除桑切斯政府时期的天然气法;将所有油井的所属权收归玻利维亚政府所有；重建玻利维亚石油矿藏公司。埃沃并不赞同后两条，即把出口天然气作为恢复"有效的、有主权的太平洋出海口"的战略资源，以及玻利维亚政府对石油公司"收取其天然气和石油产值的50%的税收"。最后一条，埃沃认为50%这个数字过低。在这次与埃沃的会面中，梅萨希望与埃沃就这5个问题达成共识，当然也可以有适当的改动。但是还没进行商讨，埃沃就提前向公众表明了自己的态度，这让梅萨大为不悦。

7月18日，梅萨最终赢得了全民公投（尽管后两个问题获得的票数明显低于前三项），于是梅萨给莫拉莱斯打电话，让他在国会上谈谈即将提交国会的石油议案。

"我在科恰班巴呢，现在不行……再联系。"

在2006年的一次采访中，梅萨曾对我形象地陈述了莫拉莱斯对其使用的战略："他总是知道如何挤压我的政治发展空间，限制我成为左翼中心。他知道还不能勒死我，直到他决定勒死我才行。"

梅萨与莫拉莱斯之间众多调解人之一，拉巴斯市市长胡安·德尔格拉纳多认为，总统的轻蔑态度与莫拉莱斯的不信任感造成了两个人的紧张关系。

在对新石油法讨论时，梅萨与莫拉莱斯之间的分歧越来越大。梅萨提议征收石油寡头公司32%的税和18%的特许权使用费，而争取社会主义运动却要求特许权使用费上调到50%。埃沃曾公开警告总统，他将重蹈桑切斯总统的覆辙。警告总统在新法案通过前不能出口天然气。而梅萨方面受到来自石油寡头的巨大压力，同意让他的亲信、左右手——总统府部长佩佩·加林多与巴西石油公司建立亲密的联系。

梅萨试图通过委内瑞拉总统查韦斯来对莫拉莱斯进行牵制。梅萨获得情报，委内瑞拉方面一直对争取社会主义运动进行资助，但是从未被证实。梅萨一直认为，查韦斯最初是先支持费利佩·基斯佩，到2002年以后开始将宝押在莫拉莱斯身上。

于是他请求查韦斯，向埃沃展示委内瑞拉政府的经营管理模式，并希望他劝劝埃沃，让他明白，争取社会主义运动试图搞的国有化是行不通的。显然，梅萨高估了查韦斯的影响力，同时也低估了莫拉莱斯的实力。

埃沃对梅萨政府的攻击因2004年的一个权力阴谋而终止：那一年他揭发了玻利维亚国内权力集团和美国使馆合谋，策划将巴卡·迭斯扶上总统宝座。此时，埃沃已经不将梅萨视为大的威胁了，而且对当时玻利维亚政府与阿根廷签署的一份颇具争议的协定表示支持，协议规定，玻利维亚同意以每百万英热单位的天然气以1美元的价格出售。这个价格是协商一致的结果。但是在几年后，埃沃当上总统后，与阿根廷签署的下一份协定里将单价提高了5美元，以此看来，之前的那个价格是格外"优惠"了。

圣克鲁斯的精英们仍旧对中央政府施压。由保卫圣克鲁斯委员会组织的第一次大规模动员运动是2004年6月22日召开的公开市政议会。根据《义务报》报道，5万人参与了抗议活动，他们的6月日程包括要求地区自治，实现全国社会安定等，这样上一年10月政府致力于维护东西部平衡的意图宣告破产。

2004年10月24日，为了加速自治进程，圣克鲁斯又爆发游行，梅萨受到了来自保卫圣克鲁斯委员会方面的压力，他说："圣克鲁斯精英们的目光太狭隘了。"抗议者们进行罢工，要求年底进行全民公投。圣克鲁斯精英们把梅萨总统看成是莫拉莱斯的傀儡，于是开始利用当地媒体造势宣传，对总统进行攻击，其中不乏前总统桑切斯的追随者，叫嚣着要复仇。形势逼迫梅萨不得不给圣克鲁斯大地主、同时也是联合电信电视台的董事长奥斯瓦尔多·莫纳斯特里奥斯打电话，希望和他谈谈是否有办法缓和一下紧张局势，但电话那头却给了他令人绝望的答复："莫纳斯特里奥先生在午休，任何人都不得打扰。"

2004年12月，省市选举使得政治形势方面的地方主义愈发明显。地方政党赢得了主要城市的选举。而这对莫拉莱斯产生了不利的影响：尽管争取社会主义运动赢得了最多的选票，但是仅有17%，远低于他的预想。他认为，与梅萨共处的做法影响了他发展的可能性，这一结论对后来的事态发展产生了影响。

2004年最后一天，政府决定提高柴油价格，这促使国家东、西部奇迹般地停止了相互指责，把苗头都对准了中央政府。总统在一次讲话中声称两股极端势力是政府执政的障碍。一方"希望进行模式变革，国有化，将外国公司赶出玻利维亚"，而另一方打出的旗号是"保留自由主义秩序，维护个人利益"。

保卫圣克鲁斯委员会在第二年1月28日组织了一场抗议活动，有28万人参加。活动中，委员会主席科斯塔斯宣布那一天就是"自治的第一天"，在他的演讲中，除了打击莫拉莱斯（"外国人不应该认为我们只是古柯农"）和梅萨总统（"我们有权利拥有一个会执政的政府"）外，他还试图将自治的概念在群众心中扎根，变得不可避免。

美国又开始高调介入了。1月20日，美军南方指挥部前总司令詹姆斯·希尔宣称，查韦斯在为莫拉莱斯提供资金支持。三个星期后，时任国务卿的赖斯在美国参议院对外关系委员会听证会上谈到了玻利维亚政府，她说，古柯种植者建立的政党得到壮大，这是"很奇怪的事"。"我们很是为这样的政党担心。"

1月份，莫拉莱斯曾要求缩短梅萨的总统任期。3月初，他利用国内的反梅萨浪潮，组织全国范围内的道路封堵，以示抗议，要求国会对新石油法投票表决并召开立宪大会。埃沃力图使出奇招，利用社会对总统的不满逼其就范。

梅萨终于在3月6日宣布辞去总统职务。在他的辞职演说中，将原因归咎于莫拉莱斯组织的抗议活动。他用手指指着莫拉莱斯，言辞十分激烈，有悖于他记者、历史学家、政治家的身份。梅萨控诉着争取社会主义运动的首领的政治手腕：

"埃沃·莫拉莱斯，我已经反复提到过多次，也详细地说明了这一切情况，他很轻易地就可以封锁玻利维亚……来吧，您来执政吧，我倒要看看您来以后如何管理这个国家，您是否明白作为一国总统，身上应背负怎样的责任。您，可敬的莫拉莱斯啊，您是反对党领袖，像以前一样作为工会领导人上街游行，但那已经不符合您的身份了，您只需舒舒服服地坐在宝座上随便吩咐一句：'去封锁吧，我们所有人都去封锁吧'！"

起初，这番演说对梅萨很有利。国会反对派拒绝他的辞职，认为争取社会主义运动组织的封堵道路的活动失去了合法性，应该对封堵道路行动做出地域限制。一股支持梅萨的政治势力渐渐涌现，特别是在中间阶级中，他们头戴白毛巾，举行了示威活动，要求东西部两方势力允许梅萨总统管理国家。

梅萨辞职演说的激烈言辞使莫拉莱斯当天在机场受到了一些乘客的攻击，为了躲避冲突，他不得不换了另一架航班。此外，埃沃在街上也受到了谩骂，有人甚至向他吐吐沫。"现在我们正处于一场以我们为主要攻击目标的战争。" 埃沃对参议员安东尼奥·佩雷多说道。佩雷多也遭受了对争取社会主义运动的攻击。

梅萨下台后进行的一项民意调查显示，全国主要的4大城市（圣克鲁斯、奥尔托、拉巴斯、科恰班巴）对莫拉莱斯的不满达到了73%。争取社会主义运动的领导层一致认为，这是梅萨为了能够重新执政、直到2007年新一轮大选所要的阴谋。

埃沃这次受到了重创，一蹶不振。这时候有一个人物再次出现在他的亲信圈子里，这个人就是记者兼编辑沃特·查韦斯。查韦斯后来在2005年成了关键人物。他曾在2002年大选时为埃沃的竞选立下了汗马之劳，但是不久就远离了埃沃身边，因为他质疑埃沃所采取的与梅萨通过对话解决问题的政策。"这个神经病总统一直都在拒绝印第安人自己代表自己。"查韦斯以其惯用的直截了当方式对埃沃说。他建议埃沃对梅萨采取对抗立场。而埃沃身边的另一位智将，何塞·安东尼奥·基罗加则建议与梅萨寻求更大的相互谅解。

在经历一些大危机时，比如像3月6日总统辞职引发的危机，埃沃总是愿意听听其他人的意见，这一次更是将身边人召集起来共同商讨，最后他听取了查韦斯的意见："我要与之对抗，我要彻底打倒他。"他确定了自己的立场，拒绝梅萨提出的签订拯救国家协议的主张。由于立场不同，他认为基罗加是背叛者，断然与之绝交。此外，决定依靠曾抨击他是亲梅萨政府主义的政治势力，包括以激进闻名的玻利维亚工人中心和固执己见、同为左派领袖、曾与莫拉莱斯势不两立的费利佩·基斯佩。这使埃沃的未来变得十分不明朗。

保卫圣克鲁斯委员会没有发觉与梅萨政府达成协议的机会。梅萨的所作所为表明，他没有能力弄明白这场全国性政治危机的严重性。该组织决定，如果梅萨无法实现其自治要求，就通过政变成立政府。此外，圣克鲁斯人认为，在他们的日程中没必要考虑梅萨的软弱、西部地区的要求，以及在国会缺乏合法性等问题。尽管梅萨已经公开激烈地与莫拉莱斯划清了界限，圣克鲁斯精英们仍旧认为他是莫拉莱斯的一颗棋子。属于圣克鲁斯阵营的还有前总统豪尔赫·基罗加，他认为，随着梅萨政府的倒台，他将成为下届总统最合适的人选。

玻利维亚这种岌岌可危的局面在国外引起了种种猜测：会导致武装斗争或是出现分离主义局面。3月底，美国国防部长唐纳多·拉姆斯菲尔德在一次与阿根廷国防部长何塞·潘普罗的私人会面中，谈到玻利维亚正处于一场紧迫的"解体危机"：东西部发动叛乱，地区势力争夺政权。"玻利维亚会变成第二个海地。"拉姆斯菲尔德建议考虑派遣多国部队进驻玻利维亚，避免发生国家解体的局面。

在梅萨发表辞职演说后，乌戈·查韦斯致电梅萨，对这种局面表示遗憾。在火烧宫里，梅萨一边悠闲地享受着刮胡子和理发的服务，一边对着电话那边的查韦斯说希望他可以从中调解："我既没有政党也没有议会的支持，无法执政了。如果莫拉莱斯不希望我执政的话，直接把我剔除好了。乌戈，你让他好好想想吧。"

"我觉得我之前支持埃沃的方式是错误的。" 根据梅萨的话，查韦斯这样回答道，"待我跟他联系有结果后再给你打电话。"

但是委内瑞拉总统再也没有回电话给梅萨。莫拉莱斯已经决定走激进路线了。5月初，埃沃刚从古巴回来就召开了党内会议，提出应该遵循10月路线。埃沃身边的得力干将戴维·乔盖万卡在会议上宣布："我们的埃沃已经决定要做总统了。"

这时的拉巴斯已经被各大社会运动封锁包围，他们要求国会修改石油法，召开立宪大会。7月6日，当国会就圣克鲁斯自治问题组织全民公投、成立立宪大会的努力破产后，梅萨彻底绝望了，第三次、也是最后一次决定彻底离开总统宝座。

在此之前几个小时，他与美国大使戴维·格林利在其左右手佩佩·加林多的宅邸会面，强烈希望他的继任人是前最高法院院长爱德华多·罗德里格斯·维尔则。

而美国大使则回答道："参议长奥尔曼多·巴卡·迭斯才是最好的人选，而你推荐的罗德里格斯绝对不能胜任，他缺乏足够的执政经验，而这正是当下最需要的。"

奥尔曼多·巴卡·迭斯是一位圣克鲁斯省出身的政坛老手，身后有保卫圣克鲁斯委员会撑腰。他曾向美国大使格林利承诺，如果他执政的话，3天便能使国家恢复秩序。格林利对梅萨指出，现在国家需要的是权威："如果武装军队出面采取预防性措施的话，局势会立刻平息下来。"他们并没有谈到如果这样会死亡多少人，他们知道在玻利维亚死亡数百人是很让人忌惮的事。

莫拉莱斯听到梅萨最终放弃政权的消息后，给他打了电话：

"为什么你辞职了？"他的语气很友善。

"埃沃，你不是给我寄了一封信让我辞职吗？"对方回答道。

"你是在给右派做戏。"

那天晚上，据埃沃的亲信沃特·查韦斯回忆，埃沃特地打开了菲德尔·卡斯特罗送他的一瓶12年的朗姆酒来庆贺，并且还嘱咐，要避免美国挑选的玻利维亚总统人选奥尔曼多·巴卡·迭斯上台。

围绕总统更迭展开的斗争日趋激烈。玻利维亚和各国媒体都预测可能会爆发一场内战：又一个总统下台，没有继任者，东西部两方势力无法达成任何和解，90场封堵道路的行动遍布全国。

天主教会出面调停，以失败告终。梅萨要求参众两院议长奥尔曼多·巴卡·迭斯和马里奥·卡西奥表态，不参与总统的争夺，以避免斗争进一步升级。

在拉巴斯召开会议已经不可行了，于是巴卡·迭斯在苏克雷召开参议院例会，商讨梅萨辞职后的相关事宜。为了确保能够继任，巴卡·迭斯出动了1.4万名士兵守卫会场，而且保证莫拉莱斯率领的争取社会主义运动的议员们最后一拨儿到会场。但是埃沃并没有理会巴卡·迭斯。他将工作托付给了亲信安东尼奥·佩雷多,自己留在饭店,协调各运动组织动员力量,奔赴苏克雷,阻止参议长继任总统的阴谋。

在最后的几个小时,巴卡·迭斯在演讲中充分展示了自己作为角斗士老手的才能,向美国大使馆承诺恢复政府的权威,向奥尔托激进派承诺实现国有化,向圣克鲁斯人承诺落实他们的日程,等等。巴卡·迭斯也将他的家人接到苏克雷让他们见证他"登基"的辉煌一刻。过度兴奋的心情使他在媒体面前失言:"我是共和国总统,对不起,错了,我是国会议长。"

在莫拉莱斯组织的向苏克雷行进的抗议大军里,一位矿工领袖的意外身亡阻碍了巴卡·迭斯计划的实施。当他知道这个意外事件后,决定把会议地点迁到特立尼达,避免新一轮游行的阻挠。但是他的计划必须放弃:一方面,军队坚持议会只能在苏克雷召开会议,另一方面,关于巴卡·迭斯要进行政变的流言四起,他面临着辞职的压力。

在晚上9点到9点半之间,一切都有可能发生变化。梅萨差点儿收回他的辞职请求,理由是国会一时之间无法处理他的辞职请求,他的想法是留下来主持接下来的选举活动,通过法律采取重大措施。在这样一个框架下,梅萨的很多政治顾问都建议他关闭议会,与军队达成共识。但是身为总统,梅萨要考虑政府采取的很多措施,这决定他在历史上将占据怎样的位置。他拒绝了关闭议会的建议。

在梅萨与他的顾问正分析各种变数以及各种局面可能性的时候,参议院议长巴卡·迭斯受不了流言四溢的压力,对外宣布放弃争夺总统宝座,而众议院议长也紧随其后宣布了同样的决定。

过了一年,在经历了2005年那一段痛苦压抑的岁月后,我在圣克鲁斯采访了巴卡·迭斯,他告诉我他无法成为总统是因为两个决定性的因素:他的圣克鲁斯出身以及卡洛斯·梅萨。

"就像我那天晚上(2005年6月9日)说的那样,像我这样的圣克鲁斯人要成为玻利维亚人需要获得人民的准许,但是我在没有任何人认同的情况下就擅自当自己是玻利维亚人了。"

2005年6月6日，星期一晚上，我在布宜诺斯艾利斯与美国重新为玻利维亚选的得力总统候选人前最高法院院长爱德华多·罗德里格斯·维尔则通了电话：

"据说您将任下一届总统？"我问他。

"别想了，这是不可能的。"身处苏克雷的罗德里格斯答道。

将近一年后，罗德里格斯在牛津大学的家里回忆起当时的情景：在那个时刻，我是少数给他打电话的人。很少人把赌注押在他身上。这让他感到一丝的心安。

2005年6月9日，他的孩子们觉得他们的爸爸可能要工作到深夜，于是就去睡觉了。第二天清晨，他们的爸爸把他们叫醒，告诉他们，爸爸刚刚获得了一个新职务——玻利维亚共和国总统，是在15分钟前刚刚获得任命的，没有总统绶带、没有权杖，也没有金灿灿的勋章。一年后他接受采访时回忆道："当时我觉得很忧心：社会秩序一片混乱，军队内部形势也十分复杂。"根据他整理的资料，在他就任几周前，一些政党试图与奥尔托抗议激进指挥部取得联系达成谅解。

他就任总统的主要目标是主持过渡政府，直到2005年12月举行总统大选。

埃沃努力与新总统罗德里格斯·维尔则建立良好的关系。新总统就任几天后，埃沃与他共进晚餐，并建议新总统通过举行选举进行议会成员大换血，并向他申明，争取社会主义运动将不会任职于他的临时政府。

罗德里格斯·维尔则无论对莫拉莱斯还是对其他有可能成为总统的人都采取了同样的策略，在这种动乱的时候，把所有人都叫到火烧宫来。"我们不是最终要举行大选吗？在这种形势下，我们应该做些什么？"新总统曾问过埃沃这个问题很多遍。

维尔则知道，应该与他所认为的那个"对玻利维亚无孔不入的美国"和平共处。但是他从没想过美国这种渗透会引发导弹丑闻。玻利维亚拥有中国制造的28枚防空导弹HN-5，很像当时伊拉克和塔利班抵抗美国入侵，攻打美国直升机时用的导弹类型。之前美国使馆要求时任总统的梅萨本人交出那些武器，但是被拒绝了。2005年10月，根据周刊《普尔索》的报道，在一场美国暗中策划的军事行动中，美国人成功地将这些导弹取出并销毁了。

尽管这场导弹危机产生了不利影响，但罗德里格斯·维尔则还在为玻利维亚顺利举行大选而努力。这时，以图托·基罗加为代表的东部阵营和以莫拉莱斯为代表的西部阵营之间产生了冲突。

1995年夏，拉巴斯当地报纸《今日报》的编辑部主任，埃尔南·特拉萨斯是一名激情四射的新闻工作者，个子不高，卷曲的头发，留着小胡子，穿着一件坎肩，抽着雪茄，总想把《今日报》办成阿根廷的《12页报》。埃尔南在离开报社后，被当时的副总统，后来成为总统的图托·基罗加纳入幕僚，成为信息部长，图托的左膀右臂。而到了2005年大选，埃尔南觉得自己已经一只脚踏进火烧宫的大门了。而埃沃那一方的通信部门负责人沃特·查韦斯的故事也同样精彩。

沃特·查韦斯也在《今日报》工作过，任文化版主任。他能够一天内读完三本书或是一个下午编辑16页消息。1992年，他作为政治难民从祖国秘鲁逃到玻利维亚，并在玻利维亚文化圈闯出一片天地。先后在《今日报》和格拉夫林克家族传媒公司任职，自己创办了激进的半月刊《狂热的游戏》。从2002年起，他加入了莫拉莱斯的总统竞选团，在十几年的传媒文化业闯荡后，又重回政坛。

在《今日报》工作的那段时间，埃尔南和沃特交情非常好，当时报社的董事长塞缪尔·多里亚·梅迪纳十分信任他们。到2005年，这位胖胖的、留着络腮胡子的董事长，凭借着他的水泥厂以及其他比《今日报》更有产出的产业投资，一举成为百万富翁，并以一个名叫民族统一党的候选人的身份竞选总统席位，这是一个像管理企业一样管理政党的党派。他的竞选团，不同于莫拉莱斯或基罗加那种过度极端化的理念，而是趋于走"折中"路线。

玻利维亚的政坛圈子很小，很不正规。从1995年起，从《今日报》走出的三位精英分别在2005年总统大选3个阵营中占有举足轻重的地位。

莫拉莱斯并没有给沃特·查韦斯具体职务，但实际上赋予他很大职能，他已经名副其实地成了莫拉莱斯竞选班子的负责人。当他读到一篇报道说80%的总统竞选班子由于策略使用不当而失利时,显得十分担忧,他建议莫拉莱斯雇一名外国人做竞选班子的负责人。而埃沃这样回答道:"如果我们一面宣传着要进行国有化改革,一面又把竞选主动权交到一个巴西或美国顾问手里,这样太矛盾了,也不够诚实。"

沃特·查韦斯,一名定居在玻利维亚拉巴斯的秘鲁人,采取了一名阿根廷人和一名智利人的经验,推进玻利维亚的竞选活动,即参考了阿根廷政治家、作家米格尔·博纳索写的《非总统》一书,介绍了埃克托尔·何塞·坎波拉如何成为短命政府,萨尔瓦多·阿连德竞选时如何提出5个要点。

"阿连德的人民联盟提出的是5个要点,我们就制定10条执政方针。"他这样建议道。

"好吧,这些目标要利于阅读,朗朗上口一些,便于人们更好地记住。"埃沃要求道。

这10条包括石油国有化、天然气工业化、立宪大会、反贪污法律、国家财政紧缩法案、公共服务价目调控、土地改革等。

埃沃对他的团队发起号召:通过竞选使我们的国家更有尊严;不承诺任何达不到的事情;将谈判公开化;在政策层面取胜,因为竞选是所有政客之间的角逐。

埃沃每天白天都在外面奔波,晚上在自己家召开评估会议,与会人员只能吃些小饼干充饥,因为他的家里实在没有什么可吃的。他的团队将之前制定的10项执政方针作为重点。像2002年竞选一样,埃沃他们缺少各部门的候选人名单,这就要看莫拉莱斯如何从各社会组织、团体、党内部以及盟友中间选取适合的人。

6月,埃沃宣布要去哈瓦那与菲德尔·卡斯特罗和乌戈·查韦斯会面。而他竞选团的负责人沃特·查韦斯动员整个团队说服他不要去,因为这一趟成本太高。双方经过一番激烈的讨论,莫拉莱斯站起来,盯着他的竞选团团长说道:"如果你觉得我这一趟会葬送整个争取社会主义运动,我就不去。"这是为数不多的几次他的团队成功地制止了他的冲动。因此在整个竞选活动中，他既没有访问古巴，也没前往委内瑞拉。

现在缺一个副总统的人选。他们的党在东部地区实力很有限，因此他的竞选团首先想提出一个可以代表整个东部地区的人选。后来曾考虑一位女士：埃沃比较欣赏的玻利维亚人权捍卫者安娜·玛利亚·罗梅罗，但是最终觉得还是应该选择一名智将，于是乎阿尔瓦洛·加西亚·利内拉就成了最佳候选人。当埃沃竞选团把决定告诉利内拉的时候，他还是有些意外，尽管在那个时候他的周围对此事已经张扬开了。

对于这个决定，利内拉这样回复莫拉莱斯："兄弟啊，你们再找找有没有更好的，找一个认同度更高的人。如果找不到的话，我就是你的候选人了。"

在争取社会主义运动内部，这个决定引起了一些人的反对，因为利内拉和与埃沃水火不相容的左派革命者费利佩·基斯佩保持着亲密关系：二人曾是图帕克·卡塔里游击队的战友，共同坐过5年牢。

当决定接受这个任命时，利内拉将竞选团的同伴召集到他的家里，其中包括沃特·查韦斯，利内拉让他们许诺，如果埃沃最后没有能够上台执政，这个方案就此搁浅。

8月16日，利内拉作为副总统候选人第一次进行演讲时，引用了玻利维亚总统曼努埃尔·伊西多罗·贝尔苏（1848~1855年在职）的一句话为埃沃整个竞选团定了调："当大披肩和领带两种认知可以共存的时候，玻利维亚将是最荣耀的。"事实上，利内拉成功地强调了莫拉莱斯的印第安人身份。

当时埃沃的私人秘书伊万·伊伯雷负责协调处理安全和情报事务，特别是保证埃沃全天24小时护卫，决不让候选人单独外出。此外，还有很多自称掌握秘密情报的人主动找伊伯雷：2003年，一位自称伊诺霍萨的先生告诉伊伯雷，他准备动用他所控制的武装力量帮助莫拉莱斯。在2005年竞选的时候，一位陆军上校向伊伯雷透露，掌握了两份关于埃沃和利内拉的情报。经请示莫拉莱斯后，伊伯雷决定不买那位陆军上校的账。

在整个竞选活动中，莫拉莱斯都很怕有人舞弊，或是爆发政变或暗杀活动。他收到一条威胁情报：如果第一轮他赢了的话，一些军人便发动政变。利内拉曾建议埃沃如果爆发政变要怎么做：

"应该第一时间进行抵抗，当然但愿什么都不发生……要是真发生了，你要带头领导抗争，为捍卫民主而战。"

从哈瓦那也传出了一条警告讯息：一个以萨尔瓦多为基地的古巴组织正在谋划一场对莫拉莱斯的暗杀行动。

埃沃一向很相信自己的梦，而10月底这一晚的噩梦让他感到异常绝望。半夜两点，埃沃从家中给沃特·查韦斯打了电话："沃特，我觉得咱们这次赢不了了。"他坐在床上，还没有从噩梦中完全清醒过来。

梦对他有决定性的影响：可以改变他的情绪，既会增加安全感，也可以使他做决定时犹豫不决。如果他的父亲出现在梦中，他知道他的好运来了，于是会做出一些大胆的决定。第一次他觉得可以登上更加重要的位置时，是他梦见他走在奥利诺卡镇的小路上，突然天空裂开了，一道光带着他飞向云霄。而刚刚发生的这场噩梦是梦见从那云霄上跌落下来。

"我正从一个梯子向上爬，"他给沃特讲他的梦境，"基罗加突然出现，不断地阻碍我，最后我从梯子上掉下去了。"

"这只是梦：你的压力太大了，我们一定会赢的。"对方安慰道。

第二天，几乎在同一时间，他又给沃特·查韦斯打了电话。

"我梦见我在便秘。我什么都做不了。"

之后，他们举行了个仪式，将这些噩梦赶走。沃特·查韦斯负责竞选团的采访、资金的管理、候选人的演讲、制定的10项执政方针的宣传、旅程的安排，通常是乘大巴车，因为没有足够的预算可以支付机票。现在他又多了一项新任务：帮莫拉莱斯赶走噩梦。而这个时候，埃沃已经在民意调查中领先了。

图托·基罗加收到了美国大使馆的一条信息，这使他惴惴不安：美国方面已经准备好接受争取社会主义运动获胜这种可能了。现任大使戴维·格林利不同于2002年美国大使罗查，没有那种言辞激烈的说话方式，并不攻击莫拉莱斯，而主要担心莫拉莱斯是否会变成乌戈·查韦斯的傀儡。

在竞选初期，美国大使馆致力于推动候选人基罗加和多利亚·梅迪纳之间的调解。两位候选人达成一致：让一家咨询公司做一场投票意向调查，选票低的那一方，自动退出选举。但是这份协议实际上从未落实。当国家团结阵线的候选人在民调中落后时，美国使馆改变了原先调解的态度，全力支持基罗加一方。

基罗加有圣克鲁斯精英做后盾，他的演讲具有典型的新自由主义和技术官僚的性质，旧体制的忠实维护者聚集在他身边。他很难与贫困阶层进行接触：因为他既没有亲身体会，又不对穷人有任何的同情。他把攻击矛头指向莫拉莱斯：不仅向民众灌输莫拉莱斯执政的恐惧感，而且在9月份还指控他有意将可卡因合法化，是委内瑞拉总统查韦斯的傀儡等。他希望双方举行一场公开的辩论，但是埃沃并不买他的账。

基罗加的竞选团队并没感受到当时国内所发生的一系列变化。竞选团团长——基罗加的兄弟路易斯·费尔南多·基罗加坚定地认为，一个工会出身的印第安人没有可能胜过一个美国德克萨斯大学毕业的工程师。他们经常嘲笑莫拉莱斯的讲话方式。

他的团队在竞选活动中所犯下的最大的错误是：自导自演了一场纺织工人采访的闹剧。在记者街头采访中，一位穿着工作服的纺织工人表示很为自己担心，因为争取社会主义运动的政策会减少上千的工作岗位。这一信息对基罗加竞选团极为有利，因为这名工人正好向人民反映了如果这位古柯农领袖上台的话会引起怎样不利的影响。

但是沃特·查韦斯最终查出来，这个人并不是真正的纺织工人，而是基罗加竞选团从事服务员、司机及其他杂务的雇员。

在竞选进程刚开始的时候，两个年轻人找到沃特，希望在争取社会主义运动竞选团找个差事干。

"你们会做什么？"他问他们。

"贴小广告。"其中一名答道。

"但这不是一个职业呀。"沃特说道，"这样吧，我付你们钱，但你们还是为基罗加进行宣传。总有一天你们会有机会帮我们的。"

那一天当纺织工人的报道发出后，沃特感到异常吃惊：他不知道如何回应，这条消息对竞选运动事关重大。"这个人不是纺织工人，而是基罗加的社会民主力量党的看门人，同时也是司机。"之前那位青年一语点醒了沃特。他简直不敢相信自己能够得到如此眷顾。他说服了埃沃，准备此事引起轩然大波时再发动反击。他需要可以证明假纺织工人身份的文件，决定从警察那里盗取资料。最后他们获得了这份证明，尽管是通过其他渠道。

于是反击开始了，重点是戳穿那位假纺织工人的身份与职业。这次反击的影响力大于之前的假消息。基罗加欺骗了所有玻利维亚人。

这次反击使基罗加竞选团的人在道义上大为受挫，他们全力寻找告密者，最大的嫌疑却落到了沃特·查韦斯在《今日报》工作时期的老朋友特拉萨斯身上。

竞选团又做出了另外一个决定：让那位纺织工人刮掉胡子，前往圣克鲁斯竞选活动的驻地，过一段时间的隐居生活。

杜达·门东萨是一名巴西广告商，曾在圣克鲁斯搞地下工作。2002年巴西大选中，为卢拉立下了汗马功劳，劳工党曾用来历不明的资金给他支付了报酬。这次，他又秘密来到圣克鲁斯。如果他的存在曝光的话，会对基罗加产生不利影响。杜达·门东萨这次来玻利维亚，是为了向"我们可以"组织讨要200万美元的，但是最终他只拿到20万美元。

图托的竞选团，特别是他的兄弟，对这位操着葡语味西班牙语的巴西人的想法非常感兴趣。门东萨主张使用"进步与和平"这样的口号，它体现了实证主义的思想，使人们联想到巴西国旗上标注的秩序与进步。"我们可以"组织的党旗却不是这样，上面是一颗红五角星，就像阿根廷人民革命军的旗帜一样。门东萨建议强调候选人基罗加的威严，标语改为："威严，图托"。

10月12日，在拉巴斯的圣弗朗西斯科广场上，争取社会主义运动的竞选活动开始了。莫拉莱斯头戴玻利维亚矿工联盟的头盔、手执一根权杖以及印第安人兄弟给他的雪茄登上讲台。他用艾玛拉语和克丘亚语发表了演讲。

活动现场挤满了人，他们举行示威，狂欢，表演节目，高唱宣传歌曲，一切好像2002年的竞选活动场面，当时，埃沃是竞选活动中最走红的人物。所有的民调结果都显示，埃沃并没有获得足够的选票以避免投票进入第二轮，即议会投票选举。自1982年恢复民主政治以来，在第一轮选举中，只有1993年桑切斯·德洛萨斯得到的选票最高：34%。

埃沃在花费开支方面采取严格的限制。他不愿意开空头支票。他相信财政节俭有利于加强团队的实力。

除了140万美元的宣传费，争取社会主义运动的议员和在公共部门任职的党员干部都要贡献出一部分工资收入资助竞选活动。就像很多农民一样，工会变卖了部分财产支持埃沃。还有一些企业家，如酒店行业大亨胡安·巴尔迪维亚也给了竞选团很多资金上的支持。此外，需特别指出的是，有一个圣克鲁斯团体为埃沃的竞选团贡献了一架小飞机。有时候，莫拉莱斯并不信任这些资助的来源，比如他拒绝了玻利维亚罗埃德航空公司董事长埃内斯托·阿斯彭捐献的飞机。

在国内企业家圈中逐渐形成了这样一种思潮：希望莫拉莱斯获胜，因为他获胜后就不会再发生封堵道路的行动，还因为选举后不久新政府还会倒台。在圣克鲁斯，一位衣着考究的太太就是这么想的，她曾在圣克鲁斯对埃沃说："你不用准备游说我们了，因为你是个很正直、诚实的人，因此我投你票。"

在竞选团高层会议上，一位官员曾问他如果竞选成功是否接受军队的等级制度。莫拉莱斯回答，他在以前服兵役时，了解了这一制度，但是当时他一度闹了笑话：无论对谁都说："是，我的司令。"此外，他还对军官们声明，如果他登上总统之位，他们必须服从他。

大选之日终于来到：12月18日，莫拉莱斯当时下榻在查帕雷市图纳利镇的一家宾馆里。那天他很早就起来了。头一天晚上他的梦预示着他会赢。他告诉他的发言人亚历克斯·孔特勒拉，梦到攀登古奇古奇山了，那是一座用来祭祀的神山，从山顶俯瞰那无法用语言形容的宏大景观。

"我们一定会超过50%的选票。"他向孔特勒拉保证。

在享用完鱼汤早餐后,埃沃飞往科恰班巴,以便在中午之前赶到拉巴斯。他在拉巴斯市长也是他的盟友胡安·格拉纳多的宅邸享用了午餐。他拿他的工资打赌:支持率会超过一半,从而在第一轮人民选举中直接胜出,而市长则认为选票会达到40%,现在应该为大选后全国性的动员筹划战略了。

埃沃回到他科恰班巴的家,为他的同伴们:顾问、议员、记者准备了丰盛的烤肉大餐。整整一天过后,他得到了一个预测的统计数据,对他很有利,但是在最后结果出来之前,他不想过度兴奋。

他坐在家里的床上,看着电视,期待电视宣布他为总统。陪伴他的同伴们都挤在床上,其他人坐在椅子上等待着。傍晚6点15分,统计结果最初还不错。7点,他的选票达到40%左右。尽管表示祝贺的电话响个不停(两台固话、两个手机),和他在一起的人相互拥抱,但是他还是紧紧盯着电视屏幕。他让周围安静下来,因为需要等到选票达到50%的时刻。当这一刻真正来临时,他的很多伙伴喜极而泣。"他没有哭:他隐忍了太多。"发言人孔特勒拉回忆道。

晚上10点,莫拉莱斯在科恰班巴6个联合会协调员办事处的大厅里发表了当选总统后的第一场演讲。"我们赢了:有史以来我们印第安人第一次当家做主人了。"他慷慨激昂地说着,身着一条黑裤子,一件白毛衣。当时他还不知道他的选票最终达到了53.7%。演讲最终以一句古柯农的呐喊告终:"古柯万岁!美国佬去死吧!"

听到这一句呐喊,沃特·查韦斯哭了整整两个小时。这场胜利终结了印第安人世世代代所遭受的苦难与挫折。这时沃特想起了他的父亲,也和莫拉莱斯一样,几乎目不识丁,但是就是这样的人终于成功了。

演讲结束两分钟后,莫拉莱斯就打电话给沃特说道:

"老大,现在我们已经没有什么可怕的了。"

"从现在起,不会再有人唾弃你了。"埃沃几乎已泣不成声了,甚至大声哭泣,并流露出些许的不好意思。

副总统加西亚·利内拉显得比较镇定。当他知道选举成功的时候，他抓起一个记事本，将自己关在卧室里，嘱咐不要再给他传递信息了。他在本子上写下这个结果到底意味着什么？在我对他的采访中，他这样对我说："它意味着一份历史的重担，这份重担里承载着赞誉、拥抱或喜庆。我还记下了如何承载并延续这一重大变革。"

　　与此同时，在拉巴斯一家五星级酒店的豪华套房里，基罗加彻底崩溃了：埃沃·莫拉莱斯的选票几乎是他的两倍。在乘飞机去美国之前，他的父亲为他送去了安慰："如果人民决定投票给一个白痴的话，那就让他们自食恶果吧。"

　　这一夜，埃沃他们尽情地狂欢着，喝着啤酒和香槟，吃了一个饼子。之后，埃沃希望在自己的房间里休息一下，他想独处一会儿。就这样，他度过了当选总统后的第一个平静的夜晚。

　　5天后，他在筹划自己的古巴之行，在大选期间，他忙得没有机会去那里。而古巴政府为他准备了元首级的待遇。与卡斯特罗的午餐一直延续到晚上9点。卡斯特罗建议他趁此机会进行一次环球国事访问（委内瑞拉、西班牙、法国、荷兰、比利时、中国、南非），乘着私人飞机，身边配备警卫。"在整个访问途中，出现一点儿瑕疵就有可能毁了你的整个旅途。"当卡斯特罗得知他只能坐民用商业飞机时，提醒道。卡斯特罗表示，古巴愿意为埃沃提供一架专用飞机，但埃沃谢绝了他的好意。"我觉得那是唯一一次我惹他生气了。"一年后，埃沃回忆起当时的情景时这样说道。

　　返回玻利维亚途中，他先去了自己的故乡奥里诺卡镇，在那里，他接到了乌戈·查韦斯的电话。查韦斯劝说他进行国事访问时使用私人飞机："如果我说服不了你，菲德尔该生我的气了。"

　　最后，委内瑞拉为埃沃即将进行的环球国事访问贡献了两架小飞机：一架是为先头部队和安全警卫准备的，另一架是为埃沃他们准备的（包括埃沃、伊伯雷、孔特勒拉、经济学家卡洛斯·比列加斯）。

　　一个细节出差错都会影响整个行程。当整理好自己的手提箱后，为了以防万一，埃沃顺手抓走了别人送他的一件圆领蓝白条花纹的毛衣。而其他人员似乎并不像埃沃那样考虑得周全。到了欧洲，那里的寒冷让他们刚下飞机就急着买大衣。埃沃当时穿着的一件针织套衫成了整个玻利维亚乃至世界的焦点，在德国，一本周刊戏称他为"套衫总统"。

但是这件衣服没有让埃沃抵御住西班牙的寒冷，他患了感冒，索菲亚王后为他派来了皇家医生。胡安·卡洛斯国王从他表面上并没看出他感冒了：他送了他一条领带。"您是真的吧？"莫拉莱斯和西班牙首相萨帕特罗开了个玩笑，因为几天前埃沃接受一个西班牙广播节目的采访，其中让他与一位西班牙首相的模仿者对话。在与西班牙企业家会面时，埃沃被问到玻利维亚的私人投资方面现在有什么问题。在大多数官方举行的仪式上，莫拉莱斯都谈到有关主权以及希望与所有国家建立相互尊重的良好关系。

在飞机上，埃沃的私人秘书伊伯雷负责确认新总统将要出席的会议，并制定新的飞行路线。从俄罗斯机场起飞时，发生了个小插曲，当时俄罗斯零下30度的低温把燃料冻住了。之后他们向中国进发，在北京遇到的不幸堪称"疲倦"。"同志们都睡着了。"埃沃这样对时任中国国家主席胡锦涛说。

回国后，莫拉莱斯致力于任命各级政府官员。当然还有其他的不确定因素：应如何着装？第一夫人是谁？

埃沃并没有把他的兄弟列入争取社会主义运动众议员名单，因为他想尽量避免裙带关系的嫌疑。这让他的小弟弟乌戈十分恼火，并公开发表令埃沃不愉快的言论。同样，由于埃沃没有夫人，众人建议让埃沃的姐姐爱斯特作为第一夫人，但是也遭到了莫拉莱斯的拒绝。于是他的姐姐仍旧在她奥鲁罗的家中经营肉店。

为了埃沃在就职典礼上的着装，也引发了一场全国性的争论：他会穿西装、扎领带吗？

一位裁缝送他一件小羊驼毛西装，很得体，但是后来高级设计师贝阿特丽丝·卡内多·帕蒂尼奥为他设计了一身套装。在整个竞选过程中，由于争取社会主义运动一直努力唤起中产阶级的热情，所以他们曾邀请过著名的贝阿特丽丝·卡内多设计师参加他们的就职典礼,因为她曾公开表示过,"在道义上拥护"候选人莫拉莱斯。卡内多是玻利维亚一个传统的姓氏,另外还是"成功的玻利维亚"的标志:她在巴黎接受教育,在纽约当地有产业,也是第一个将羊驼毛纤维引入时装界的人。

卡内多拒绝了争取社会主义运动参加就职仪式的邀请,理由是这一步迈得太大了,她跨不过去。埃沃的人为总统定做一件大衣,卡内多的报价是1 500美元。这似乎太扎眼了,于是就作罢了。但是在就职典礼前几天,卡内多送给他一件小羊驼黑毛料的西装上衣,一件绣着花边的无领白衬衫和一条背带裤。

埃沃只看中了那件黑羊驼毛西装上衣,退回了裤子和衬衫。他非常喜欢那件西装。他的助手们把一条旧的黑色裤子送到洗染店熨烫,又从拉巴斯一家店里买了衬衫、皮带和鞋子。

衣服的问题总算解决了,但是现在的问题是起草就职演讲稿。在与他的团队开会时,埃沃将他要讲的大意向在座的各位传达了一遍,并宣布他不想照着读。就此,征求其他人的意见。一些人建议让总统演讲时加上向那些助自己登上国家元首之位的人致敬。

"对,这个建议要采用。以前那些总统都在感谢教会、私人企业、投他票的人,而我要感谢助我登上总统之位的这一段历史。"

他问副总统利内拉,谁是第一个奋起反抗的印第安人。利内拉回答道,是曼可·印加,之后他又列举了一串名字,其中包括切·格瓦拉。有人反驳说,格瓦拉既不是印第安人,又不是玻利维亚人。"他是同血脉的兄弟。"埃沃一边说着一边合上了17页的记录本。

就职典礼之前的大部分预备会议都是在布什大街埃沃的公寓里举行的。那里餐厅的墙上贴着几张争取社会主义运动的海报。埃沃突然想到,如果要在这里举行内阁会议的话需要再添几把椅子。

"但是内阁会议通常是在火烧宫召开的。"一位顾问提醒他。

"这里也可以开会呀。"埃沃答道。

就职典礼几天前,埃沃在这座公寓里接见了智利总统里卡多·拉格斯以及美国特使托马斯·夏农。

2006年1月21日，星期六，印第安各部落封埃沃为他们的最高代表。仪式在象征着印加帝国之前安第斯文明鼎盛时期的提瓦纳库遗址上举行。7万印第安人参加了仪式，为莫拉莱斯戴上王冠，赐予他最高荣誉。

这场授冠仪式以一声嘹亮的号角声正式拉开序幕。莫拉莱斯在穿着红斗篷、戴着黑色宽边帽的警察护卫下入场，埃沃自己身着一件绣着横条的红色大披风，这是印第安人的象征。手中握着象征着印第安人最高主权的权杖。他宣布歧视、不平等、失业的时代已经结束了。在接受完圣泉泉水的净化洗礼后，他对人们发出倡议：

"我想请求诸位给予我们的原住民、我们的政府更多的尊重：诸位可以随时检验我，如果我停滞不前了，请诸位兄弟姐妹及时推我一把。"

第二天，总统就职仪式正式开始。上午，在埃沃极力让自己紧张过度的神经平息下来时，利内拉问他是否要戴领带，他同意了。他的私人律师赫尔托·阿尔塞这时候回忆道，4年前也是在1月22日这一天，莫拉莱斯被赶出了议会。而现在他又回来了，站在了国家权力的最高点。

左手握拳宣誓。当他的副总统为他佩戴象征国家元首的绶带和项链时，他的眼眶有些湿润。

此后他做了他一生之中最有意义的演讲之一。开始他要求人民静默一分钟，为了他死去的兄弟，为了捍卫古柯的农民们，为了历史上不畏强权奋起反抗的英雄们，他列举了九个伟大的名字：曼可·印加、图帕克·卡塔里、图帕克·阿玛鲁、巴尔托利纳·西萨、萨拉特·维尔卡、阿提瓦奇、同帕、切·格瓦拉、马尔塞罗·基罗加和路易斯·埃斯皮纳尔。

他感谢他的父母，"我深信他们会继续保佑我"。他回忆起50年前他的先辈不被允许踏上穆里略广场的土地，他对所有的印第安人大声宣布："我们已经抗争了500年，现在，我们获得了政权，要为掌握政权继续奋斗500年。"

在埃沃的讲话中，长篇大论与简约回顾相得益彰。"兄弟姐妹们，我们来到这里，为水资源而战、为古柯而战、为天然气而战。"他敦促来自科恰班巴的参议员,"我们要求来自科恰班巴的的参议员不要无动于衷。"

他对参加典礼的总统都一视同仁,把年长于他的总统看作是兄长,他们有:查韦斯[1]、卢拉[2]、基什内尔[3]、拉戈斯[4]、亚历杭德罗·托莱多[5]、乌里韦[6]。他还感谢美国代表的出席。他和基什内尔私下里说,觉得他和那位美国代表的鼻子很相似。"他的鼻子像白鹦鹉的,而我的像棕鹦鹉的。"他还强调卢拉曾为他指导了很多,教了他很多东西。

"请诸位原谅我,我不太习惯说很多话,诸位不要认为菲德尔或者查韦斯爱长篇大论的习惯已经传染给我了。"边开着玩笑边朝总统看台上的盟友们风趣地挤了挤眼睛。

他对玻利维亚两位前总统表示了极度不满:

"去年3月份,还是在这个穆里略广场,这两位总统想要绞死埃沃·莫拉莱斯,想要五马分尸埃沃·莫拉莱斯……但是前总统先生们,你们的企图永远不会成功。"

他还谈到前总统梅萨。在就职演说几个小时后,梅萨上台对埃沃表示祝贺,但埃沃抬起食指,高声说道:"你还曾想把我彻底摧毁呢"。

在他的演说中,提到了海梅·帕斯·萨莫拉:

"我们的政府在贪污腐败问题上屈居亚军是绝对不可能的,这怎么可能呢,海梅先生?"他指的是国际透明组织对玻利维亚腐败问题那次受争议的评判。

"我们要用我们先祖给我们留下来的信条治理国家:戒偷、戒骗、戒懈怠。这就是我们的信条。"

在演讲中,他几乎没有涉及圣克鲁斯精英的事。但是却提及圣克鲁斯农牧业和金融部门。他同意举行一场全民公投来解决圣克鲁斯省的自治问题。他认为一定要铲除大地产制。

---

[1] 时任委内瑞拉总统。——译者注
[2] 时任巴西总统。——译者注
[3] 时任阿根廷总统,现任阿根廷女总统克里斯蒂娜·基什内尔的丈夫。——译者注
[4] 时任智利总统。——译者注
[5] 时任秘鲁总统。——译者注
[6] 时任哥伦比亚总统。——译者注

最后，他感谢当年他作为古柯农和工会领导成长历练的地方："向我的故乡奥鲁罗省的奥里诺卡镇致敬，那片土地一直伴随着我，那里是我出生的地方，是把我教育成应该做一名正直的人的地方……感谢9月14日村的圣弗朗西斯科工会、热带工会联合会、科恰班巴6大联合会。科恰班巴省是我领导工会运动和政治运动的发源地。感谢科恰班巴人民让我有幸在这片土地上生活、学习。这两个地方教会了我怎样活着，而现在整个玻利维亚在教我如何更好地活着。我会履行我的承诺，就像马科斯副司令所说，遵循人民的意志进行管理，遵循人们的意志管理玻利维亚。非常感谢！"

演讲过后，他接过了象征着最高军权的权杖：这也是第一次军队的最高总司令是一名有着艾玛拉血统的土著人。他登上火烧宫的看台，准备检阅军队。

此后，总统带着政府内阁一班人马，跨越5个街区，前往英雄广场参加他的第三次宣誓仪式（第一次是在印第安文明提瓦纳库遗址，第二次是在国会）——在古柯农、矿工、农民、社会团体和工会组织人民代表面前宣誓。埃沃换了服装，穿上了皮革外套，上面的装饰类似于专门用作宣誓的服装。在他走向主席台时，听到观众在喊："快看，埃沃，埃沃。"

在古巴副主席卡洛斯·拉赫和他的副总统利内拉讲话之后，埃沃谈到了他将来的生活。他考虑请一位印第安牧师在总统宫举行个仪式，把他的前任们留下的晦气统统消除。埃沃曾说过，他很不喜欢住在历代总统居住的宅子里，因为那里会有各种隐蔽的监视器和窃听器。尽管他没说出口，但他怀疑是美国搞的鬼。

● 与游行队伍在一起

● 第一次赢得总统大选当晚，在科恰班巴省家里

第七章　在美国的日子
（2007年9月）

2007年9月23日星期日下午1点58分，美国的情报机构在白宫通知玻利维亚大使，没有发现意图射杀埃沃·莫拉莱斯的狙击手。

"我们可以清除掉。"一位情报人员保证道。字面义是他们正在排查，但深层含义是一切尽在他们掌握中。

每一位到纽约参加联合国大会年度会议开幕式的总统都配备一位美国政府派遣的保镖，当然也可以拒绝。几分钟后，埃沃总统准备在纽约曼哈顿岛的东南部沿河的那块场地上踢一场足球。而对于情报部门来说，这无疑增加了防范暗杀的难度。

但总统的代表团并不忧心被袭击的危险，却更在乎他们球赛对手的年龄和身体状况：对手是一群在美国定居的玻利维亚移民。

对于这场球赛，美国的保镖有了新的烦恼：如果莫拉莱斯在更衣室里换衣服，那他就会在一个没有紧急出口的地方待上过长的时间。因此他们让玻利维亚大使古斯塔沃·古斯曼劝说莫拉莱斯不要这么做。但是总统回答道：

"你们怎么知道你们担心的这些事都会发生呢？"

5分钟后，美国的保镖们亲身体验了第一场危机：当总统率领的代表团到达足球场时，约2 000名玻利维亚人冲过来，想要和他拍照合影，与他交谈。身材高大的保镖们试图阻挡他们，但是收效甚微。

"这简直就是一群疯子，我们这里是不允许这样做的。"一位保镖抱怨道。

这些美国的保镖将在未来4天陪同莫拉莱斯访问纽约各地，因此经常要碰上这种"疯事儿"。

从莫拉莱斯到达纽约的那一刻起,事情就不怎么顺利:他乘坐的委内瑞拉的波音飞机在快要到达肯尼迪国际机场时突然接到命令,转到纽约市区外位于新泽西州的纽瓦克机场降落。而由于事发突然,事先没有列入降落名单中,玻利维亚总统在飞机上等了3个小时才得以走出飞机。之后根据美国国务院的说法,这次换机场是一个误会。

莫拉莱斯认为这是美国政府的刁难,他觉得美国政府只要逮到什么机会就会给他难堪。这次表面看似很小的事件预示着,从埃沃刚上台起,他和美国间的冲突规模就越搞越大。

这次出访,代表团的人数是平常的3倍,往日只为莫拉莱斯配备1名保镖,而这次却配备了7人。由于飞机降落时间延误,莫拉莱斯率领的人数众多的代表团在宾馆放下手中的行李箱,就急急忙忙地赶往球赛现场。

在球场,摆放着一块巨大标语牌,上面写着:"埃沃,如果你20年前就开始执政就好了,我们现在就不在这里了。"埃沃在球场的台阶上发表了他第一次演讲,他环视了一下四周:河畔的小桥,河中掩映的皇后区和布鲁克林区的倒影,以及一架用于监视行动的直升机。

在更衣室里,他让他的助手埃尔南给我一件运动服,让我代表他们队在这次比赛中献上处女秀。但是只剩下10号球衣了,与总统的数字一样,用埃沃的话说,那是只能在他背上出现的数字。他又看着我的足球袜,有些担心地说:"老兄啊,这双袜子会让人想起阿维马埃尔·古斯曼[1],我们现在是在美国佬的地盘,你还有别的袜子吗?"

袜子上的黑白条纹让他想起了"光辉道路"的领袖身穿囚服,在牢笼里接受审判的情景。

双方代表队上场了。埃沃代表队举着玻利维亚国旗和土著人特有的民族旗帜,走到体育场中央,面向分布在看台和跑道上的球迷,按照埃沃事前的要求,球队高唱玻利维亚国歌,右手放在胸口,左手握拳举起。关于唱国歌时的动作,代表国家右翼的联合电信频道曾说过,有两种模式:埃沃模式和玻利维

---

[1] 被美国国务院列为秘鲁极左恐怖组织"光辉道路"的领袖。——译者注

亚传统模式。那些警察部门派去的保镖没有被授权改变传统的方式，选择了后一种，而他们球赛对手玻利维亚移民队也做出了相同的选择。莫拉莱斯代表队与移民代表队在象征性的习惯方面存在着很大不同。

当我在场外等着替补登场时，一个小女孩走过来说："你穿着埃沃的10号球衣，但是你并不是埃沃，你是个骗子。"

在总统代表队里，除了几名保镖外，值得注意的是总统府部长胡安·拉蒙·昆塔纳和外长戴维·乔盖万卡，比他们的对手年龄要大1倍。对手很厉害，已经将比分拉大到2∶0，埃沃曾有一次机会主罚点球，但是皮球却高出了球门横梁，错失良机。"我一生中罚失过很多点球，但是飞出横梁，这是第二回。"晚饭时分埃沃仍旧遗憾不已。

下午3点，中场休息时分，太阳照耀在化纤草皮上，热得令人窒息。埃沃显得筋疲力尽，口干舌燥。美国保镖们阻挡涌上来的观众，而与此同时玻利维亚的保镖正在探讨战略战术，为下半场做准备。

10分钟后，我替换了疲惫的昆塔纳。在一次进攻中，总统闪过两个人，将球传给我，没人看守，我左脚抽射，尽管力气并不怎么大，但是将比分改写为2∶1。这时我听到外面有人在喊："好样的，阿根廷人。"这时，一位记者问一位玻利维亚官员，是否有外国人穿着玻利维亚球服在比赛。"没有委内瑞拉人吗？"仍旧询问。总统并没有听到他们的谈话，他在球场中央招呼道："我给你玻利维亚国籍"。

埃沃在球场上会显现出沉默的一面：不与裁判理论、不和对手攀谈，甚至不给队友下达战术指示，只是一味地渴望拿球。在35分钟的比赛中，最终2∶2战平，在比赛的最后30秒中，总统身边的一位保镖攻进了宝贵的一球。移民队虽然开局很顺，但是最终失落而归。

"这场球赛会让总统的心情大好的。"在更衣室里有人这样说道。

我看到埃沃肚子上有一个大伤疤，问其缘由，他这样告诉我："1992年做了阑尾手术。"

晚餐的地点是在市中心的一家意大利餐厅。在那里，无论是正在就餐的客人,还是端着盘子忙忙碌碌的服务员,甚至很多拉美人都好像无视玻利维亚最高元首的存在,而总统正在非常起劲地享用着洋蓟沙拉、比萨和烤鸡排,不过这些似乎与意大利传统美食并不怎么搭边。被埃沃亲昵地称为"小戴维"的外长坐在他身旁。

吃饭的时候,他们说起了羊驼。"它们比人还聪明呢!"外长十分肯定地评价道。他向大家描述羊驼们是如何自觉围成一圈的,还有它们大便每天都按时按点。"就像瑞士钟表一样准。"埃沃想起来,当他十岁那年,他的羊驼群中有一只不好好给羊驼崽儿喂奶,当时他就将口水抹在那只羊驼妈妈的奶头上,让小羊驼崽儿有东西可吮吸。

几天前,外长阁下在纽约迷了路,那时万分焦急的他不禁羡慕起羊驼那精确可靠的方向感。但是他就没那么好运了,由于找不到目的地——纽约帝国大厦,他坐着出租车绕了好几圈,而计价器不断地走字儿,直到蹦到98美元,我们的外长阁下从此对在纽约城散步产生了阴影。

星期一上午9点钟,莫拉莱斯一行人进入联合国总部大楼,参加一个有关全球变暖问题的研讨会。每人手持不同的通行卡,凭借这些不同种类的卡,可以参加不同的活动。紫色的卡要比红色的卡顶用,但不如绿色的顶用。用通行卡可以打开房间的门,可以不过金属安检门。总统们都不用过安检门。

埃沃飞快地在大楼走廊的红地毯上走着,一直到了4号厅,那是一间不透自然光的厅,摆放着几台空置的等离子显示屏。他得知从那里可以进入全球变暖研讨会会场,只能有一人陪伴。这种情况,按照外交专业词汇讲叫"总统加一模式"。在会场外面等候时他们看见了美国国务卿赖斯。"好战夫人。"一旁的昆塔纳这样评价道。

会场上,莫拉莱斯做了全球变暖的相关发言。

"我们的世界由于气候变化而'发高烧'了,而这场病就是资本主义发展模式……从地球演变历史来看,我们正处于第六次物种灭绝危机,而这一次灭绝的速度是以往的百倍有余……跨国寡头的利益与以往无异,仍旧一味地追逐不合理、不平等的高增长和消费主义,不断创收,而无视我们现在一年所消耗的是地球1年零3个月才可以产出的东西……我看了世界银行的报告，我们应该取消石油产品补贴，更加重视水的价值，将私人投资聚集到清洁能源工业中去。现在人们又想用市场和私有化的处方来医治地球的这场病……应该对财富过度集中化现象采取更为严厉的调控措施，引入更加有效的机制促进财富的公平分配。"

联合国按照字母的排序安排与会者的座位。由于首字母相邻，坐在旁边的白俄罗斯代表很是欢喜，拥抱了埃沃。

"现在我们做什么？"会间休息时，埃沃解除了"总统加一模式"，在代表团的陪同下进入一间休息室，那里铺着绿地毯，摆放着白色皮椅，窗帘长5米。旁边还摆着一些茶点。

午餐时间到了，恢复了"总统加一模式"。席间，美国前副总统，也是著名的环境学家阿诺·戈尔发表了讲话。"这是给小鸟吃的吗？"埃沃显然对饭量表示不满，身旁的一位顾问想要打消他的顾虑，告诉他一会儿有他喜欢吃的鱼。埃沃听着那位美国前副总统的发言，掩饰不住自己的怒气：他的话根本就没提到底为什么地球变暖了，为什么世界被污染了。"他什么都没解释清楚，我要驳斥他。"戈尔曾是与莫拉莱斯竞争诺贝尔和平奖的对手，当时埃沃已经展开国际竞选活动。但是3个礼拜后，这位美国前副总统赢得了奖项。

埃沃和每一位来到联合国的总统一样，需要与有关国家讨论落实双边关系方案的问题。通常来说，对于一个国家内政来讲，这种会议比在联合国大会上的发言有意义得多。

这次参加联合国大会，莫拉莱斯要求他的外长确定需要会见的欧洲领导人的名单。从他上任以来，就一直没有顾及上这片大陆，他工作的重点一直是石油工业国有化法案。埃沃与欧洲理事会主席、意大利、西班牙、荷兰都顺利进行了商讨。

欧洲理事会主席何塞·曼努埃尔·杜朗·巴罗索在70年代曾是葡萄牙毛派分子，在面对着莫拉莱斯这样一位曾经身为农民领袖的总统时，这位主席显然已经不记得他先前对农民的信仰了。而是规劝莫拉莱斯，要朝着民主的方向变革。

"我违反民主哪条规则了吗？"莫拉莱斯问他，"请您告诉我。但愿您派出的大使都如实向您汇报了。我们从没有做出过任何违背民主的事情。"

与意大利总理罗马诺·普罗迪会面的气氛并不是那么热烈。世界各国总统在会议中心洽谈双边关系时都会被安排在一个个感觉并不怎么舒服的小隔间里，各隔间之间用挂毯相隔，里面没有卫生间，埃沃的助手给他送咖啡也被禁止入内。穿着像空姐一样的女士会在隔间门口计时，当超过30分钟时会提醒各国元首时间到了，必须结束会面。这种会面就好比那些盲目的速战速决约会一样，难以推动双边关系，取得实质性的进展。但是很无奈，你会被通知，还有其他元首在外排队等着呢。

埃沃与意大利总理的这次会面被安排在中央大厅角落的一个隔间里，两国代表团在玻璃茶几两旁相对而坐。意大利总理普罗迪跷着二郎腿、身体后仰、闭目养神地听着莫拉莱斯的陈述，这位总理讲着一口带有浓重意式口音的英语，玻利维亚代表团的汤姆·克鲁泽在旁给埃沃当翻译。

埃沃左手臂架在椅子背上，右手放在底下，听着对方的谈话。普罗迪是一名基督教民主党人，身边跟着3名年轻顾问。一名顾问很不合时宜地在双边会谈中打电话，还有一名犯了更严重的错误：不慎将为总理准备的备忘录给玻利维亚代表团看了，那上面写有莫拉莱斯刚刚和伊朗修复关系以及玻利维亚东部和西部的纷争可能会导致国家分裂等。

但是普罗迪真正感兴趣的东西并没有记录在那个本子上。

"我认为，社会运动是很重要的。我觉得现在您在做的事情对玻利维亚的未来很有好处。它的进程将影响这个地区。但我觉得您进行的社会运动应该不会对我们两国的双边合作产生任何不利的影响，对吧？"

意大利总理话语中暗指的是玻利维亚政府在制定国有化政策时，曾宣布购买意大利电信公司的股份。"我不是当事人，不是意大利电信公司的人，但我希望我们双方就此可以达成协议，避免冲突。"

但是莫拉莱斯对此并没有回应。双方很亲切地告别，并承诺进一步商谈。

埃沃下楼准备与西班牙首相何塞·路易斯·罗德里格斯·萨帕特罗会面。地点是在一个更小的包间里，光线昏暗。两人一进门，在摄像师的闪光灯下握了手。"我很高兴，萨帕特罗在我的左边。"埃沃说。西班牙首相微笑着，却难掩有些吃惊的神情，但是闪光灯并没有放过他脸上这一丝错愕。

离这里10米开外，伊朗总统穆罕默德·艾哈迈迪内贾德以总统加30的模式刚刚参加完哥伦比亚大学的报告会。在报告会上，他宣布在伊朗不存在同性恋。这是在回答一个关于伊朗实行绞刑的问题时谈到的。最近，美国不断施加压力，要求对发展核计划的伊朗进行制裁。把伊朗称为恐怖主义最大的盟友，给予伊朗总统的签证限制在离联合国大厦40公里的地区内。美国和玻利维亚处于问题的两个极端。莫拉莱斯回到玻利维亚后，在国内会见了来访的伊朗总统艾哈迈迪内贾德。

"我们已经与卢拉谈过了，"萨帕特罗对埃沃说道，"寻求建立一个与巴西合作帮助玻利维亚的机制。"

"非常感谢，但是与巴西的关系，由于巴西石油公司的事，我们两国的关系并没那么容易修复，所以我更希望谈谈我们两国之间的关系。"

谈话并没涉及雷普索尔公司❶。实际上，西班牙政府极力说服雷普索尔在玻利维亚国有化进程中放弃一些利益。玻、西两国元首对对方都产生了好感。

萨帕特罗又问了莫拉莱斯与美国的关系。

"美国在资助我的对手。因为没有反对派，他们打算培养一个反对派，让我们国家陷入动荡。"

西班牙首相答应埃沃，找美国国务卿赖斯好好谈谈，问问到底想怎么样。

这时，联合国一位发质并不怎么柔顺的女官员走进来告诉双方，会谈时间还剩下两分钟。

接下来的日程是参加柯柏联盟学院的活动，这所学校建于19世纪中叶，在他的中央大厅里，林肯曾发表过取缔奴隶制的著名演讲，而当时那次演讲对他日后当选美国总统起着非常重要的作用。柯柏联盟学院的学生们在一间准备好

---

❶ 西班牙在玻利维亚的石油巨头公司。

水果、奶酪、汽水的房间里迎接莫拉莱斯的到来。他们给他递来马丁·路德·金、托马斯·杰弗逊、林肯的语录，还告诉他，这次讲座的入场券早在两天前就被抢购一空了。

莫拉莱斯开始了这次美国之行最长的一次演讲：

"十分抱歉，美国的同胞们，请恕我直言，80年代，美国以剿毒为由，派兵进入玻利维亚，开展行动，对其实行军事打击与政治上的控制。现在，在玻利维亚，美国已经不能任意撤换和任命部长了……国内最棘手的问题是牧师、律师和军人之间的勾结。因为首先有律师在，他们掌握法律，然后牧师是与神有联系的人，如果法律和神明都不起作用的话，就靠军人诉诸武力。"

晚上9点，总统阁下已经说不出来话了。在宾馆的餐厅里，他尝试着喝一些蜂蜜茶和蜂胶糖来润喉。

"你嗓子这样是因为你说的太多，太累了。"玻利维亚驻美国大使古斯曼给埃沃分析道。

"不是，今天只是搞了个报告会，就回饭店了。也有可能是因为空调吹的呀！"

关于在联合国大会上的演讲，他已经草拟了几个要点：玻利维亚、气候变化、印第安人权利和伊拉克战争。"我们明天好好讨论一下这几点。"他与总统府部长握了握手，说道。

他津津有味地享用着三文鱼和菜泥汤，提起了他的童年和青少年生活。那会儿他从不对女性产生兴趣，直到有一天，一个女孩拍了他一下对他说："相信你有很多羊驼吧？"那时他只有19、20岁，从那时起，他便开始注意起女孩子了。

他回忆起他的弟弟乌戈常常在打架中赢他，因为弟弟比他胖一些。当乌戈长胡子的时候，在镇子上掀起了一阵流言飞语，因为他们的爸爸毛发稀少，从不长胡子。在13岁时，他开始学会喝酒，有人送给他一把小吉他，让他不要成天沉迷于喝酒，有点其他的爱好。后来他爸爸送他去参军，因为他觉得这样他会变得精瘦一些，还会把酒戒了。

莫拉莱斯正在回忆以往，一位保镖过来对他说，美国安全局给他配备的一名保镖曾对他们的球赛出言不逊。

两国的保镖之间的交流并不算通畅，美国保镖中拉丁人很少，存在语言问题。他们很不理解，为什么玻利维亚大部分保镖都住在纽约外的新泽西州，那里离他们总统下榻的宾馆有40分钟的车程。"你们怎么可能没有这方面的预算呢？"美国保镖不解地问。还有一个美国保镖想借机讨好他的玻利维亚同僚，送给他美国中情局的胸针，却不知道胸针上面的人物叫菲德尔·卡斯特罗。

晚饭过后，埃沃准备回房间睡觉。在路上，他想找我谈一谈。

"你的书叫什么名字？"

"叫'老大'❶。"

"叫'老大'？"他笑道。"不能叫这个。"

"你就不要管了。"

"好了，老大，从现在起，这就是国家秘密。"

那天晚上，他睡得很不好：夜里出了一身汗，然后惊醒。清晨5点，他的房间里弥漫着一股蜂胶的味道，柠檬皮四散在地毯上。

参加记者早餐会后，他前往玻利维亚驻联合国的使团驻地，准备与美国千年账户公司（一个资助发展中国家经济和人民生活水平的基金会）的首席执行官约翰·丹尼洛维奇会谈。他在那里等候着埃沃，始终保持着微笑。他的开场白风趣幽默，但是进入正题后，情况就变了：

"我们想帮助玻利维亚，但是最终决定是否有钱援助的机构是美国国会。"

莫拉莱斯决定去联合国听卢拉和布什的演讲。

埃沃坐在玻利维亚指定的3个席位中的一个。他要了一个记事本，开始记录布什演讲的话。当他不写的时候，他身体向后仰，脑袋甚至枕在了后面佛得角和不丹的桌子上。听完演讲后，为了表示与古巴人民的同心协力，他便去找古巴代表团，因为布什刚刚在他结束的讲话中说，古巴正忍受着"残酷的独裁

---

❶ 本书西班牙版书名为Jefazo——Retrato íntimo de Evo Morales，直译为"老大：最真实的埃沃·莫拉莱斯"。——译者注

统治"。

会议进行到第四节中场休息时，智利总统巴切莱特找到莫拉莱斯：

"怎么样，老姐？"埃沃问候道。

巴切莱特作为东道国主席，希望埃沃可以出席2007年11月份举行的伊比利亚美洲峰会。

从大厅走出来，埃沃与哥伦比亚总统乌里韦不期而遇。"怎么样，老大？如果有必要，咱们可以聚一聚。"仍旧是他惯用的打招呼方式。在和塞尔索·阿莫林交谈时，这位巴西外长一直皱着个眉头，表现得很冷淡，也映衬了玻利维亚现在与巴西的尴尬关系。之后，又遇到了阿根廷劳工部部长卡洛斯·托马达，托马达对莫拉莱斯表示："埃沃，我们都很喜欢你。"阿根廷外长豪尔赫·塔亚纳亲吻了埃沃。

会议结束后，莫拉莱斯与各国总统、外长道别："我们明年见"，"等到你访问我国时我们再见"。

在街上，几名护卫埃沃的警察显得异常警觉，但是似乎行人们都不怎么认识这位总统。我问了他关于布什的演讲。

"什么玩意儿！说得好像自己是世界的主宰似的。反古巴、反伊朗。明天我会告诉他不应该那么自以为是。获得能源的权利是平等的，不是他美国一人独享的。"

"你担心伊朗的核计划吗？"

"当然，但是美国他们也不应该这么做。"

"为什么你决定和伊朗恢复外交关系？"

"我们签了一些合作协议。涉及在天然气、石油化工、乳制品、矿产方面的投资。"

之后，他在教会中心与一些社会领袖会面。一位摩洛哥人告诉他，在9·11事件中他们损失了58名同伴，于是建立了这个组织。一位妇女向他解释在美国工会运动的边缘地带工作是怎么样的。还有人向他建议，采取果断行动，反对全球变暖。

"我们的政府，"埃沃说道，"是一个搞社会运动的政府，以前我和很多社会运动者辩论过，但是现在很多人，就像身为总统的我一样，不争了，也不吵了。"

回到联合国玻利维亚使团驻地，他决定吃饭。

"你好啊，我在美国呢。"他在电话里和通信方面的顾问维克多·奥杜纳打着招呼。对方问他什么时候在玻利维亚召开记者招待会，谈一谈这次国事访问。

他享用着土豆、鸡块和沙拉，问道："为什么这里的土豆没什么味道？"说着又点了杯可乐。

他很担心现在玻利维亚国内正在进行的一场向拉巴斯进军的游行，以他的判断，这是为了在国家管理中获取更多的职位。"他们想和我谈判。我已经和他们说了先停止游行，有什么事等我回去再说。但是他们不能一直这样抗议到伊朗总统访问的那一天吧。"

这天下午，他接受了美国电视节目乔恩·斯图尔特《每日秀》的专访。到了摄影棚后，他们让他进入一间密不透风的化妆室，但是奉上了丰盛的点心、糖果、咖啡饮料。他要求看电视里正在播放的艾哈迈迪内贾德在联合国大会上的演讲。

乔恩·斯图尔特是格莱美奖得主，同时也曾担任奥斯卡金像奖颁奖典礼主持人，这位名嘴进来热烈欢迎埃沃的莅临：

"您能到这儿来真让我感到十分荣幸。谢谢。现在有什么问题吗？"

"没有，现在很好。"边化妆，边回答道。

"您想喝点什么吗？"

"咖啡。"埃沃也不客气。

"我们这里没有。"

这位名嘴本来是想开个玩笑的，但是没想到话出嘴的那一刹那，双方之间产生了一阵尴尬的静默。一位助手端来热咖啡，同时也带来了需要与访谈节目签订的合同。莫拉莱斯的顾问汤姆·克鲁泽看了看合同，提出了异议，他不能接受其中一条：允许电视台自行安排这个访谈节目的内容。他要求莫拉莱斯保留不同意播出的权利。

在通往摄影棚的路上，埃沃很是惊奇：摄影棚会有四处取悦工作人员的小狗出没；走廊里摆放着巧克力豆的大型自动售货机等。这一周前总统比尔·克林顿、美联储前主席阿兰·格林斯潘都会到这里来。对美国民众来说，进入这里，录制这短短的8分半钟的节目是具有极其深远的影响的。

他咬着嘴唇，有些腼腆。他进入了一个异常陌生的电视布景中，唯一熟悉的景致还是在他看不见的身后：一张将玻利维亚重点突出的南美洲地图。他对周围的一切感到陌生。但随后乔恩·斯图尔特的一句开场白给整个访谈节目定了调：

"您的故事很出名。一位中学肄业的贫穷农民最后成为第一位印第安总统。"

之后，主持人又说道，在美国一切都安排好了，不让一位印第安人当上总统。

"如果一切都安排好了，那就更应该改变这些了。"埃沃坚定地回答，同时听到摄影棚中传来了"哇唔"的惊奇声。

"在美国，如果一位领导人去访问乌戈·查韦斯或菲德尔·卡斯特罗，我们都会感到恐惧的。"

"拜托了，别把我看成是什么邪恶轴心啊（笑声）！"

接下来的几天，美国多家日报对这次访谈进行了评论，而在接下来几天的节目中，斯图尔特也聊到了这些评论，并且要求电视机前的观众更加真诚地了解这个国家："在我们这个国家，我们能够了解到什么是真正的玻利维亚吗？"

历史上，玻利维亚是南美洲最后一个接受美国外交官的国家。

1848年夏初，美国国务卿詹姆斯·布坎南告诉第一个派往玻利维亚的官员，自由国家的政府的敌人就是纵容无政府主义，制造混乱，引发内战。"你要给玻利维亚当局介绍我们美国的经验：所有的分歧都通过投票表决。"而这位外交官打回美国国内的第一份报告让人绝望：在那个国家只居住着两名美国人；那里没有公路；那里的气氛充斥着敌视，让他想立刻回到祖国；或许最严重的问题在于根本不存在一个可以让他递交外交国书的政府。几天来，他也没能将美国一切通过投票表决的经验介绍给他们。

此后的100年中，通信状况改善了，但是，在美国对拉美地区的政策中，玻利维亚几乎不具有任何重要性。

19世纪末，美国利欲熏心地盯上了这片土地的宝藏：锡矿。20世纪40年代中期，美国控制了整个世界市场，玻利维亚一半以上的锡矿都卖给了美国。而玻利维亚与一家美国公司的争端引发了两国第一次严重的冲突，原因却是另一种自然资源——石油。1937年3月，玻利维亚军事社会主义的代表人物戴维·托罗决定没收美国标准石油公司在玻利维亚的资产，并宣布废除租让合同。这是20世纪玻利维亚第一次国有化改革。

玻利维亚著名的1952年革命发生在冷战时期，它标志着与美国双边关系的彻底破裂。与对待阿根廷的庇隆主义一样，美国国务院将革命民族主义运动党视作亲纳粹党。同年4月，美国政府要求驻玻使馆汇报玻利维亚国内共产主义思潮的影响。同时还询问，玻政府的国有化政策是否会使该国演变成另一个伊朗，这指的是伊朗民族主义领导人穆罕默德·摩萨台积极推行的石油国有化政策。1953年，摩萨台政府被一场政变推翻。美国中情局在政变中扮演了中心角色。

在危地马拉，美国将其左翼领导人雅克布·阿本斯推翻。与在伊朗和危地马拉使用的策略不同。在玻利维亚，美国政府积极扶植新政府，给予经济和政治上的援助，目的是促使革命民族主义党领导的政府放弃激进政策，并使它远离苏联的影响。

在这一时期，美国积极提供军事援助，致力于重建玻利维亚军队的工作。1953年革命摧毁了玻利维亚军队。依靠政治上的稳定计划和经济上依赖多边信贷组织的贷款，美国得以控制了玻利维亚长达50年之久。劳伦斯·怀特海曾在60年代的一篇论文里将美玻这种双边关系定义为新殖民主义关系。"如果说，一个国家的资产阶级成天跟在美国大使屁股后面转，并一脸谄媚摇尾乞怜地索要贷款，这是令人厌恶的话，"塞尔希奥·阿尔马拉斯在《一个共和国的安魂曲》一书中这样写道，"那么，当看到一位农民为了感谢那个国家的政府开设学校或开凿井渠而献上花环的一幕时，这是令人十分痛苦的。极端贫困更有利于殖民统治：玻利维亚人是低贱的。贫困在一定程度上会使人丧失尊严：美国人认识到了这一点，并且充分利用了这一点。同阿根廷人和智利人相比，玻利维亚人更低贱一些。"

自古巴革命以来，美国对拉美的战略政策转变为推行军事化，支持雷内·巴里恩托斯和乌戈·班塞尔。在军政府时期（1964～1982年），他们是最坚决反共产主义、亲美的军事独裁政府。

1985年的新自由主义改革受到了美国政府坚强后盾的支持，得到了金牌顾问杰弗里·萨克斯的辅佐。那个时候，世界范围内的反贫斗争还没有打响，对天王巨星博诺·沃克斯的追捧还没到享誉世界范围的程度。但是那时，对扫毒运动的执著已经变成华盛顿对玻利维亚重新确立的工作重心。

在这种背景下，美国对玻利维亚不断施加影响，以便制定相关公共政策；强加或否决敏感部门的部长和秘书的任命，如国防部长和内务部长；根据玻利维亚政府扫毒成效决定是否继续对玻进行资金援助。在很短时间内，这个国家的整个经济命脉都掌握在外资手里，严重依赖美国掌控的金融机构，其所制定的安全防卫政策趋于去玻利维亚化。

到1989年，根据爱德华多·伽马拉[1]所说，美国驻玻大使馆的重要性已经位列所有美国驻拉美国家大使馆第二位。而玻利维亚政府也成为美国打击贩毒的忠实盟友。美国驻玻使馆实质上已成为制定玻利维亚经济政治政策的决策性机构。

这期间，美国驻玻的几个大使把公众的"新殖民主义"感觉发挥到了极致。1988年，罗伯特·格尔巴德上任，他或许是最举足轻重的大使。在那时，玻利维亚完全沦为美国老布什政府扫毒政策的试验基地。格尔巴德大使可

---

[1] 美国佛罗里达国际大学拉美加勒比研究中心主任。

以在公开场合肆无忌惮地对各政党进行评论；向玻利维亚政府提出政策建议；指责他认为可能与贩毒有关的各位现任官员或前任官员；热衷于指控玻利维亚驻美国大使豪尔赫·克莱斯波干预美国的内政。

是否给予签证是美国控制玻利维亚国内政治的一个关键因素。那些所谓"被拒签者"的称呼是一种很严重的侮辱。这并不仅仅局限于"被拒签者"。1999年，唐娜·赫利纳克大使发表声明，在玻利维亚，缺乏与贩毒法官进行斗争的"勇敢者"。

没有人比2002年曼努埃尔·罗查大使做得更过分了。他将古柯种植者称作潜在的塔利班分子，公开号召投票反对莫拉莱斯。反恐战争被拉美大多数国家的政府拒绝了，在玻利维亚社会也没有受到更多的追捧。玻利维亚社会谴责罗查大使干预当年的总统选举。

在2005年的竞选活动中，美国大使馆决定不再介入，因为基于以前的教训，怕有利于莫拉莱斯。2002年罗查大使向争取社会主义运动表明了他的担忧：如果埃沃赢了，玻利维亚是否会变成委内瑞拉的傀儡？尽管他得到了否定的答复，仍然没有缓和自1848年以来美国在玻利维亚遭受的最惨重的政治失败。

莫拉莱斯就职仪式前几个小时，美国负责西半球事务的助理国务卿托马斯·香农向副总统利内拉表示，他不认为玻利维亚将经历一番难以控制的变革。他以赞赏的口气说："有非常正直的人在总统身边工作。"

那时，美国使馆对玻利维亚施压，希望能够签订自由贸易协定："一个快速有效地恢复双边关系的办法就是签署这个协议。"这就是一位美国官员对莫拉莱斯对外政策官员巴布罗·索隆的提议。但他不知道的是，这位索隆先生是莫拉莱斯对外政策的设计者，早年就是彻头彻尾的反自由贸易协定的斗士。

自从政府决定拒签自由贸易协定后，围绕安第斯贸易促进和根除毒品法，双方展开了持久的论战，这部法律规定，美国给予安第斯国家出口产品优惠关税，条件是采取美国制定的打击贩毒的政策。

最初的7个月供双方政府对这部法律各自展开研究。

双方关于这部法律的第一次谈判在火烧宫举行,当时美国大使戴维·格林利向莫拉莱斯提出了他对两项任命的不满:总统府部长胡安·拉蒙·昆塔纳(曾在揭发美国从玻利维亚擅自拿走中国导弹事件中扮演重要角色)和总统发言人亚历克斯·孔特勒拉。格林利大使力图证明,是否以前美国在玻利维亚屡试不爽的否决权现在还适用。

莫拉莱斯对美国大使的异议并没有直接回答,但是表示重新考虑对这两位官员的任命,这是为了这位大使的面子。此外,在这次会面中,埃沃做出了巧妙安排,在不被察觉的情况下,让美国大使坐在了他办公室用古柯叶制作的切·格瓦拉画像的正下方。

埃沃任命古柯农出身的费利佩·卡塞雷斯为全国古柯叶生产农民工会总协调人。这一任命也使美国大使馆大为不快。几个星期后,莫拉莱斯得知美国政府削减了当年96%的军费援助(从170万美元锐减到7万美元),这是对玻利维亚国会的报复。国会拒绝给予美国派往玻利维亚的士兵豁免权。

接下来又发生了一次使美国备受打击的任命:对F-10部队长官的任命,这是一支长年受到美国资助并保护的玻利维亚武装部队。美国官员尝试着提出第二次否决。"你告诉他们(美国)不要再妄想替玻利维亚选什么官员了,不要插手查帕雷事务,否则,我会把他们赶出去的。"莫拉莱斯对利内拉说道。就这样,F-10部队成了政府的心腹军。

在政府里,也曾就对美国采取怎样的态度进行过讨论。埃沃更多倾向于进行对抗,他举了两个例子解释自己的立场。第一个,2006年3月,一名美国公民策划的恐怖袭击事件导致两人丧生,玻利维亚政府做出反应:"美国政府真的在进行反恐战争吗?"还是"美国人要让我们在玻利维亚搞恐怖主义?"其实,当时美国大使馆知道那名美国公民进入玻利维亚,却没有通告,尽管事后就袭击事件进行道歉了。政府也揭发了一件事:宣称是学生的美国海军士兵进入玻利维亚境内,暗中策划秘密行动。

莫拉莱斯在极力控制不与美国政府进入对抗状态。其中一个原因是玻利维亚正在与美国谈判安第斯贸易促进和根除毒品法,另一方面,玻利维亚需要美国扩大关税优惠措施。利内拉早在莫拉莱斯竞选时就扮演着争取社会主义运动与美国大使馆、与大使格林利之间联络员的角色。

"大使先生，我们两国的关系存在着老的伤疤：总统曾被美国情报部门追捕过，而他的很多同伴也因此被杀害。"利内拉试图对格林利解释莫拉莱斯之所以如此仇视美国的原因。

"这一页也该翻过去了。"对方建议道。

这位副总统在政府内部讨论时，并不主张激化对抗，除了实际操作的原因，还有一些思想的原因：他并不认为帝国主义是一种解释理由。其他国家对玻利维亚施加的干涉、操纵和奴役，有一半罪责要归于为强权提供这种"便利"的当地政府，因此他倾向于把这些人清除掉。

为了缓和与美国的关系，利内拉计划组织一次美国之行，将促成安第斯贸易促进和根除毒品法的通过作为第一要务，而且向美国重申玻利维亚政府反对自由贸易协定这种形式的贸易关系。但是当他在奥尔托机场美国航空公司的柜台取票时，却被通知不允许他登机。"这是一种完全没必要的挑衅。"他说道。不一会儿，他来到美国领事馆，穿着一身类似睡衣的套服。当时还不到早上6点。尽管他们已经给他签证了，但是利内拉仍旧被美国国务院列入"恐怖分子"一栏中，这是由于他曾为图帕克·卡塔里游击队成员。

在华盛顿，当地官员要求对玻古、玻委关系进行明确解释。此外，他们还想知道玻利维亚政府是如何看待美国的。

"有一些国家和我们站在一起，像委内瑞拉，而美国决定不站在我们这一头，这就为双边关系定调了。"副总统利内拉经常这样解释玻美两国紧张关系的缘由所在。

美国国务院政务副秘书尼古拉斯·伯恩斯曾经斥责埃沃当选总统时的第一篇演讲，这篇演讲实际上就意味着说"去死吧，美国佬"。

"布什总统没有一次演讲能与之比拟的。"他曾说。

美国国家安全委员会拉美区主任丹·菲斯克曾使用冷战式的语言，但是他指的是以前的事情。他说：

"我们的感觉是在美国所有的公司都拥有均等的机会，而在玻利维亚，私有制正受到威胁。"

各机场对副总统耿耿于怀。在美国洛杉矶机场安检时，他们让他脱鞋接受检查。他曾到过这里一次，是为了支持参加世界小姐大赛的玻利维亚小姐，当时玻利维亚国内选美比赛的组织者格罗里亚·林匹亚斯曾和他开玩笑说，他能入选玻利维亚先生。

玻利维亚驻美国大使一职仍旧空缺，政府给任命驻华盛顿大使附加了一个条件，将身处美国的桑切斯·德洛萨达引渡回国。

2006年9月，记者兼编辑的古斯塔沃·古斯曼填补了这一空缺。当时，埃沃以有点"小事儿"要商量为由把他叫到火烧宫，当古斯曼听到这个任命时，他的第一反应是："可是我是记者啊。"

"那你怎么认为我是总统呢？"埃沃问道，并命令他开始上英语强化班。

乔治·布什泰然地接待了古斯曼，并对他说："你们的总统上任时，我就是通过这部电话祝贺他的。"之后，他问了个不怎么让人舒服的问题：

"我该替你们玻利维亚担心吗？"

新大使古斯曼留着一袭长头发，不系领带，来到美国不久他就明白了埃沃到底是如何招惹美国的了，比如"帝国"一词在美国很容易招致反感。在拉巴斯，一些美国官员常常对当地官员抱怨："你们总统的话无助于解决问题。"

美国人经常发的牢骚就是，美国为玻利维亚提供经援半个世纪了，但是对方却未予以承认。不过，玻利维亚却对委内瑞拉和古巴的援助大加赞赏。

美国方面不甘一味忍受，决定努力减少查韦斯对玻利维亚的影响。2007年2月，他们几番从中作梗，阻止莫拉莱斯参加在布宜诺斯艾利斯举行的一场活动。因为在那里，委内瑞拉趁着布什访问乌拉圭之际筹备了一场反美活动。"大使先生，这场活动最好不会成为一场麻烦。"一位美国官员用开玩笑的语气警告玻利维亚大使古斯曼。而当时在从日本返回国内的途中，飞机很不巧，出了一个技术问题，耽误了总统赴阿根廷与查韦斯见面的机会。

2006年9月，联合国大会召开之际，埃沃第一次踏上美国这片土地。那之前，莫拉莱斯都因被列入美国恐怖分子名单而禁止入境。

这一次，美国总统、前总统、游说集团、学者、政客带着新奇甚至有些羡慕的眼光接待了他。比尔·克林顿便是其中一位。

在进入成立大会仪式现场的队伍中，他先后遇到了文森特·福克斯、哈维尔·索拉纳、比尔·盖茨、玛德琳·奥尔布赖特。克林顿走到他面前说道：

"总统先生，您能来到这里我很高兴。"在旁人惊异的目光中，他向莫拉莱斯道谢。

他们约定一会儿到喜来登大酒店的豪华套房会面。在那里，三名顾问和一位企业家友人陪着这位前总统。

"您不是查韦斯。如果您有石油，一定胃口很大。您的好坏，对于玻利维亚民主是十分必要的。如果您好了，玻利维亚就会有民主。"前总统在以"克林顿接待法"与埃沃寒暄后说道。在接触过程中，克林顿惯于触摸对方，甚至让对方感到不习惯。

莫拉莱斯则谈了500年来的殖民统治，但是这个话题显然对这位美国前总统没有什么吸引力。

克林顿一边喝着黑咖啡，一边大谈共和党现政府：

"您与现在的美国政府间存在的问题没什么大不了的。我那会儿的麻烦事儿更糟糕。"

最后，克林顿表示："如果我是一名玻利维亚矿工，我也会给您投票。"

离开时，他对身边的顾问悄声说道："听着，我想要帮助这家伙，我是认真的。"对方吃了一惊："您指的真的是这个家伙？"

除了克林顿，埃沃还让他的美国保镖吃了一惊。在第一次与印第安人会面时，他要求保镖们每个人都要出席。自我介绍由埃沃开始："我是埃沃·莫拉莱斯，一个艾玛拉人……"当轮到一个高个子红头发的家伙时，总统示意他继续下去，便听到："我是约翰，来自安全局。"

在哥伦比亚大学演讲时，埃沃也使那里的学生倒吸了一口气："我其实一直希望在哈佛演讲。"对哥大校长，他也问了一个不怎么让人舒服的问题："这所大学是公立的吗?"对方紧张起来,小心翼翼地回答不是,但是对于少数民族来讲会提供更多便利。

在联合国大会上发言时,他拿出一片古柯叶说道:"古柯叶是绿色的,并不是可卡因那样的白色。古柯叶用在可口可乐上就合法,而做传统的食物和药物就不合法了,这是没道理的……玻利维亚没收和查封毒品的数量已经是原来的3倍,但是美国政府仍不接受我们提出的改变我们准则的条件。现在,我十分恭敬地告诉美国政府:我们不会改变什么了。我们不怕讹诈和威胁。你们对扫毒斗争的认定与否定,都是用来殖民我们这些安第斯国家的工具。"

对于第一年的扫毒行动,华盛顿曾颁发给玻利维亚一个确认证书。但是到了2006年12月,美国宣布2007年将削减25%的玻利维亚扫毒斗争援助金,减少到3380万美元,比2001年班塞尔当政时期的1.23亿美元减少了约1个亿。尽管美国国务院公开辩解说这是因"内部调整"所致,但其实真正的原因是,美国看到莫拉莱斯允许更多的古柯农种植古柯,认为这助长了可卡因贩运者的嚣张气焰。那些日子里,玻利维亚政府决定将原来1.2万公顷的古柯种植面积扩大到2万公顷。

莫拉莱斯开始寻找对付美国签证政策的可能办法。美国通过入境签证的限制来制裁玻利维亚政府。玻利维亚新政府上台后的第一年,副总统利内拉在申请赴美签证时被"拒签";古柯农兼参议员莱奥妮尔达·苏里塔成为"永久拒签者"。

埃沃决定与他的内阁成员等待在新的一年中采取对策。在一堆需要处理的法案和通告中,在政府颁布的公告和法律中,最突出的就是为来玻的美国公民签证的问题。"这是两国的待遇对等原则。"埃沃指出。外长曾经提出过这个建议,这是基于艾玛拉社群通常的做法。

1879~1884年南美太平洋战争中,玻利维亚丧失了出海口和部分领土。自从莫拉莱斯和智利总统巴切莱特分别于2006年1月和3月上台后,两国关系在频繁的双边会议中迅速接近。莫拉莱斯和巴切莱特约定,不通过媒体讨论出海口争端,而埃沃总统也尽量注意不发表令他的智利同僚不愉快的言论。双方会议议事日程的13个要点涉及海事和能源方面的合作。

出身社会组织的科科·皮内罗担任玻利维亚驻智利领事。他努力将玻外交部制订的"智利计划"文件付诸实践,该计划包括智利为玻利维亚提供一个拥有主权的太平洋出海口。外长乔盖万卡特意嘱咐他:"这是首要任务。"

2006年10月,皮内罗大使在与智利各级官员开会交涉探讨后,向莫拉莱斯和三位部长汇报了智利提出的关于出海口的几点要求。

"智利要求玻利维亚稳定的社会形势。民意调查显示数据不能跌落到53%以下,不能失去国内的支持。不能出现政府治理问题。委内瑞拉不能掺杂在智利与玻利维亚之间。"

巴切莱特很反感查韦斯"家长式"的态度与作风,不只是她,埃沃对此也颇有微词。这种"家长式"做派从他拥抱的姿势就能充分地看出来。

2006年11月,玻利维亚政府免去皮内拉驻智利领事一职,原因并没有透露。他的继任者恩里克·菲诺宣布,玻利维亚和智利已就玻利维亚的内陆国家问题接近达成一项协议,并说,两国即将恢复大使级外交关系。此后,他也被调离了。

在火烧宫,莫拉莱斯的幕僚们在积极为出海口的事情寻找折中办法,包括拥有一个相对主权的港口,以及制订一个能源改造计划。与智利的关系是否能够一直保持稳定是个疑问。

由于众多原因,玻利维亚政府如同对待美国一样,并不想制造不必要的关系破裂。利内拉坚持认为,政府需要时间不断巩固自己的执政地位,而不应该在外面强势推行国内政策。

2006年9月,美国新大使菲利普·戈登堡的到来迎来了一个小的变化。玻利维亚政府认为,他是一个比格林利更加老奸巨猾、更加危险的人物,他有着令人不安的经历:曾在科索沃、波斯尼亚和哥伦比亚工作过。

"我们应该接受古柯。"在一次会面中,埃沃对戈登堡提议道。

大使答道:"那不行,只能是可口可乐❶。"

---

❶ 古柯是生产可口可乐的主要原料。

总统府部长猜测，戈登堡的目的之一在于煽动一部分左派分子，削弱玻利维亚政府的基础。一方面，力图打入争取社会主义运动内部；另一方面，渗透到武装力量内部。

美国国务院两份解密文件曾透露过戈登堡的一部分战略目的。一份标注着2007年2月的文件写道："美国在玻利维亚的首要挑战是积极支持民主进程……为了达到上述目标，需要在当地各地区政府中发展社会力量，成立非政府社会组织、扶植私人部门等，从而防止民主受到削弱。"另一份解密文件指出，美国国际发展理事会（美国的一个对外合作机构）"正在致力于促进玻利维亚各种有活力的民主计划的实施，包括扶植与争取社会主义运动相抗衡的反对党势力"。因为争取社会主义运动是一党独大。

7月，根据这份文件、从其他渠道得到的一些情报，以及进行的政治评估，玻利维亚政府开始制定对策，莫拉莱斯在9月纽约联合国大会上将对此做出阐述：美国要扶植反对派。

几个星期后，玻利维亚宣布与伊朗重修旧好。美国新大使戈登堡认为这对美国来说是个危险的信号，马上要求与莫拉莱斯紧急会面。就在莫拉莱斯飞纽约几天前的一个清晨5点钟，两人在火烧宫见了面。

"大使先生，请美国澄清合作目的，我们的关系就会好的。"

2007年9月26日是埃沃在美国逗留的最后的24小时，他品尝了那里各种口味的冰激凌，不怎么喜欢辣巧克力味儿的，但他热衷香草糖果味以及嵌有葡萄干的生姜味。而他的顾问们去"蓝猪"（冷饮连锁店的名字）买冷饮去了。回到宾馆，当他们得知买个带小勺的玻璃杯需要花费3美元时，他们决定去自由市场看看有没有塑料碗。"这样就对了，伙计们，要节省。"莫拉莱斯很鼓励这样的做法。而当对方告诉总统，吃多了冰激凌会发胖的，他脸色微窘。

宾馆里的总统套房有些小，埃沃穿着宽松的大白毛衣，光着脚，还在津津有味地享用着冰激凌。

莫拉莱斯说："我将谈一谈联合国的非殖民化问题，演讲稿几乎准备好了。"

晚上9点，他和古巴外长在宾馆的餐厅里共进晚餐。一楼大厅里站满了古巴的保镖，他们对秘密情报部门派来的人保持着极高警惕。这时谁也没注意到一位老游击队员从中央公园锻炼归来：尼加拉瓜总统丹尼尔·奥尔特加。今年初，他继80年代后期第二次当选总统，这是第一次来到联合国。他悄悄走过去，没有人察觉。他穿着一条蓝色的运动裤，黝黑的头发沁着汗珠。他进来没和莫拉莱斯打招呼，他知道他当时正等待与人会面。

埃沃周三早上5点50分醒来，有人递给他西语报纸《新闻报》的头版，上面的标题是关于莫拉莱斯、美国总统和伊朗总统的消息。此外，晨报还报道说，关于埃沃周日罚失一个点球的消息已在报社的主页上刊载。

按照计划，他应该与美洲理事会的负责人共进早餐。这是一个1965年由戴维·洛克菲勒创建的机构，旨在促进美洲地区的自由贸易、民主进程和自由市场。200多个企业、律师事务所、学者邀请国家总统、政府官员和各界名流，获取第一手材料，了解本地区发生了什么事情，同时，第一时间对这些国家的政府决策进行渗透与影响。

而这个组织的成员与各国政治的连接点就是苏珊·西格尔——这个机构的主席，在她办公室的前厅挂着一幅哥伦比亚画家波特罗的画，在她的写字台上，摆放着几张一家人度假时的照片：有在沙滩上的，还有一张雪地里的。苏珊·西格尔留着一袭平整的长发，永远保持着微笑，或许连测谎仪都抵挡不住她的微笑，这位温文尔雅的女主席总是能想方设法使她邀请的贵客们感到舒服。

她问莫拉莱斯是否踢过足球。本来哈欠不断的埃沃听到这个猛然间来了精神。"前不久，我们和一群小伙子踢了一场，对于比赛的结果，他们跟我打赌，赌2 000比索。我说好。事后当然我没管他们要钱，比赛一结束他们连招呼也没打就四散而逃了。"这些故事对于西格尔主席来说，听起来是那么新鲜。

美洲理事会的另一位成员克里斯多夫·萨巴蒂尼事先通知埃沃，在随后的早餐中，组织的成员会问他关于与智利的关系、与巴西卢拉和巴西石油公司的关系。"与巴西石油公司现在并不理想"埃沃如实回答。

在二层的餐厅里，每一位宾客都在阅读一本小册子："自1983年起，莫拉莱斯就很深地介入了工会，他人生大部分时间都冲在社会运动的最前线。"与会者包括花旗银行、瑞士银行这样的银行代表，标准普尔这样的评级机构的风险顾问，还有律师事务所和西班牙电信公司、微软等跨国大企业。

早餐时，埃沃并没有回答这些宾客们想听的东西，没有谈玻利维亚对于投资者是否安全，他是否能够给予足够的司法保障。也没对美洲理事会大加赞扬一番，更没有赞赏他的贡献。

"当我就任总统时，并不清楚流通的资金过多会导致通货膨胀。"

之后，他列举了一些在他政府的管理下宏观经济取得的成绩。"他们把我们当白痴一样。"稍后他缓和了一下刚才凌厉的语气，开了个玩笑，但是他的听众们可没觉得那么好笑：

"关于我们政府对那些新自由主义资本化法律……如果那些新自由主义者是诸位的同僚的话，那就请诸位原谅我吧。"

一些人笑了笑。后来莫拉莱斯讲起了他父亲用小刀或石头拔牙的经历，很多人都莫名其妙地看着他，不知所云。其实，他是想表达他想把健康带给每一位玻利维亚人。

到了发言后的提问时间。一位哥伦比亚卡利市的农产品出口商问他是否支持毒品合法化。"我不大了解这方面的事情。"总统答道。一位德国的银行家问他与查韦斯的依赖关系。"他没要求我们有任何回报。有人告诉我，从他拥抱的姿势可以看出他在轻视我，但是我并不这样认为。您不会是为社会民主力量党（玻利维亚反对党）做顾问的吧？"

由于联合国秘书长在等他，时间有限，提问到此为止。在座的听众没为他鼓掌。

埃沃走到托马斯·香农❶跟前，和他打招呼，并问他："您什么时候访问我国？"在他之前的演讲中，他曾说过："以前，美国大使来到我国，并带来了

---

❶ 时任美国助理国务卿，主管两半球事务。

1 000万美元用于资助社会冲突，而现在他们将这些钱用在与政府相抗衡上。"

联合国秘书长潘基文请求他在海地问题上予以合作。埃沃宣布会为他组织起一个由大使组成的工会，潘基文有些茫然。没有明白埃沃的话只是一个玩笑。但到最后，秘书长明白了，并笑了。

之后秘书长问了他这样一个问题，令他有些不快：

"您会加剧与您国家东部地区的斗争吗？"玻利维亚驻联合国大使也曾问过莫拉莱斯这个问题。

他答道，他希望与反对派进行对话。

当他回到宾馆时，询问了一下周日的日程，那一天有一场18岁以下青少年足球赛。我问他在联合国的演讲是否真不用准备稿子。

"我从来不读稿子，现在也不会读。我会做一些重点提示。但是因为在这里，没有掌声，我觉得不大困难。但是我会把要说的要点标记一下，有5小点。好了，我们去哪儿吃饭呢？"

埃沃和美国前总统吉米·卡特会谈了10分钟，对方身边跟着保镖和顾问。

"您的花生种植园经营得怎么样了？"莫拉莱斯问道。

"很不错，您呢？"前总统问道。

"我哪有啊，我没有时间啊。"

他们聊起了国家领导人。卡特告诉他，在去年和莫拉莱斯会面后，他曾给赖斯打电话，询问现在与玻利维亚的关系怎样。卡特还问起了玻利维亚的媒体。

"那是我主要的反对势力。"莫拉莱斯回答道。

在莫拉莱斯每次回答后，卡特这位诺贝尔和平奖得主都习惯地回应：很好，很好。

他问莫拉莱斯菲德尔的身体状况。莫拉莱斯回答说已有好转。

中午1点半，与卡特告别后，埃沃开始进餐：巧克力饼干。有人告诉他这次玻利维亚代表团的预算已经用完了，现在只有他、各位部长和大使的午餐。

"亚历杭德拉是一位女性（他的内阁部长）还有些钱。我们所有人都去吃吧。有什么？"

玻利维亚领馆的一位秘书在位于皇后区的一家玻利维亚餐馆订了外卖，要一个半小时才能送到，等的时候，他们决定在一家快餐店先给埃沃买个汉堡。

"我梦见查韦斯了。"他跟我说。

"什么时候？"我问他。

"我在斟酌我的演讲稿时睡着了，梦见了他。这预示着什么吗？"

那天早上他吃了片马卡[1]，因为他还没从前一天晚上低烧的状态完全恢复过来。他走到联合国大楼，入座时，伊朗总统上前跟他打招呼。"不久我们拉巴斯见。"他对埃沃说。两人寒暄的场景成了当天的头版照片。

莫拉莱斯的发言用了20多分钟：

"我的代表团由于签证的问题来到这里遇到了很多麻烦：首先我们的议员无法拿到签证；当我到了这儿，在机场被扣留了。我的部长们、安第斯兄弟们也在那里被监控了好几个小时。从像我们这样的一些国家来的人受到了这个国家的主人和布什总统的威胁……我们应该考虑将联合国驻地换个地方了，我并不喜欢来到这里，接受一系列的审查……我觉得联合国的去殖民化进程也该开始了。我们应该互相尊重，无论国家大小，无论有还是没有问题……存在一些歪曲事实的指控，指控对方是残暴的独裁者，正如昨日我听到的，布什总统对古巴领导人的指责一样……我向世界所有的革命者致敬，特别是菲德尔，我对他怀有无限的崇敬，菲德尔也曾向其他国家派驻军队，但是与美国制造伤亡的军队不同，他们的军队是来救人性命的。……最后，我想对他们说，有时看到红灯会使我们紧张，但是这不要紧……重要的是要改变经济模式、根除资本主义。"

很多官员、外长甚至总统都来到玻利维亚的席位前祝贺他的精彩演讲。他自问，这些问候是否表示他们同样支持他对联合国换驻地的想法。之后，他在美国有线广播电台的外景车里接受了现场采访。车厢闷热，埃沃脸上不断冒汗。他回答了关于与伊朗和利比亚关系的问题，他知道，在很长时间内，他都

---

[1] 安第斯特有的高蛋白质营养品。——译者注

得解释这一类的问题。

从那里,他直接前往机场。我和他一起上车,进行我们最后一次谈话。只有坐在前面的司机和美国安全局派来的保镖能听到我们的谈话。

他取出一个宾馆里送的小记事本,上面写着:玻利维亚、立宪大会、殖民主义、自然资源、联合国、生物、战争、印第安人、基础建设、能源、资本主义:人类最大的敌人、新千年、生活、更好的生活、与母亲大地和谐相处。

我打开录音笔。

"当你就任总统时,你认为会与美国建立更好的关系吗?"

"我知道美国不会成为一个盟友。他们侮蔑我是毒贩、杀人凶手、安第斯的本·拉登,美国国务院还下达命令追捕我。正因为如此,我与那些不畏帝国强权的国家组成了联合战线。"

"你想过没有,这样做等于放弃美国的援助吗?"

"1.5亿美元援助并不能左右我们国家的命运,但是如果这种合作可以切实造福于人民,将是一件很美好的事。但现在的问题是,他们用这钱来培植反对派。我们不需要带有讹诈和附加条件的援助。"

"你在这里❶过得怎么样?"

"我从没想过会来美国,也从未期盼过。但是出于对我的国家的尊重,对联合国的尊重……"

"除了这里的土豆,还有什么是你不喜欢吃的?"

"我一直待在联合国驻地的宾馆里:从宾馆到会议室,从会议室到机场,那里的饭都让我拉肚子了。除了这些,我没了解到任何其他东西。"

"你觉得把联合国驻地改在哪里合适?"

"这个我还没有细想。"

"这一次他们给你的签证期限是一年,时间比去年长。"

"去年他们给我的签证只有短短几天,可能因为他们觉得我这个总统很快就要被赶下台了,现在他们或许觉得我能在这个位置上待得更久一点儿。"

---

❶ 纽约。——译者注

听完总统的演讲，美国驻玻大使戈登堡表示，就算莫拉莱斯政府宣布更换迪斯尼乐园的地点他也不感到奇怪，因为这样联合国驻地就和这个娱乐中心相提并论了。其实，大使的话是想表示对伊朗总统应邀访问拉巴斯的不满，莫拉莱斯亲切地称呼伊朗总统为"革命伙伴"。而对戈登堡就没那么友善了：之后几天，莫拉莱斯宣布，他不是一个有效的沟通者，禁止他进入火烧宫。10月12日，在一个印第安组织的仪式上，埃沃喊出了自上任总统后久违的一句话："古柯万岁！美国佬去死吧！"

他们乘坐的轿车突然一个急刹车。总统托我问问司机，是否想要了这位总统的命。当时安全局的保镖并不明白这是个玩笑，一本正经地解释道："那是因为前面的车急刹车了。"

"下回我们去卡拉OK吧。"我建议道。

"卡拉OK？这个……好吧。"他回答得有点儿不舒服。

"你知道吗？如果菲德尔祝贺我，那才是美好的。有一次，我在里约和乌里韦打起来了，菲德尔就说我很勇敢、机智。"

"那你从没当面祝贺过他吗？"

"我从来不这么做。"

"为什么？"

"因为如果这么做了，就好像在评价他，你这个做得好，那个做错了似的。"

因为已经走了45分钟了，他问怎么还看不见机场。

"还有一刻钟。"司机回答道。

但是过了一刻钟，他又开玩笑地问，飞机是不是被他们藏起来了。

保镖一本正经地向他解释，离机场没有多远了。他还解释了在抵达纽瓦克机场时所发生的事情不是蓄谋的。这似乎是在回答他在联合国发表的演讲。

在机场，埃沃问道："我们兜着圈子，转来转去的。怎么回事，老大？我得回国啊！"

在机场内部道路上，莫拉莱斯十分惊奇飞机带着标示牌。

"兜了一圈又一圈,就像旋转的木马。"

"这是你最后一次在美国吗?"

"可能还得有一次,我不清楚。"

在飞机舷梯旁,两名戴着红色贝雷帽的委内瑞拉机组人员向他行礼致敬。

● 在联合国大会的演讲中维护种植古柯的权利

第八章　身为总统
（2006～2007年）

2006年1月31日，火烧宫弥漫着酒精味和甜烧味，这是总统在进行一场有安第斯地区特色的仪式，目的是驱赶整栋大楼过重的阴气。巫师们准备了两张桌子——一张白色的、一张彩色的，他们交给总统一束熏香，同时祈求他拥有健康的身体和出色的执政能力，不久能够找到合适的配偶。莫拉莱斯要求除了在火烧宫内部，也要在外面的穆里略广场的每个角落再进行一次这个仪式。因为他觉得那些阴气是无孔不入的，如果阴气充斥于外面的广场，那宫殿里面也难逃其害。

总统就职那天本应该举行的鸡尾酒会变成了这种原住民的仪式。以前，火烧宫是富丽堂皇的代名词，达官显贵聚会于此：这个国家的主人是社会上层的翘楚，从小接受外交礼仪的熏陶。其中一个充分体现这种礼节的仪式就是各国大使呈送外交国书的时候：此时会为这一特殊场合铺设红地毯上，外国使节会从外交部出来，沿着这条红地毯步行约100米到火烧宫呈递国书。

而过去在火烧宫工作的人都是这份礼节传统的沿袭者。比如，男人们被要求必须穿西装。"你们想穿什么都可以。"莫拉莱斯就职后的第一个礼拜，就破除了沿袭多年的规矩。

此外，他还要求厨房为这里的所有工作人员准备饭菜，而在以前的政府，只有那些有身份的高官才可以享受这种特权。当然，火烧宫的行政部门要抱怨连天了——日常开支增加了三倍。自从莫拉莱斯入主火烧宫后，玻利维亚特有的吃食就代替了原来的西餐，特别是汤。总统上午10点会叫第一个菜。

这座宫殿对他来说很陌生。以前很多玻利维亚总统都想过对这座宫殿进行改造，把它变成自己的私人空间，但是一旦正式入主，除了一些细节外，以前天马行空设想的那些改造方案就抛到脑后了。

最初几天，埃沃对他周围人的冒失言行和官僚作风十分看不惯。很快他就开始怀念在工会的那些日子了。

他的亲信没有一个曾是这里的官员。他的发言人亚历克斯·孔特勒拉在踏入火烧宫门槛的那一刻就为自己照相留念，因为这样当自己几年后卸任离开这里时，可以对比一下身体胖了几圈。但令孔特勒拉没有想到的是，由于工作节奏极其紧张和忙碌，不到几个月自己便生病住院了。

总统的内阁部长可不是个轻省的差事。第一个担任此职的人由于虐待下属而被迫走人。第二个也遭受了同样的下场，原因是莫拉莱斯并不信任她。在任命第三个人保拉·萨帕塔时，已经是2007年年中了。埃沃要求她既不能对他说谎也不能藏着掖着，要对所有人都好，不能随便以他的名义为他人提供帮助。莫拉莱斯问萨帕塔是否与哈维尔（司机）协调好了关于为英烈送花的事，她回答是。当莫拉莱斯证实她说了谎话时，大发雷霆，对萨帕塔大吼："不要说谎"。他的愤怒会使总统宫所有人闻声色变。

埃沃对每一个细节都充满了不信任，并且事无巨细地介入每一个环节，比如更换官方专用的信笺。这两点成了他执政初期的两大特点。很多时候国家手段显得微小或不足。他刚上台的时候，一名官员被发现私自影印公文，他并没有深入调查，因为他知道电话都被监控着，而警察局也被美国使馆看得严严的。

最初的日子里，古巴在情报和安全领域曾与玻利维亚进行合作，建议更换宫里所有物品，但是总统并没有同意。他曾授权追踪窃听器的出处，但一无所获。伊万·伊伯雷曾以埃沃私人秘书的身份在火烧宫工作，不到两个月就出去负责安全与情报方面的工作了。伊伯雷手下的一个社会组织在古巴接到一条指示：与警察、军队共同担负保护总统的任务。

尽管总统并没有把火烧宫变成他的私人空间，但是那里的作息时间表已经按照他的习惯完全改变了。而这样的安排在接待那些埃沃并不怎么亲近的宾客时显示了总统的威严。比如，第一次与天主教联合会的会议安排在清晨5点，几名主教连连摇头表示不同意："还让不让我们睡觉了！"也是在清晨5点，他约见几名美国议员，最初也是遭到反对，但是他并不妥协，最终当时的美国大使格林利说服了那几名气呼呼的议员。这新的时间表也同样使火烧宫内部工作人员有些吃不消，第一个月好几个人因生物钟被打乱而生病，还有的直接昏倒被送进医院。

莫拉莱斯大力进行财政紧缩措施的第一步就是减少总统工资的57%，只剩下1 875美元，这也使得很多部长和官员不得不放弃高收入。此外，他还想将部长这个职务改名为"人民公仆"，但是最终没有越过宪法这座大山。

为了选部长，他收到了很多人选名单。有一些部长已经内定了，比如外长决定由戴维·乔盖万卡担任，发展计划部部长是经济学家卡洛斯·比列加斯。名单中有一些人名他并不认识，比如财政部部长和矿业部部长人选。他为石油工业部选了一名左派代表当部长，为水利部选了一名激进的奥尔托人当部长。一名不属于圣克鲁斯精英团体但来自圣克鲁斯的百万富翁被选为公共建设部部长。教育部部长职落在了一名奉行马克思主义的艾玛拉学者肩上。最初，没有人认为胡安·拉蒙·昆塔纳会成为总统府部长，因为此人才刚刚进入莫拉莱斯的圈子中。

在内阁席位确定后，他还要安排其他700名大大小小的官员人选。为了完成整个人员编制，副总统利内拉审查了庞大的候选人群。总统要求下面提名，自己进行最终决定。比如外长乔盖万卡为驻西班牙使馆的新闻媒体专员提名，埃沃最终决定。这样的任命流程有一个规矩：一旦被媒体透露走漏了风声，就立刻中止，查查到底怎么被泄露的。

也有人通过信件的形式向总统发出请求。有一位争取社会主义运动的老军人写了三封信，希望总统能任命其女婿为驻印度领事馆领事，但是莫拉莱斯的回答是此人可以做他圣何塞住所的园丁。

总统府部长昆塔纳是前军官、社会学家、安全防御方面的专家，入职以后，昆塔纳成为连接军队的桥梁。莫拉莱斯希望借此除去他是贩毒古柯农的莫须有罪名。在决定一位军队最高统帅人选时，昆塔纳为他推荐了两名他军校的同届生，但莫拉莱斯并不信任：他觉得昆塔纳是在卖人情。随后，莫拉莱斯觉得这个时候更应该体现总统的威严：他要在军队重塑国家主权的威信。因此原24名将军全部被"斩落马下"。这就是昆塔纳所认为的玻利维亚自1952年以来的最严重的一次军队"大洗牌"。

用副总统利内拉的话来说，任命军队高官的那一天是莫拉莱斯执政18个月以来最艰难的一天。

"一些被撤职的军官就在（总统府）二楼。"那是1月24日，有人通报给总统的。莫拉莱斯不清楚警察和军队到底发生了什么。部长们建议他与被撤职的军官对话。但是莫拉莱斯坚持认为在军队问题上他的权威是毋庸置疑的。他要求警察署长制定临时方案，并询问是否有催泪弹。当埃沃与利内拉坐电梯从三楼下到一楼中央大厅时，电梯突然不动了。但这不是撤职的军人设的陷阱。

而在总统宣誓仪式上，一位被撤职将军的妻女曾朝他大喊不公平。埃沃在讲话中解释说："我曾经说过我们会遵守制度，而我们现在就在遵守着。我很遗憾一些将军与上届政府有牵连。他们没有受到惩罚，只是必须接受调查。"

信息的缺失是总统执政的一大软肋。这导致其执政初始另一场危机的爆发：玻利维亚劳埃德航空公司的破产。由于对公司的情况没有明确的信息，政府请求基什内尔政府给予帮助：两名官员拜访了阿根廷大使馆。因为阿根廷航空公司也曾有过类似问题，阿根廷总统府"玫瑰宫"通过联邦计划部长胡里奥·德维多向玻利维亚派去了一个代表团。

埃沃不同意国家出资进行拯救劳埃德航空公司计划，而是打算创立一家新航空公司：阿比亚亚拉。这是1492年哥伦布发现新大陆前当地原住民为美洲这块大陆起的名字。

在莫拉莱斯执政的最初几个星期，不断向国际社会发出援助请求：2月的洪灾造成20多人遇难，使他不得不对外发出援助请求，尤其是向委内瑞拉和古巴。

社会冲突的管理与调控由总统亲信之一前托派军人阿尔弗雷多·拉达负

责,拉达同时兼任社会与司法研究中心主任,这是一个为行政机构献计献策的非政府部门。

拉达担任社会运动协调部副部长,这个部的前身是战略事务部。在以前的体制下,这一机构可以自由支配资金,从而保证畅通的政府管理。最初几个月,拉达收到很多情报,有关国内游行、集会、阻路情况及相应的风险,但是却没有说明抗议的理由。为了弄清真相,这位副部长组织了一个专家组专门负责调查收集那些抗议者的诉求,以便为日后政府与抗议人群之间进行谈判做准备。

由于阿尔弗雷多·拉达的社会运动协调部运作良好,再加上莫拉莱斯从不对抗议予以镇压的执政理念,莫拉莱斯坚信在他执政期间不会有人因为社会冲突而牺牲。但是2006年6月9日,当一名司法人员下令驱逐一群无家可归为生计而游行的抗议人群时,双方发生了交锋,造成一名退役警察丧命。

莫拉莱斯从收音机里得知了这个消息。当即给内政部部长阿丽西亚·穆纽斯打电话:

"看你干的好事!怎么能用鲜血玷污我们的荣誉呢?"埃沃歇斯底里地呵斥着。

总统与他的团队都认为以前的政府总是动不动就对群众抗议活动下达杀令,而莫拉莱斯绝不打算在抗议活动中让任何一个玻利维亚人丧命。

而因监管不力造成的这第一名死亡者为他敲响了警钟,一些部门并不能很好地代表政府的形象和意志。就算那些部门把政府看做是自己的、诚实的政府,莫拉莱斯也会认为那些部门缺少耐性。

9月29日,美国的新大使菲利普·戈德堡到达玻利维亚,也正是在那一天,两名古柯农死于与军队警察的交锋中。内政部部长阿丽西亚得知后的第一反应与她的那些前任们无异:宣布死者是进行贩毒活动的佃农。莫拉莱斯对此感到痛心疾首。

不可思议的是,10月的第一个星期,矿业部开办的合作社的矿工与波索科尼锡矿山(拥有94.8万吨锡矿,价值5.8亿美元)的矿工发生争端,引发枪击和爆炸，死亡16人。在交火前，政府曾与这两个矿山开过二十来次大大小小的会议。"作为农民，作为总统，作为诸位的兄弟"，埃沃真诚地请求道，"请诸位告诉我我现在到底应该怎么做"。而冲突双方互不退让，政府的无能和有关部门的低效阻碍了这场争斗的解决。"本应该成为好事，却酿成了悲剧。"利内拉这样评价道。所谓的"好事"，是指矿产出口猛增：从2005年前10个月的2.87亿增加到第二年同一时期的6.42亿。

从情报部门获取瓦努尼发生的令人震惊的消息时起，因为存在产生交锋的风险，总统决定不再对社会争斗派出武力进行威慑。他将他对政府部门做事不力的愤怒全数发泄在矿业部部长沃特·比利亚罗埃尔身上，这或许是2006年他发的最大的一次火。而新上任的吉列尔莫·达伦斯也并没有在这个位置上待多长时间，2007年3月就被撤职，原因是达伦斯访问古巴时未经总统授权擅自签订协议。

安德列斯·索里斯·拉达是一名律师、记者、祖国意识党前议员，也是国家自然资源国有化的忠实拥护者。在拉达67岁时，莫拉莱斯任命他为石油工业部部长。这个任命得到了国家左派力量的认可。索里斯·拉达在工会、左翼党派和军队的反美力量中都获得了支持。

石油的国有化——争取社会主义运动对人民最重要的承诺，赢得了广泛的社会共识。执政伊始，总统就和他的团队，包括索里斯·拉达致力于国有化法案的起草工作，直到形成文件。埃沃对法案进行最终审查。

埃沃让他的团队将以前的数据"倒"过来，如以前外国公司将产值的18%作为上缴给玻利维亚政府的税，将其余82%据为己有；而这部国有化法案规定外国公司产值的82%要上缴给玻利维亚政府，只能留有18%的利润。"应该就让他们赚一点儿。"他给团队每个人解释道。

索里斯·拉达认为，如果政府在合理的时间内不逐步推行国有化，社会斗争将像现在一样猛烈，最终可能推翻政府。一连几个星期，立法起草小组都在讨论如何确保这部法案是一部国有化法案，尽管并不是传统意义上彻底的国有化：既没有没收，也没有驱赶外企。

关于正式公布国有化法案出台的地点，索里斯·拉达建议在埃尔阿尔托，因为那里是爆发反桑切斯·德洛萨达政府捍卫水资源战争的发源地。沃特·查韦斯——总统的资深顾问则建议在巴西石油分公司的驻地圣阿尔佩托的郊外。

这个活动的总指挥为副总统利内拉。各位官员穿着迷彩服列队站好，他们兴致勃勃地谈论着这身打扮好像在进行军事演习的舞台剧。武装部队也恢复了抛弃多年的民族主义传统，代表着国家的统一力量。

5月1日的清晨，内阁通过了国有化法案，齐唱国歌："我们的祖国，伟大的名字，为了保持祖国的荣誉，我们发出新的庄严的誓语，'自由人民宁死不屈！'"

在飞机上，埃沃与军队、警察长官一起前往圣阿尔佩托郊外准备颁布法案。"这是伟大一天的开始。"莫拉莱斯在飞机上感叹说。

在圣阿尔佩托，本应该迎接总统代表团的人并没有出现。因为是周末，巴西石油分公司的值班人员忙着给总统展示工厂车间，他们并不知道玻利维亚总统来这里的真实目的以及他们的企业将要经历怎样的变化。不过没过多久，他们便知道了，总统的这次"突然袭击"着实使他们"措手不及"。

总统手拿话筒，戴着安全帽，在部长的簇拥下和军队的护卫下宣读28.701号最高法案。这一幕在国内外都引起了很大反响。法案中，国家重新拥有对石油和天然气的"产权、使用权和绝对控制权"。国家规定外企与玻利维亚国家签署新合同的最后期限是10月28日，在签字之前，外企需要向国家支付高达82%产值的税收。

埃沃的民意支持率迅速攀高，达到81%，因为他兑现了竞选时对人民最重要的一项承诺。

西班牙《国家报》5月1日刊登了题为《埃沃糟糕的做法》的社论："依照该法案，外企的股份直接被没收……事先没有进行谈判，而是派驻军队强制执行……在军队威慑前根本毫无道理可讲。"西班牙雷普索尔石油公司也进行了类似的批评。

而巴西政府更是将玻利维亚军队的参与视为侵略。这个事件改变了巴西和玻利维亚长期以来家长式的双边关系。"这样做是单方面的，是不友好的。"巴西石油公司总裁何塞·加夫列利控诉道。巴西国内使用的天然气一半来自玻利维亚。

"如果我们不能保证（对巴西）正常的供给，巴西很可能会入侵玻利维亚。"2006年6月索里斯·拉达对我说。

在玻利维亚的各大外国石油公司都反对该法案的出台，并威胁将诉诸国际法庭，他们通过企业家商会、媒体和反对党对政府施压。因此索里斯·拉达决定不与玻利维亚石油天然气商会商谈，而是单独搞。"每一家外国石油公司来我们这里，他们都说其他公司的坏话。"这位部长在他的办公室里说。几个星期前，雷普索尔公司总部曾派了一个代表团从西班牙到玻利维亚进行交涉，代表团乘坐的飞机座位比玻利维亚总统专机的座位要多出一倍。差别还在于，西班牙雷普索尔公司秘书的工资比索里斯·拉达部长的工资要多一倍，拉达部长与雷普索尔公司代表团讨论的玻利维亚天然气和石油的储量金额是3千亿美元。

索里斯·拉达与莫拉莱斯和利内拉之间渐渐地在石油政策方面出现了分歧。总统亲自任命了几位石油工业部的副部长以及一些下属官员，而利内拉也直接出面与阿根廷和巴西就天然气价格问题进行谈判。这些做法都削弱了索里斯·拉达的权力。在拉达就任部长前，曾认为基什内尔是西班牙雷普索尔石油公司的"忠实代表"。

索里斯·拉达主张对巴西强硬，因为巴西石油公司只上缴给玻利维亚政府很少的钱，还找借口说，正是由于巴西的需求，玻利维亚天然气才能提高价格。玻利维亚出口到巴西马托格罗索州的天然气每100万个BTU单位（British Thermal Unit，英国热量单位，1BTU = 251.9958卡路里）只有1.09美元，每天出口120万立方米的天然气；出口到巴西圣保罗州的天然气每100万个BTU单位的价格是4.3美元，每天出口2 600万立方米。玻利维亚总工会更为偏激，要求将所有外国公司赶出玻利维亚。

总统同意索里斯·拉达的立场：明白将巴西石油公司在其境内掌控的两大炼油厂收归国有可能做会危害卢拉谋求大选连任的国内形势，从而有利于巴西右派乘虚而入。因为巴西的一大媒体曾嘲笑过卢拉对待玻利维亚问题上的软弱态度。

实际上，巴西总统民意调查支持率下降是因为反对派对劳工党腐败的指控，特别是对该党在国会收买选票行径的指控，与对玻利维亚问题的态度没有什么关联。

火烧宫里笼罩着一种忧心忡忡的气氛：如果巴西不再购买我们的天然气该怎么办？如果能源输出管道堵住了该怎么办？如果没有燃料了该怎么办？这时候，拉达访问了加拉加斯，回来后他找到了答案，并更坚定了自己的立场。委内瑞拉可以在实际操作层面帮助玻利维亚解决这些问题：委内瑞拉政府和委内瑞拉国有石油公司曾在玻利维亚能源国有化进程中的咨询环节、技术操作和资金问题上进行过援助。据玻利维亚国有石油公司主席曼纽尔·莫拉莱斯·奥利维拉透露，委内瑞拉石油公司帮助玻利维亚与纽约一家律师事务所签订合同，从而在法律层面上得到支持。

尽管如此，总统没有批准石油工业部呈递的2006年第207号决定。该决定包括对石油贸易及相关产业进行国家垄断，排挤巴西石油公司。因此，9月15日索里斯·拉达辞职。卢拉曾指责这一决定是"坑人的"。以利内拉为代表的与巴西调解的立场占了上风。

战略第一步是与阿根廷达成一致：阿根廷方面支付5美元/百万英热单位，创阿根廷对邻国天然气价格交易新高。"这个协议有助于转变其他石油公司坚决不谈判的强硬态度。"副总统曾在一个采访中这样解释道。

但这个协议对卢拉产生了负面影响：关于天然气价格问题，他认为阿根廷应该事先与巴西石油公司商量。9月21日，卢拉总统发表了一份演讲，里面出现了一些本该与玻利维亚总统私下交流的话："你不应该依仗你们出售给我们天然气就有恃无恐地拿剑指着我们的脑袋……我们同样可以拿剑指着你们的脑袋……如果你们不卖给我们（天然气），我看你们卖给别人也不是那么容易的事吧。"玻利维亚和巴西这两位出身工会的总统在较量。

当卡洛斯·比列加斯代替索里斯·拉达成为新的石油工业部部长时，与外国油气公司的谈判进展甚微，而此前约定的外企与国家签订新合约的截止日期只剩下40天了。这还不是唯一的困难：比列加斯没能制定出一套有效地和各大油气公司谈判的计划，而这时玻利维亚国有石油公司内部又产生了矛盾，这些都有损政府和国有石油公司的信誉与形象。

直到10月28日，比列加斯一直在国有石油公司与一些玻利维亚律师和委内瑞拉帮助雇佣的纽约律师事务所的律师商讨方案。

压力来自各个方面。西班牙副首相玛利亚·特蕾莎·费尔南德斯·德拉维加几乎每天都与火烧宫就这个问题所牵涉的相关利益进行沟通。与欧洲其他在玻利维亚有产业的石油公司不同，雷普索尔公司的利益与西班牙政府关系十分紧密，是"拴在一根线上的蚂蚱"。10月28日，西班牙政府外交国务秘书贝纳迪诺·莱昂找到比列加斯："我来是想与你们达成一项很不错的协议。"而部长阁下却认为这是一种令人不快的施压方式。

阿根廷企业家卡洛斯·布尔盖罗尼也来到拉巴斯。对于接待他的玻利维亚政府官员，他表现得强硬又直截了当，他的目的是在向阿根廷出口天然气的贸易中，他在玻利维亚的油气公司可以有利可图。但是由于他为玻利维亚国内市场提供的份额很小，玻利维亚没有答应他的要求。

如果外企在10月28日午夜12点前没有与政府签订新合约，那么军队将强行进入它们的油田。"我深信我们会占领大查科地区的油田。"比列加斯部长在2006年12月的采访中这样对我说。

那天夜里11点，莫拉莱斯还没能确定是否所有的公司都签订了合约。雷普索尔公司是最后一个签的。与这些公司签订的这些期限长达20年或30年的合同会为国家带来巨额的税收。实际上，根据官方数字显示，玻利维亚的石油与天然气收入已从2002年的1.73亿增长到2006年的12.99亿。

尽管时常收到"滚出我们国家"的恐吓，但是这些外国公司还是留在了玻利维亚，因为每年上缴的可观税收并不妨碍他们获得巨额利润。

政府需要国有石油公司稳定运作，要克服专业技术工人不足（流向私人部门）的困难，以保证国有化改革方案利益最大化。此外，莫拉莱斯限定了最高工资额，制定了禁止内斗的规章制度。

但是困难仍旧存在。政府呈送给国会的最终合约，反对派认为文本过于简单，要求修改。经过漫长的谈判，2007年5月2日，最终得以通过。

总统知道国有化法案已经成为政府的"标签"之一，并开始在各类演讲中使用这句话。2006年6月20日，他宣布矿业、电力、电信和铁路也要实现国有化。有一次，他笑着说，要将《理性报》❶国有化。

接下来如何将国有化法案的条款付诸政府的行动让埃沃绞尽了脑汁。他设立了一项学生补助金，总统府部长建议叫"胡安平托"补助金，每人补助25美元，这笔款项是从巴西石油公司、安第斯公司和托塔尔公司依照石油国有化法案每月额外上缴的3200万美元中支出，因为它们参与圣阿尔贝托和萨巴洛油气田的50%~82%的投资。由于这笔教育补助金是要送达偏远的山村地区，所有军队部参与了款项的发放，深化了影响。此外，埃沃创建的另一笔款项名为"尊严养老金"，向所有满60岁的老人发放。

2007年2月，政府将文托冶金公司国有化，征收了瑞士嘉能可公司，因为埃沃坚持认为私有企业运作过程中有很多不规范的地方，所以拒绝对征收行为付补偿金。"我们不允许对私有财产进行暴力。"在埃沃的军队占领了公司的厂房后，公司发言人进行抗议。

当总统和副总统等着参加瑞士公司正式启动国有化的仪式时，一位军官对他们说，准备了一个节目。一位舞者邀请莫拉莱斯和利内拉上台跳舞。

"要保护好这位姑娘，因为副总统不会饶恕她。"莫拉莱斯对军人说。

"是的，我知道，但这位姑娘是我的女儿。"这位军官说，他抽出了剑。

在一片笑声和惊讶声中，莫拉莱斯高喊了一声："弟兄们，去国有化吧。"

不是所有的目标都能实现：无论是传统意义上的国有化（文托矿除外）、开展教育革命，还是成立一个理想的立宪大会、使圣克鲁斯精英最终倒台，或

---

❶ 玻利维亚最大的日报，属于西班牙报业集团所有，由玻利维亚反对派掌控。——译者注

是实施一个激进的经济计划。伴随着总统的激进演讲，特别是执政头六个月的演讲，政府采取了一系列行动，与过去彻底划清了界限，但其规模是不能与过去相比较的。作为总统教育的一部分，埃沃必须学会谈判与退让。

在埃沃的演讲中，总是会强调"去殖民化"这个概念。教育部长菲利克斯·巴茨宣布世俗教育：不能有任何一种信仰——这主要是指天主教会可以强加给教育；西班牙语不再是主导语言，凌驾于其他语言之上。于是，联合大部分媒体，天主教会开展了一场声势浩大的抗议活动。内阁会议中，埃沃要求巴茨部长不要再这么做了，虽然他一向主张对教会采取强硬态度。

2006年11月，在与天主教会高层会谈中，埃沃表现出了对抗的态度：

"如果诸位要打仗，就打吧，我会把诸位打垮的。我可没忘诸位都是种族灭绝的帮凶呢。"

"我们已经改变了，总统阁下。"红衣主教胡里奥·特拉萨斯回答道。

"如果诸位还要这么下去，我就放弃我的宗教习俗❶了。"埃沃最后警告道。

2007年1月，教育部长巴茨离开了内阁。

经济计划也遇到了瓶颈。这方面的负责人卡洛斯·比列加斯自2002年一直是埃沃的经济顾问。他常常给他这个总统学生上课，讲授玻利维亚经济和世界经济。他也常常得到他这唯一的学生同一个要求："举个具体例子，老大。"

2005年竞选时，他们与国际多边信贷机构有过接触，对方非常担心国有化改革和所有推行的"民众主义"措施。而埃沃当选后，这些机构又多了些烦恼：赤字和通胀。他们警告过埃沃，如果他的政府这样下去，会失去对经济的调控能力。比列加斯很感谢他们的忠告——世界货币基金组织和世界银行的人看上去都很友好，但是他告诉那些"好心"的外国顾问：埃沃执政后，只有财政部和中央银行才是制订经济计划的机构，我们不需要外部的支持和顾问。世界银行赦免了玻利维亚一部分债务，并把每年需要还债的份额从7 000万美元降低到3 500万。但是由于埃沃政府的强硬态度，世界货币基金组织不再给他

---

❶ 埃沃·莫拉莱斯也信仰天主教。——译者注

们提供贷款了。

2006年6月，比列加斯用幻灯片向总统、内阁成员等人具体陈述了他制订的经济计划。其中包含一些经济管理的目标和"稳步前行"的思想：力争使贫困率从2005年的58.9%下降到2011年的49%；赤贫率从35.3%下降到27.2%；经济增长率由1.84%上升到4.31%；基尼系数（衡量社会平等性的指标）从0.59下降到0.58。

"如果他们不杀我，就是一群傻子，我曾这么想过。"利内拉回想起早年在游击队被捕的经历时对我这样讲，"事实证明的确如此。他们给了我第二次机遇，现在我是副总统了。在狱中饱受折磨时，我只想着怎么从那里逃出去：组织一次突袭，还是挖一条隧道。那是一场智力战。我怎么能泄露秘密和摧毁自己的事业呢？不是身体，而是自己的事业，应该保护它"。

当利内拉担任临时总统时，我与他在莫拉莱斯办公室里进行了长时间的谈话，他回忆起90年代在图帕克·卡塔里游击队的峥嵘岁月：他坐过牢，受到过严刑拷打。在离他办公室几米远的一间小办公室里，有一名上尉，是他的保镖，曾是关押过他的狱吏。对那时严刑拷打过他的人，当他登上副总统宝座时，就不去理睬他们了。他得知其中有一人想往上爬，他既没有阻挠，也没有帮忙。

这位科恰班巴人作为军人和知识分子从17岁开始就有了一个远大目标：让一名印第安人当上总统。从那时起到这个梦想实现——他为埃沃献上总统绶带，他一直在猜测琢磨他的这位密友到底在想什么。

曾是利内拉忠实伙伴的费利佩·基斯佩，最终与他分道扬镳，关系变得很坏。与利内拉的做法不同，基斯佩当众大肆批判副总统，说利内拉背叛自己，转向莫拉莱斯一头了。还透露利内拉的隐私，2005年总统竞选时，污蔑他是同性恋。然而，利内拉从未在公众场合中予以回击。

由于数学硕士出身，利内拉时刻保持脑子的冷静和准确的判断。他知晓作为副总统，要将充斥着7个党派的一盘棋玩转，每一步都需要绝对的沉着。此外他在谈判中也应用同样的技巧：分析对方想要什么，对方的目的和利益着眼点在哪里，预测对方现在在想什么。"做事情要有策略：我的策略就是理性实用主义。"

利内拉被称为百科全书，他的个人图书馆拥有1.5万册藏书，涉及社会、历史学等多个学科，他想成为无所不能的副总统。他的弱项——或是他的软肋，就是预算。他很难从这么多数字中进行宏观全面的分析，并破译这些数字背后隐藏的利益冲突。但是作为学者的日子已经终结了："现在在总统府里，需要决策具体行动方案，没有时间一一细究。"

他与莫拉莱斯的关系成为这届政府执政的一大关注点。当第一篇报道他与莫拉莱斯可能产生不和的文章登出来后，他不禁笑了。他们之间的信任是在日常点滴中逐渐建立起来的。

从一开始，莫拉莱斯就决定让利内拉参与大部分决策的制定。莫拉莱斯知道他的副总统一直是效忠他的。某些人，特别是美国使馆曾认为加西亚·利内拉是埋在莫拉莱斯总统身边的"特洛伊木马"。但是这位副总统对那些流言蜚语不予理会，他的会议请求和会议的情况都如实地向总统汇报。

在总统办公室的长方桌旁边有一块写字白板，利内拉常常用它来阐述总统的想法和倡议。他发表演说，解读总统的想法和倡议。在公共场合，他的角色更像一位解释者。此外，他在谈判场上是一位调解者。在与巴西、阿根廷就天然气问题的谈判上，与美国的谈判上以及与国内一些势力——像最初与圣克鲁斯精英的周旋上都发挥了调解作用。

在办公室里，利内拉与莫拉莱斯会发生争论，但是对外他们表现出惊人的统一。他们在与美国的关系上产生过分歧；副总统一贯支持地区自治以及在立宪会议上需要三分之二的多数通过，这与埃沃的主张相悖；莫拉莱斯主张优先在公路和公共工程方面投资，而利内拉则主张侧重生产方面的投资；在与古巴和委内瑞拉的关系上，副总统以一种更为批判性的眼光看待这些国家。

这些分歧引起了一些人的猜忌。副总统同意签署智利加入安第斯共同体宣言，而莫拉莱斯则认为智利加入以后，智利将与同为安第斯共同体成员的秘鲁和哥伦比亚这样的"新自由主义国家阵营"为伍，而这会削弱玻利维亚的力量，因为委内瑞拉已经退出该组织。总统要求他公开批评地区自治，而利内拉一再拖延，这使莫拉莱斯很不高兴。但是之后，他们的立场达成一致了。

火烧宫积聚着国内大部分的权力，一部分是因为莫拉莱斯果断的决策力和集权的思想，再有是因为缺少得力的国家中层干部，使埃沃很多事不得不事必躬亲。"如果现在我给一个副部长或一个主任打电话"那是一个星期天，利内拉在总统宫里对我说，"那么手机不出意外肯定是关机的。这是经常的事儿。"无论是埃沃，还是利内拉，都领教了参议员、众议员和立宪议员责任和主动性的缺失。

莫拉莱斯从来没有致力于建立一所培养未来官员的学校——曾有人在2002年大选时向他建议过，但在入主火烧宫时他未曾打算办一所行政管理学院。因此，新官员和新的领导人是在运动中培养的，其中不乏一些并不是通过什么光彩的途径得以上任的"投机分子"：一些争取社会主义运动党领导人和议员通过推荐这些投机分子在政府中谋取一官半职而获利。这成为一桩桩政治丑闻。在2007年3月庆祝争取社会主义运动党成立12周年纪念日时，一些与会者伸手向利内拉要职位，当被拒绝时，恼羞成怒大骂副总统是"种族主义者！"

实际上，政府里拥有的印第安公务员比想象中要少得多。争取社会主义运动党内部为争夺权力而产生的斗争，也引起了政府中白人官僚成群的环境是否对总统不利的问题展开了激烈的辩论。《维尔卡》杂志在它的封面上刊登了一张照片，题为："莫拉莱斯：在白人官僚的包围下，将寡头政治和印第安人民运动结合在一起。"

总统方面否认被白人官僚包围。副总统将这个问题归咎于一些被撤职的争取社会主义运动成员和印第安人的不满情绪，按照利内拉的说法，他们患了一种印第安主义的幼稚病，正如列宁在《共产主义运动中的"左派"幼稚病》中提及的一样，自利内拉担任副总统以来，列宁的著作是他最喜欢阅读的著作之一。

莫拉莱斯的确选了一些这样的人，例如政府管理的核心人物：胡安·拉蒙·昆塔纳——他的上任颇受争取社会主义运动党内部争议，以及财政、石油工业和矿产部的三位部长。

而联系着总统和各社会组织的核心是乔盖万卡、桑托斯·拉米雷斯和社会运动协调部第二副部长萨夏·约兰蒂，这些领域利内拉很少涉足。莫拉莱斯一直维持着与各大社会组织的关系，经常和他们讨论一些国家大事：石油工业、土地、立宪大会。"他和社会团体的领导以及基层人民交往有很大的耐心，"社会运动协调部第二副部长约兰蒂讲道，"他常常认真地给他们分析哪些他可以做到，哪些无法做到。除了经常会面，总统还经常通告他们他正在做什么，好像这是总统的义务似的。"

莫拉莱斯执政的第一年，传媒通讯方面的核心人物有两个：一个是发言人亚历克斯·孔特勒拉，总统的亲信之一；另一个是沃特·查韦斯，负责宣传和选举事宜，同时也参与国家重大决策的裁决。原为秘鲁政治犯的沃特·查韦斯在2007年初不得不离开政府，因为秘鲁司法部门要求玻利维亚政府将其抓捕并引渡回秘鲁，这是由于1996年他曾参加图帕克·阿玛鲁秘鲁革命运动，这个运动曾占领过日本大使馆。当时玻利维亚反对派、部分媒体和一些争取社会主义运动党成员主张沃特·查韦斯接受政治审判。因此在第二年，他的职位有了新的继任者：维克多·奥杜纳。

司法领域的核心人物是一群律师，他们负责在法律框架内监管政府行为，特别是制定法案方面。莫拉莱斯给这些律师起了个绰号"香蕉"，因为他觉得世界上不存在绝对"正直"的香蕉。"阿尔塞是一支出口香蕉。"他这样评价自己的政府协调部副部长，同时也是埃沃的私人律师赫尔托·阿尔塞。

在对外关系方面，莫拉莱斯整合了一支拥有戴维·乔盖万卡、巴布罗·索隆及其团队的外交队伍。乔盖万卡外长在这本书的采访中曾说他不在乎什么白人官僚环境或者左翼环境的流言蜚语。"他们这么说是意图让印第安人发展进程偏离方向，他们想建立一个左翼政府，而那些所谓的左派总是背叛我们。"

对于以上这些方面的核心人物，莫拉莱斯就像一个巨大的容器，囊括了这一切，是整个进程的象征。于是，产生了对他的崇拜。其标志之一是他曾颁布法令宣布他的故居奥里诺卡镇为国家历史遗产。一些印第安人宣布建立一座埃沃·莫拉莱斯城,地点在与巴西交界的边境小镇。那里的镇长称埃沃·莫拉莱斯为"埃沃神"。

加西亚·利内拉和沃特·查韦斯打算将这种崇拜埃沃·莫拉莱斯的思潮与行动命名为"埃沃主义"。莫拉莱斯这种领袖风范是国内进程的动力,在国内外都有影响。副总统撰写的一篇题为《埃沃主义:行动中的民族民众主义》的文章写道:"埃沃主义是一种在平民社会中体现国家政治的自主表现形式……莫拉莱斯所推行的印第安主义首先是一种文化,因此它能够引起国家各个阶层的关注……埃沃主义包含印第安主义的民族主义和民众主义的成分、工团主义的成分和马克思主义的成分,埃沃·莫拉莱斯已经将争取社会主义运动党变成了能够掌控整个国家的权力体系,在此基础上在玻利维亚尝试建立一种后新自由主义的、可能是拉美唯一的认真的发展模式。"

埃沃的崇拜者和埃沃主义分子在政府执政的第一年便开始筹划使他谋求连任,一名埃沃主义分子、争取社会主义运动党副主席杰拉尔多·加西亚,于2007年4月在公共场合说,他的很多同伴都拥戴埃沃再当50年总统或一直当下去。

而圣克鲁斯精英们通过他们的发言人发出警告:如果埃沃连任成功,就是独裁的开始。

玻利维亚东部的问题一直是总统的一块心病。

2005年总统竞选时,为了制定十大执政目标,即"十诫",沃特·查韦斯曾请求圣克鲁斯精英阵营的律师胡安·卡洛斯·乌兰达制定一份圣克鲁斯自治提案以作为希望寻求对话的证明。但是十大目标中重点强调了原住民的自治诉求,埃沃的政党主张建立的多民族国家则包括圣克鲁斯为首的东部地区自治与原住民自治这两种自治。

尽管执政初期总统宣布了一些有利于自治的措施,但是2006年5月他改变了以前的立场,在埃沃的亲信中,只有时任参议院议长的桑托斯·拉米雷斯支持这一改变。除了政治经验和自己独有的政治嗅觉,埃沃还多次考虑到社会组织领导人的意见和民意调查的结果,圣克鲁斯地区争取社会主义运动党分部的立场以及圣克鲁斯精英种族主义的倾向，以便制定一项新的政策。6月，宣布他不准备实行自治，因为这种自治是对"资产阶级有利，是他们维护特权的一种工具"。

保卫圣克鲁斯委员会通过市政会议给予回应：根据当地《义务报》的统计数字，会议聚集了50万人对政府施压，要求自治，要求地方政府拥有自己的立法权以及支配资源权。

在7月2日立宪会议议员选举时，政府获得了255个立宪会议席位中的137个，占53.7%，可修改宪法。而在圣克鲁斯44名代表中有20名是执政党的党员。在有关自治问题的公投中，57.6%的人投了否定票，42.4%投了赞成票。但在玻利维亚东部的四个省：塔里哈、贝尼、潘多与圣克鲁斯，赞成自治的票数占上风，其中在圣克鲁斯赞成票达到71.11%。而西部，则是否定票占主导地位：5个省（拉巴斯、奥鲁罗、波多西、科恰班巴、丘基萨卡）否定票占69.46%。

对这一结果有两种解释：一方面，圣克鲁斯一方，保卫圣克鲁斯委员会为了确保圣克鲁斯自治，认为应该根据该省的投票结果，而不是根据立宪大会投票的结果。另一方面，政府认为全民公投对全国都有效。换句话说，保卫圣克鲁斯委员会认为圣克鲁斯应该按照本省的投票结果来执行，而中央政府则认为，全民公投的结果对圣克鲁斯也有效。

立宪大会决定通过讨论最终决定自治问题。早在1990年玻利维亚原住民便开始要求自治，自治成为世纪之交社会组织的一面旗帜，因为自治可以成为重建国家的一个平台。

1825年8月6日，玻利维亚诞生的日子，当时占全国总人口80%的原住民却不能参加立宪大会，因为议员们必须会读写，而且必须拥有财产、职业或者是某一领域的教授。

而到了2006年8月6日这一天，来自36个民族的14 000名原住民参加了立宪大会的开幕式，在苏克雷大街上列队欢庆。玻利维亚国歌分别用西班牙语、克丘亚语、艾玛拉语和瓜拉尼语咏唱。一位古柯农领袖西尔维娅·拉萨尔特担任立宪会议的主席。莫拉莱斯宣布自己从属于立宪大会，宣布立宪大会应该本着它原有的特色，凌驾于各种权力之上。然而，实际上，政府是凌驾于立宪大会之上的。

立宪大会在运行上遇到了一些大麻烦：原来规定它的期限是一年，但是一年期满时，连一个条款都没有获得通过。这是因为反对党根据立宪大会召开法要求以"三分之二绝对多数通过制"取代莫拉莱斯主张的"简单多数通过制"，从而影响了立宪大会的运转。

地区自治和"三分之二通过制"成为反对党在2005年大选失利后，作为圣克鲁斯地区和国家中产阶级的代表所打出的对付莫拉莱斯的两张王牌。叫嚷着这两条诉求，2006年9月9日，圣克鲁斯的精英们联合其他东部省份：贝尼、潘多、塔里哈及其反对党组织了第一次市民反政府罢工。另一方面，争取社会主义运动党党员及拥护者致力于解除圣克鲁斯青年联盟在街区等地设立的路障。双方互相投掷石头，拿着木棒围殴，直至闻讯而来的警察赶到。

11月末，莫拉莱斯开始觉得公开反对自治问题是个错误。社会运动协调部副部长阿尔弗雷多·拉达回忆说，莫拉莱斯不可避免地迎来了执政后第一年最严峻的一个时期。圣克鲁斯、贝尼、潘多、塔里哈四省政府在2006年12月15日同时宣布如果不实施"三分之二多数通过制"就是不遵守宪法。圣克鲁斯精英扬言要聚集100万人，尽管当时人数仅达到30万。在纽约，有20人在街头游行，其中包括足球运动员埃切维里，他们高举着"玻利维亚不要共产主义"的标语牌。面对这种情况，莫拉莱斯并没有予以反击。

地区斗争在2007年仍旧持续着。1月，一些争取社会主义运动党的成员上街游行，要求科恰班巴省长曼弗雷德·雷耶斯·维拉辞职。在与军队交锋中，双方各有一人死亡。

7月份，苏克雷市要求恢复完全首都地位的宣言在全国已尽人皆知了（苏克雷现在是司法权所在地，但行政权和立法权不在那里）。市民受到圣克鲁斯等东部省份的煽动，要求摧毁莫拉莱斯在西部的力量，而拉巴斯民众则大规模动员，坚决反对迁都，重申拉巴斯政治首都的地位。

8月7日在圣克鲁斯进行军事检阅时,莫拉莱斯安排武装力量和印第安民兵联合游行。走在印第安民兵队列前面的穿着红色的斗篷的是西部基地的艾玛拉民兵。对于这次军事检阅,克鲁斯精英们认为是具有恐怖主义色彩的。在军事检阅仪式上,军队最高统帅威尔弗雷多·瓦尔加斯言辞激烈地宣布:国家正在受"令人厌恶的敌人"的威胁,危及国家的"安全、统一和尊严"。他并没有指名道姓,但是句句指向圣克鲁斯精英。

就这样西部与东部的隔阂越来越大。

11月的第一个礼拜新宪法得以通过。反对党悉数缺席,剩下的争取社会主义运动党议员在苏克雷一所军校里投票通过了这部法案。在投票地点外面,苏克雷的大街上,当地的游行者一直在抗议新宪法的出台。在与警察的冲突中,有三人死亡,其中两人中枪身亡。这次交火后,苏克雷的长官戴维·桑切斯不见踪影,之后被发现流亡到秘鲁;警察也撤退到邻省波多西,这让圣洛克监狱的100名罪犯得以越狱,但是几个小时之后,其中30名后悔了,又纷纷回来了。

新宪法文本的第一条宣称玻利维亚是一个"多民族的、社群体制的、依法治国"的国家。所秉承的精神是民族主义、国家主义,而没有提到社会主义,这是与查韦斯的说法最为明显的不同;将国家自然资源出让给外国政府、企业或个人的行为视为背叛国家罪(判处30年有期徒刑);实行政教分离;保证地区一定程度的自治权利,包括印第安人自治;禁止在玻利维亚建立外国军事基地。

12月15日,是立宪大会主席西尔维娅·拉萨尔特呈递新宪法的日子。反对派在圣克鲁斯的一次集会上宣布不承认新宪法,并一再要求实现实质意义上的自治。"你们在推行共产主义!"保卫圣克鲁斯委员会主席布朗克·马林科维奇高喊着。马林科维奇在他父母亲的祖国克罗地亚一家杂志上发表文章说,莫拉莱斯崇拜斯大林。

国际上大部分媒体都认为玻利维亚处于内战的边缘,并向这里派驻了几十名记者。玻利维亚历经剑拔弩张,冲突与死亡司空见惯,同时也具有"化险为夷"的神奇能力。无论是国内各方势力的煽动性言论还是外国媒体的见风使舵的媒体攻势，都没能让玻利维亚重蹈内战的覆辙。

"如果他们想抓我，就从火烧宫把我的尸体取走吧。"那年平安夜时莫拉莱斯这样说道。他刚刚拆穿了美国、何塞·马利亚·阿斯纳尔❶和圣克鲁斯政府合谋的一项反对他的阴谋。"他们想攻击军营的大门。"

2008年1月7日，总统和反对派各省的行政长官在火烧宫开始进行谈判。他们在各个问题上寻求共识，但是最核心的两个问题是：地方反对党政府是否接受新宪法以及中央政府是否承认地区自治。与此同时，双方就选举时间表，其中包括进行全民公投，决定是否通过新宪法以及决定大庄园界限（以5 000公顷还是以1万公顷为界限）、自治咨询以及莫拉莱斯提出的进行有关总统和省长职务是否撤销的全民公投问题进行了商讨。

2008年2月初，当这部书最终完成时，还没有任何迹象表明这次圆桌谈判会产生任何可喜的进展。

在担任总统的两年时间里，埃沃在各种对立势力阻挠下前行着。他的每一项举措都面临着强大的对手：国有化和反美帝；平民政治和反精英寡头政治；印第安人挑战国内外殖民主义；反新自由主义。但他一般不称自己为社会主义者。

在火烧宫，这些敌对势力与他和他的亲信们并存，互相较量角逐。他的一辈子就是这么过来的。他反对铲除古柯，他设置过路障。同时他也拥有值得信任的人和组织。如何谈判？他要求做出牺牲，抛弃宗派主义立场以及倡导团结。但后来他自己也搞分裂。如果不成功，他便指责对手是旧秩序的维护者，反对变革。如果这一切都失败，便开始谈判。

他就像一台不断吸收和处理信息的机器，像海绵一样。他非常相信自己的梦境，以及他独有的政治嗅觉和直觉。有一次，他突然感觉特别不想去参加圣克鲁斯雷内莫莱诺大学的仪式，尽管不知道为什么，只是直觉。虽然最终还是不得不去参加了，但是却经历了一次危险：有人企图伤害他，使用了催泪瓦

---

❶ 西班牙前首相。——译者注

斯。他对那些之前说服他去的部长十分恼怒，要求他们以后不许违背他的直觉。

除了政治之外，莫拉莱斯缺少生活，在以前当工会领袖时其实就已经是个很没有生活的人了。现在作为总统，生活的部分被挤压到极点。他的两个孩子阿尔瓦洛和埃娃，是异母所生，住在离总统府很远的地方。当埃沃还是议员时，其中一个孩子的母亲曾控诉他不给孩子抚养费。一位欧洲的外交官得知总统有两个同样岁数的孩子时，问莫拉莱斯是不是一对双胞胎，埃沃答道："我没那么自私，我希望他们各自拥有自己的妈妈。"看到街上有不认识的老太太和他打招呼，有时他会叫他们岳母或是前岳母。

自埃沃登上总统之位后，关于这些岳母啦、岳母的女儿啦的传闻一下子猛增。2006年3月11日，《理性报》刊登了一篇关于总统有一位"女性密友"的报道。那指的是一位古柯女领袖，名叫涅维斯·索托，25岁左右。那篇报道详细地描述了那位"密友"的体貌特征："是一位穿着民族特色长裙的女性，苗条的身材，具有实干冒险精神，总是微笑着，梳着两条大辫子。"同年，墨西哥作家艾琳娜·波妮亚托芙思卡透露了埃沃与墨西哥印第安女性活动家玛利亚·路易莎·雷森蒂斯的关系：双方维持着远距离的交往长达12年。这位墨西哥著名作家在他的《特拉特洛尔科之夜》一书中这样描写道："我看着他寄给我的信，感叹他的见多识广，信中他特别讲到了参与斗争的情况和在维也纳、巴黎、柏林的会议。每次我都不禁感叹：'多么棒的男人啊！'玛利亚充满了自豪。"

当上总统后，埃沃公布他在查帕雷有一辆车、一个好长时间没有管理的小庄园，以及两栋简易的房子。他看东西的品味有待商榷，有一次狂欢节，他只为自己买了一件不怎么样的夹克。他喜欢穿戴得体，特别是穿名牌鞋。他很爱护他的鞋子：作为总统，他不想为了踢足球把鞋弄坏。

他喜欢向少数几个能进出他房间的人展示他作为公众人物的照片。他说，他一生的历史可通过一系列照片反映；他珍藏了为数不多的声像资料。他保存着20世纪80年代末游行的照片，他注意到在一张有关一次双边会议的照片中,他的副手不在场。通过照片他拥有比别人更大的权力,他可以就过去的事指责别人,那些事本身无足轻重或不合时宜,其他人很难想起来。

他认为信任是最大的财富:他将人分为值得信任的和不值得信任的两类。沃特·查韦斯曾发展了一门学说,名为"如何弄懂莫拉莱斯":查韦斯可以知道埃沃什么样的肢体动作表示他想上厕所或是想吃水果;他眯起眼睛表示他对一个人不信任或是那个人给他的印象很差;当他感觉一个人不错,如果是女人,就会和她讲笑话,如果是男人,他就邀请对方与他共同旅行。

对人充满不信任感是他身边发生的事造就的:很多他曾很尊敬的领袖都出卖了他。因此他对任何一个细节都感到不安。如果一个官员许诺带着两车人去活动现场却没有做到,那他就有麻烦了。总统会记住他,会在人群中把他给找出来。在他的脑子里,对各种社会组织及其成员记得一清二楚。

几乎每星期都要为他送上一次关于密谋的各种情报。他会把很多阴谋公之于众,比如一位德国记者宣传的即将发生政变,再比如有圣克鲁斯军人参与的对他的暗杀企图,这可以使社会对反对势力的阴谋有广泛的认知。还有一些情报他不会公布,比如为了在总统面前表功政府一些官员特地散布政变的流言。他认为他们别有用心,与他们决裂。

一般来说,他的部长们都很恭顺,并有些怕他。所以在一次内阁会议上,他要求各位部长批评他。卫生部部长妮拉·埃雷蒂亚提出,很多时候他匆忙地向公众宣告什么,他应该多听听各位部长的意见。埃沃当时就生气了,据理力争,但是那位卫生部长给他留下了很深的印象。他明白他常常自动地决定要说什么,他考虑应该采取什么措施。这也许是他当工会领导人时的习惯,他知道如何开好一次会议。

那些"温顺"的部长知道必须执行莫拉莱斯的旨意,尽管他们并不一定都认同。而某些倡议难以落实,因为行不通。实际上,许多措施已开始实施,但能真正巩固下来的措施很少。

对于很多官员不问政治、懒散、不负责任的作风埃沃很是生气。他不提倡辩论,但一次评估会上,得出的结论是古巴和委内瑞拉为玻利维亚做过的事比很多部长做的还多。

他骂人时经常揭人家的老底：不是骂"你曾是戈尼派的"，就是说"你不是革命派"。当有一个人建议他成家时，他对人家回答道："你有两个情人了吧。"而对另外一个人则不留情面地细数人家离婚的次数。

他听专业人员讲课时就像个渴望知识的小孩，但是很快他就变成了一个争辩者，就如曾有几名西班牙顾问为他演示制宪选举体系，但是讲到一半，这位"学生"抓起笔就在黑板上写出了不同的看法。

他对中产阶级一直有一种不信任感，他觉得他们很善变，有无定性。但是他还是觉得他制定的政策对他们是一种支持，会使他们受益，他的内阁中有一半成员来自中产阶级。执政一年半，埃沃尚未确立一个争取中产阶级参与的长久战略。

他知道他所面临的困难。一些社会团体缺少一种历史的长远眼光，而薪水问题损害了它们的基础。在对待东部问题上，他缺乏政治决心。他担心变革的动力会逐渐丧失或消耗，而政府只是现存事务的管理者。

执政的争取社会主义运动党的无组织状态令人吃惊。它拒绝拥有资产和除了工会集合体以外的其他机构，它不享受最起码的优越地位。莫拉莱斯鼓励舍弃，他身边总是围着这样的家伙：穷人或是没什么物欲的中产阶级。

不稳定状态是物质的，表现在国家官僚体制和官员的培养机制中，也体现在组织的混乱和国家体制的软弱里。而力量在于与过去的决裂以及雄心勃勃的改革。

埃沃就是这种不稳定的产物，同时又是变革的化身。

● 参加丘基萨卡省扬帕雷斯地区的活动

● 玻利维亚总统莫拉莱斯

新版后记

2008年5月至2010年1月，玻利维亚更改了国名，成为"多民族玻利维亚国"。这一变更写入了由全民公投通过的新宪法，这一全民公投是前玻利维亚共和国历史上的首次。2009年1月的选举中止了一直以来国内持续不断的政治分歧和地区斗争。大部分国际媒体在此之前曾断言玻利维亚内战一触即发，并将由政府和东部反对派之间的冲突走向分裂解体。

与此同时，埃沃·莫拉莱斯经历了自己政治生涯中从未想象过的极端情况。在未踏入东部数座城市，并在2008年2月开始对那些地区失去实际控制权的情况下，他居然在2009年12月的大选中以高达64%的支持率获得了连任，并占据了议会三分之二的议席，保障了简单多数原则的实施，这一数字使莫拉莱斯与其主要对手前科恰班巴省长曼弗雷德·雷耶斯拉开了将近40%的差距。这次大选使得埃沃·莫拉莱斯成为玻利维亚民主时期最受欢迎并具有最坚实执政基础的总统。

自2008年5月4日以来，东部一些省份开始在一系列的人民协商会议中主张投票通过本省的自治章程。这些省的领导人希望通过这些行动加速自治进程。在讨论其合法性与适用性方面，自治章程寻求一种政治影响：重新在全国范围内确立地区计划，并对中央政府施压。在东部最为广袤富饶、人口最为稠密的圣克鲁斯省，自治章程的支持率高达85%。

在全民公投当晚，数千圣克鲁斯人当街鸣笛，挥舞着代表该地区的绿白条旗帜，莫拉莱斯面对议会愤慨地怒斥这次投票39%的弃权率及其不合法性。这样的方式暴露了莫拉莱斯对东部地区掌控之弱，并坚定了他对抗那些地区领导人的决心。接下来的几个星期，东部贝尼、潘多、塔里哈三省也分别进行了自治公投，结果与圣克鲁斯的支持率相似。此外，东部诞生了新月党，名字源于各省联盟在东部地图上所标注的符号。

新月党成为莫拉莱斯第一任期中唯一一个赢得了一席之地的反对派。东部联盟获得广泛社会认同的自治诉求为其打造了一个强烈的身份象征。这个身份在自身构建中也充斥着矛盾，甚至在民族文化方面，曾潜意识地仿效了西部安第斯的管理方式。此外，试图遮掩地区高层最大的不安与恐惧：失去对自然资源开发权与土地所有权的控制。其主要的宣传口号"现在开始自治"，也暴露出其无力将其影响辐射到全国范围内的局限性。

当充斥矛盾的立宪大会所在地、中部城市苏克雷政府表示拥护东部自治时，新月党由此获得了一个并不稳定的盟友。苏克雷政府表明这样的立场是出于自己地区的诉求，因为东部地区政客们为这个1809年就宣布独立的古城许下了如果支持自治将会带来高额回报的诱人承诺。地区主义宣言的步步紧逼以及政府试图将地区的自治进程列入国家整体规划以掌控局面努力的付诸东流都彰显了莫拉莱斯在这个问题上想法的脆弱性。

议会反对派领导人豪尔赫·图托·基罗加断言总统的势力已经开始明显衰退。因此，在莫拉莱斯面临挑战——号召全体玻利维亚公民进行公投决定国家元首和各省省长的任免时，他认为如果失败了，国家总统将辞职并进行新一轮大选。

在罢免性公投的前一个星期，反对势力深谙利用社会运动中的"武器"——阻断了公路和机场，造成莫拉莱斯没能参加在苏克雷举行的独立日的庆祝活动，也没能赴塔里哈与克里斯蒂娜·基什内尔以及乌戈·查韦斯会晤。

不管怎样，这次公投的结果印证了人民对总统的信任。8月10日，莫拉莱斯证实了67.4%的得票率，而另一方面东部反对势力的省长们也保住了他们的职位。圣克鲁斯省省长鲁本·科斯塔斯赢得了66.4%的支持率。其演说时控诉国民政府是独裁者，在国家实行恐怖主义与艾玛拉教派。他的拥护者附和着"独立，独立"。

选举后进行第一次晚餐时，莫拉莱斯在总统官邸单独接见了我。他告诉我公投后的这个周末他要重拾边听安第斯乐队音乐边飙车的爱好。在子女的陪伴下，他参与了投票。当莫拉莱斯号召全国团结，庆祝各省省长当选并提出一项旨在对省份自治在宪法中得以体现的议程时，在火烧宫的阳台上坦言："我一直寻求对话，但不知道为什么总有如此多的人对我的演说感到惊讶。"

选举当夜，大部分私家媒体还不断对莫拉莱斯进行抨击，这一点首当其冲要数拥护东部的地主家族、为其所拥有的联合电信公司。"90%的媒体都在反对我，但是国家三分之二的人民支持我的改革。"他一边喝着藜汤，一边期待着他两部手机中的一部能给他带来来自东部潘多省的好消息。政府下了大功夫试图撤掉该省省长莱奥波尔多·费尔南德斯：离撤掉票数标准仅差不到2 000张的选票。

公投之后，东部的激进派试图宣传总统在圣克鲁斯省已被废除（因为在该地区的支持率从59%下降到41%），并且当地的土地不再归政府支配。在玻利维亚，根据这个解释，正在运行着二元权力体制。一个在拉巴斯，而另一个在圣克鲁斯。

地区反对势力争端愈演愈烈。他们宣布盛产石油的查科地区无限期被封锁，并要求政府收回发放给65岁以上老人的补贴，因为那是出自石油的收入。自治组织占领了东部各地的国家行政办事处，并对一些加以破坏。那些亲政府组织开始对圣克鲁斯进行包围，但反对派对此进行还击，封锁了公路和机场，并阻隔了对西部的食物供给通道。

9月11日发生了"潘多屠杀"。根据联合国在对玻利维亚司法系统调查基础上发布的一份报告，潘多省长及其亲信集团是杀害9名亲莫拉莱斯政府农民的罪魁祸首。在这次交锋中，反对派也有两人丧生。这次的调查引起了巨大了分歧。南美洲国家联盟的报告则指出死亡人数至少有20名，其中至少两名可能仍在巴西存活。

同时，在9月11日当天，莫拉莱斯以控诉美国驻玻利维亚大使菲利普·戈登堡从事反民主的阴谋活动并与其在南斯拉夫行为如出一辙（总统意指这位大使曾在巴尔干半岛任职）、企图分裂玻利维亚之名，将其驱逐。莫拉莱斯在总统府一项活动中宣布:"不畏惧帝国的威胁,今日我宣布戈登堡先生为不受欢迎的人,我请求我们的外长今日将我们国民政府的决定传递给这位大使,希望其立刻打道回府。"与此同时也驱逐了驻扎在当地的美国毒品管制局。

之后,因为查科地区油气管道爆炸,玻利维亚石油公司不得不减少了10%输送到巴西的天然气。公司方面将这次事故归因于自治主义集团的"恐怖袭击"。

国际媒体又纷纷开始预测玻利维亚爆发内战的可能性。

基于这次危机,南美洲国家联盟紧急召开了特别大会。该地区大部分总统飞往会议所在地智利圣地亚哥。在一份支持莫拉莱斯的声明中,各国领导人宣布不承认任何带有政变、破坏体制或威胁国家领土完整性的行为与企图。这是因为莫拉莱斯事先在圣地亚哥揭露了有美国参与的一次政变企图,并在南美洲国家联盟的宣言中希望各国采取对美国更加强硬的态度,但是这一愿望没能实现。

在玻利维亚开始了一场漫长的谈判。在国民政府与反对派各省领导人之间的调解并没有取得重大进展。由于对斗争的解决方式应通过新宪法的协商与全民公投予以落实这一问题达成一致,因此双方将谈判转移到国会。

为了对反对派施压,政府方面组织了一次大规模的拥护宪法游行。在游行的一周时间里,农民、矿工、古柯农、佃农以及拥护争取社会主义运动党的改革社会部门沿着拉巴斯和卡拉克略镇之间的200公里边界徒步游行。莫拉莱斯也在最后一天,10月20日加入了游行队伍。第二天,总统安抚了那些对国会中已经连续进行了18个小时的争论感到疲倦而主张以武力占领的民众。但之后,这些人还是燃爆了小股炸药,为了宣泄那急躁不安的心情。

政府与议会反对派达成了一致,对宪法中411项条款中的100项进行了修改。政府方面的让步很大,特别是在土地和印第安民族权益方面。对大庄园的征税失去了追溯效力,印第安人民的自治权及其司法体系受到了限制,降低了其在议会的直接代表人数。省份自治内容写入宪法文本,尽管最终确立的项目比东部省份所要求的有所减少。此外,总统只能连任一次的限制更改为可无限期连任。由于旧宪法没有阐述关于连任的条款，因此这项内容的补充会为莫拉莱斯寻求连任提供保障。政府评价这份达成一致的宪法促进了国家历史发展中前所未有的包容性事业的巩固以及国家主义和民族主义模式发展的不断深化。

但东部各省长拒绝了这份议会协议，其中一位便是以"潘多屠杀"始作俑者之名被逮捕入狱的——莱奥波尔多·费尔南德斯。而另一方面，一直期待莫拉莱斯可以达成一份激进并自治的政治议案的印第安和左派各组织也纷纷对这一协定的让步表示不满。

国会达成协议后，莫拉莱斯在公共场合显得十分疲倦，身边的要员们在穆里略广场跟随他时感到了一种压抑的氛围。头天晚上他喝了13杯加糖的黑咖啡为自己强打精神。"为了这部宪法，我可能只有入土了才能得到片刻安宁。"他这样自嘲道。这部新宪法1月在全民公投中以61.4%的支持率获得了通过。有80%的人赞同将每位公民拥有的土地限定在5 000公顷内。

公投结束数天后，一大政府贪污丑闻曝光。莫拉莱斯因此撤掉了自己的亲信之一——玻利维亚石油公司主席桑托斯·拉米雷斯。起因是企业家豪尔赫·奥康纳在对玻利维亚石油公司提供45万美元贿赂期间被杀害。而这笔赃款已经使他的公司Catler Uniservices获得了一份建造天然气加工厂的合同。

2月初，总统任命了执政三年期间第六位玻利维亚石油公司的主席。这家作为政府象征的企业面临着一系列严峻的问题，如石油资源工业化、天然气有效供给保障、行政管理透明化等。

2009年4月，地方反对派做了一件搬起石头砸自己脚的丑事。一个特别警察小组在圣克鲁斯的一家宾馆击毙了三名"外国雇佣兵"，其中有一位名为爱德华多·罗萨弗洛斯的玻利维亚-克罗地亚裔人。之前在一次接受采访中，罗萨弗洛斯要求如果"他发生了什么"，请将他现在说的公之于众。采访中，他表明最终目的是"在圣克鲁斯建立一个新国家"，并"被召唤"来完成这项使命。根据检察院对该事件的调查，他曾接受圣克鲁斯精英成员的资助。他持有的部分武器在一家名为克塔斯的公司被找到，这是一家作为圣克鲁斯标志的电信公司。他密谋的计划之一便是谋杀莫拉莱斯。这次罗萨弗洛斯事件使得政府更好地掌握了反对派谋划的信息,并针对此对圣克鲁斯精英做出回击。

2009年9月,莫拉莱斯前往纽约参加联合国大会一年一度的开幕式。那时候他第一次对我说是对他总统的第一任期做出总结的时候了。

清晨5点45到6点45莫拉莱斯正在中央公园的路上慢跑,他说最考验他政府的时期是在2008年8月到10月那段时间。

"那是我这个总统任期里最关键的时候,8月的任免公投、反对派的政变企图,9月的潘多屠杀,10月的拥护宪法游行。那些想要理解我的政府的人应该仔细研究一下那些日子里到底发生了什么。"

聊天突然被打断,因为总统阁下听到了来自何塞·罗德里格斯·萨帕特罗的一声呼唤"埃沃",于是他与这位西班牙首脑开始了结伴锻炼之旅。

之后,在宾馆里,面对一份非常美国式的早餐:鸡蛋、香肠、土豆,他向我娓娓道来当时如何决定驱逐美国大使。"其实我之前就想赶走他,但是他们不让我这么做。"

身边的乔盖万卡外长解释,当莫拉莱斯做出这个决定并公之于众时,他正在办公室与戈登堡大使会晤。不一会儿,他就接到了总统的急电:

"我刚宣布把戈登堡赶走。"

"我正跟他在一起。"

"那通知他吧。"

乔盖万卡回到办公室通告了美国大使这个决定。

戈登堡第一反应是这怎么可能。但当他收到一份确认文书时他渐渐地从震惊中平息。

"外长阁下,我请求你们重新考虑这个决定,并请求与总统联系。"

说罢,便告辞了。不一会儿,这位大使又折返回来重申道:

"我请您重新考虑。"

但是莫拉莱斯并没有重新考虑。

总统一边剥着鸡蛋皮,一边总结,自从他驱逐了戈登堡,反对他的那些企图就被打乱了。他还对比了2009年6月曼努埃尔·塞拉亚的倒台:"在洪都拉斯发生的事不会在玻利维亚重演。"

莫拉莱斯与巴拉克·奥巴马是在特立尼达和多巴哥美洲峰会上认识的。从那时起,他对奥巴马对拉美地区的政策就不抱有什么好的期待。"他身边都是鹰派。"他这样评价道。

2009年5月,美国国务卿希拉里·克林顿抨击了布什政府对待莫拉莱斯与查韦斯政府的政策。"他想要通过支持他们的反对派孤立他们,并把他们变成国际社会被唾弃的对象。但是事实证明毫无效果。"希拉里·克林顿认为布什政策使得中国、伊朗、俄罗斯在西半球事务上乘虚而入。"伊朗和中国取得的重大进展,尤其是在拉美地区,着实让我们感到头疼。"

美国民主党政权对玻利维亚做出的第一个重大决策是为了打击毒品走私,收回给该国政府的优惠政策,即限制玻利维亚产品在美国享有关税优惠。撤销权益的做法是布什政府时期政策的一种延续。与玻利维亚的双边关系的"毒品化"在近25年来一直突破着底线。

在美国权力体系中,大部分与玻利维亚现实有关的资料都展现着一位慷慨激昂的、与大部分穷苦人民和印第安人民密切相连以及受到查韦斯的大量资助与决定性影响的领袖人物。这样带有中伤、有失偏颇,并对民众主义和权力主义的曲解描述并不能真正诠释2009年12月6日总统大选的结果。

莫拉莱斯漂亮地赢得了64%的选票,并风风光光地占据了这个多民族国家三分之二的议会席位。与第二名整整38%的差距让集中火力抨击政府专制的反对派偃旗息鼓。曼弗雷德·雷耶斯与莱奥波尔多·费尔南德斯联合形成的右翼阵线只对莫拉莱斯分化新旧政治党派的战略起到了促进作用。大选中,当雷耶斯面对法院数项贪污罪名的指控时,费尔南德斯也因策划"潘多屠杀"遭到了逮捕。政府不断地强调着在总统竞选时一名候选人不断寻求如何避免牢狱之灾,而另一名则想方设法逃脱铁窗生涯。

地方的反对派没有提出自己的选举方案,也没有坚定地加入任何一支反对党。因为他们一直为2010年地方选举保存实力。但是意想不到的是,在东部莫拉莱斯赢得了异常高的支持率(塔里哈省的选举完胜,而在圣克鲁斯和潘多省的支持率也超过了40%)。这样一来,反对派阵营内部的分化让人不禁质疑其未来战略前景。

这次大选的结果使政治评论家们对莫拉莱斯的看法大为改观。英国《卫报》曾将莫拉莱斯与南非总统·纳尔逊曼德拉进行了比较:"莫拉莱斯在领导玻利维亚势不可当的社会变革进程中取得了卓越的成就。大部分印第安人在遭受了几个世纪的歧视与偏见后争取到了自己的权益,发出了自己的声音。如同南非纪念纳尔逊·曼德拉,东欧纪念柏林墙的倒塌,一个放羊牧童已经在世界上最贫穷的国家之一闯出了一片天下,这不能不说是意义非凡的。"

拉美地区范围内,巴西不断为成为地区大国努力着,而玻利维亚则成为南美大陆向左转趋势中不可不提及的典型。国有化、国家对自然资源掌控的深化,再加上新宪法的通过,这些变革都在玻利维亚社会扎了根。对于油气部门的定位采取更为理性的体制——利益归社会全体人民所有——以及一部旨在在这样一个社会排斥严重的国家里寻求更多代表权的宪法都清晰地阐明了莫拉莱斯的高人气。

莫拉莱斯的支持率如此之高的原因需要从其象征身份与具体要素两方面进行分析。无疑莫拉莱斯作为第一位印第安总统的身份产生了非同一般的影响。而这样的改变并不仅仅局限于农民和印第安人任职于政府部门,当然也不仅仅体现在那句口号:"我们当家做主"。在这些社会部门中产生了新的诉求:生活得更好,能够涉足更多以前无法想象的领域。以前限制印第安人进入的一些城市地区历史上第一次看到了他们的身影。

从具体要素方面来讲,体现在各种针对儿童、老人、孕妇的社会计划("胡安·平托"学校补助金,"尊严"养老金以及"胡安娜·阿苏杜伊"基金),以及扫盲计划的实施:联合国教科文组织已经宣布玻利维亚消灭了文盲。

而经济表现也可圈可点。在莫拉莱斯执政这几年,央行外汇储备从17亿美元增加到85.8亿美元,财政盈余,贸易赤字保持低位,本国货币比索兑美元汇率升值,通货膨胀得以控制。在这样一个历史上饱受通货膨胀之苦的国家,稳定与信心是得民心的关键。

最后有两个解释莫拉莱斯高人气的原因。其一，使自治理念深入人心，即不再让这个理念成为寡头集团的"工具"而是将其真正变成国家议事日程的一部分。其二，面对美国的压力，莫拉莱斯树立了新主权观念。这样加强了政府计划中的民族主义元素。在这个南美最反美的国家里，与美国建立的这种新型关系十分受到推崇。

就这样，2006年莫拉莱斯的就任仪式得以再现。

2010年1月21日，莫拉莱斯在提瓦纳库遗址被尊为美洲印第安人民的精神领袖，并且在卡拉萨萨雅神庙大门前接受了两根权杖。期间，那持续数分钟的艾玛拉语、克丘亚语的演讲惊艳全场。之后他又用西班牙语解释了他的政府秉承着印第安人理念：不可以偷东西、不可以懈怠懒惰、不可以说谎。"在这四年我一直是第一个起床最后一个入睡的人，有人不停地以各种罪状控诉我，但是从没有一个反对派会指责我懈怠。"

第二天他正式连任总统。那天玻利维亚作为多民族国家的历史正式拉开序幕，自此埋葬了统治180年之久的自由共和国的名号。在就职典礼上，一些传统象征统统被替代，颁发给副总统的苏克雷金币上的字样不再是"玻利维亚共和国"，而变更为"多民族玻利维亚国"。新总统绶带上加入了土著居民旗帜的色彩。议会大厅里醒目地挂着两幅画像，一幅是西蒙·玻利瓦尔，另一幅是安东尼奥·苏克雷。而为了彰显多民族元素，悬挂了1781年印第安人起义领导者图帕克·卡塔里及其夫人巴尔托利纳·西萨的画像。

莫拉莱斯没有向神宣誓，而是向"解放者和那些为了祖国及玻利维亚人民，为了人类的平等而献身的英雄们"宣誓。他讲到他习惯把议会看成一场穿戴比赛，有戴宽边帽、安第斯羊绒帽的，有身披大披肩的，头戴矿工头盔的，而对于少数打领带绅士的出现反而感到惊讶。"殖民国家已经灭亡了。现在诞生的是集多民族、自治、团结于一身的新国家。"在他漫长的演讲中，历数了作为总统所取得的成绩，甚至那些细节也没有漏掉，比如发放节能灯的数量。

他任命了包含一半女性部长的内阁成员（这在玻利维亚是前所未有的），但是印第安成员的数量却很有限。他表示要从现在开始，从新的起点出发，与这些人一起执政到2015年。现在与过去不能同日而语了。

马丁·西瓦克

2010年1月23日

译者后记

2011年,在中国社会科学院"马克思主义理论研究和建设工程"的支持下,中国社会科学院拉丁美洲研究所在原来的"拉美研究译丛"基础上,增设"拉美研究译丛——左翼领袖系列"翻译项目,旨在向国内读者介绍当代拉美左翼代表人物的动态与思潮,扩大国内研究国外左翼思潮的眼界和范围。

《第一位印第安总统——埃沃·莫拉莱斯传》是该丛书推出的首批译著之一。埃沃·莫拉莱斯是当代拉美激进左翼领袖之一,他从一贫如洗的原住民成长为获得创历史新高支持率的玻利维亚首位印第安总统。他对内大刀阔斧进行了一系列变革——国有化计划、土地改革、修改宪法等,对外倡导地区一体化、坚决捍卫国家主权,成为一位饱受本国中下层人民爱戴与拥护的玻利维亚新时代缔造者。

本书以纪实和访谈的写法,描述玻利维亚的政治、经济、社会和文化状况,并对社群社会主义形成历程和主要代表人物的思想演变进行分析。

全书翻译工作由拉美所青年学者芦思姮完成,校对工作由徐世澄和宋晓平两位资深拉美研究者承担。本书的翻译和出版工作得到原作者马丁·西瓦克的慷慨授权,并得到玻利维亚驻华使馆的密切关注和帮助。本书的出版还得到了中国社会科学院李慎明副院长的出版资金支持,并直接获益于中国社会科学院马克思主义研究院程恩富院长的指导。全部工作是在拉美所郑秉文所长、吴白乙副所长和王立峰副所长的指导和支持下完成的,杨西和刘东山两位同志在各环节提供了巨大帮助。在此谨向上述各位致以衷心感谢!

中国社会科学院拉丁美洲研究所综合理论研究室
主任 张凡、副主任 岳云霞
2013年3月8日